Erich Schwarz
Überleben in Litauen

EDITION RICHARZ
Bücher in großer Schrift

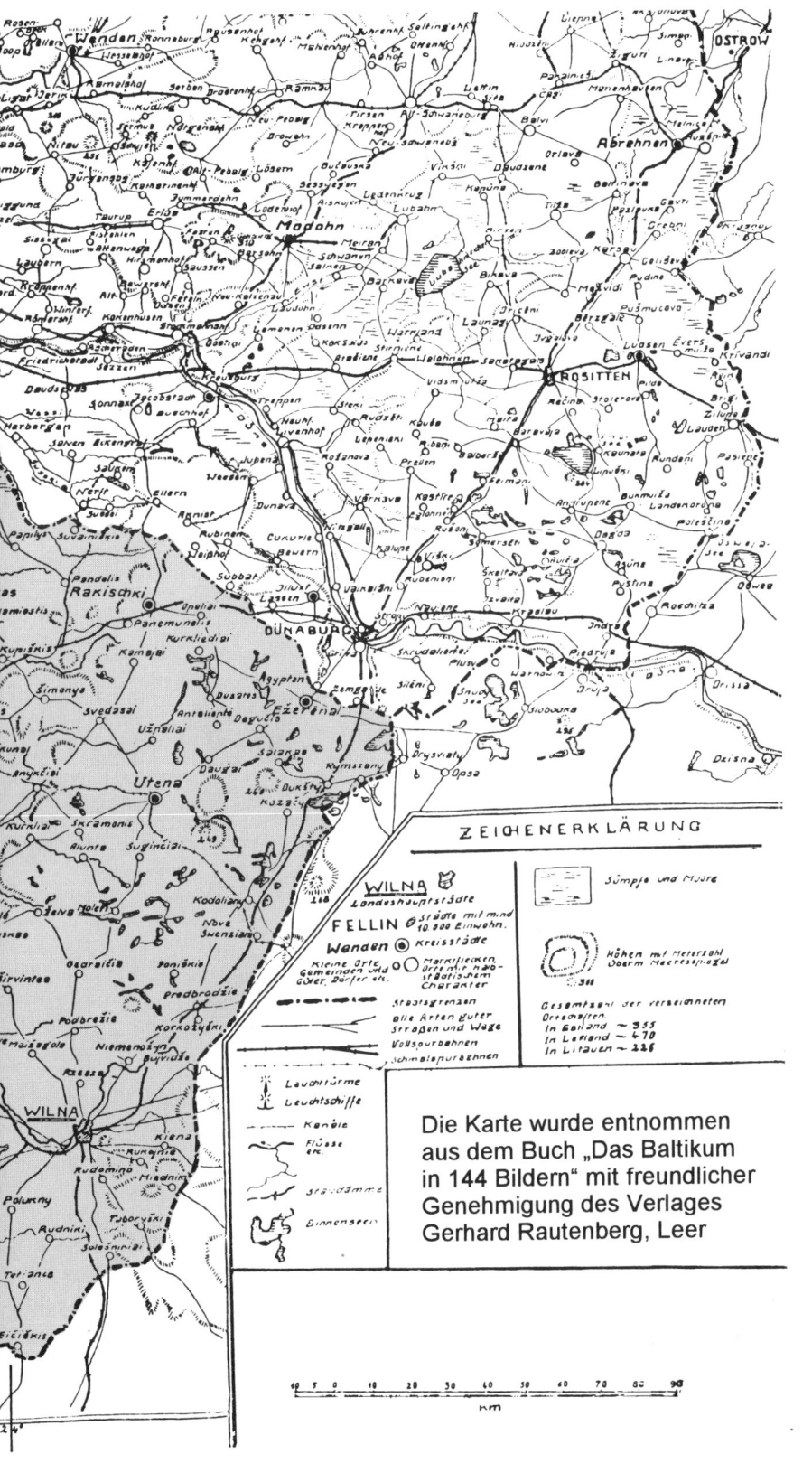

ZEICHENERKLÄRUNG

WILNA Landeshauptstädte

FELLIN ⊙ Städte mit mind. 10.000 Einwohn.

Wenden ◉ Kreisstädte

Kleine Orte, Gemeinden und Güter, Dörfer etc. ○ ○ Marktflecken, Orte mit halbstädtischem Charakter

Staatsgrenzen

alle Arten guter Straßen und Wege

Volksbahnen

Schmalspurbahnen

⚓ Leuchttürme

⚓ Leuchtschiffe

Kanäle

Flüsse etc.

Staudämme

Binnenseen

Sümpfe und Moore

Höhen mit Meterzahl üb.m. Meereshöhe

Gesamtzahl der verzeichneten Ortschaften

In Estland ~ 355
In Letland ~ 470
In Litauen ~ 226

Die Karte wurde entnommen aus dem Buch „Das Baltikum in 144 Bildern" mit freundlicher Genehmigung des Verlages Gerhard Rautenberg, Leer

Erich Schwarz

Überleben in Litauen

Die Erlebnisse zweier Freunde
aus Königsberg
in den Hungerjahren 1947/48

Edition Richarz
Verlag CW Niemeyer

Die Deutsche Bibliothek – CIP-Einheitsaufnahme

Schwarz, Erich:
Überleben in Litauen : die Erlebnisse zweier Freunde aus
Königsberg in den Hungerjahren 1947/48 / Erich Schwarz. –
Hameln : Niemeyer, 1995
  (Edition Richarz, Bücher in großer Schrift)
  ISBN 3-8271-1951-0

© by Verlag CW Niemeyer, Hameln, 1995
Satzherstellung: Richarz Publikations-Service
Umschlaggestaltung: Christiane Rauert, München
Gesamtherstellung: Ueberreuter Buchproduktion, Korneuburg
Printed in Austria
ISBN 3-8271-1951-0

Inhalt

Der Anfang vom Ende: Der Fall Königsbergs

Ende Januar 1945 erreichten die russischen Streitkräfte bei Elbing das Frische Haff. Damit war die Landverbindung zwischen Königsberg und dem Reich unterbrochen. Königsberg wurde zur Festung. Anfangs ging das Leben in der Stadt weiter wie bisher, obwohl der Wehrmachtsbericht von schweren Kämpfen im nördlich von Königsberg gelegenen Samland sprach. Dann rückten die Russen auch von Süden her heran. Der Belagerungsring zog sich enger um die Stadt. Mitte Februar waren die Russen von Norden her schon bis an das Frische Haff vorgestoßen. Damit war auch der Seeweg über Pillau abgeschnitten. Die Bewohner der Stadt erfuhren jedoch erst davon, nachdem der Zugang nach Pillau um den 20.02.1945 wieder freigekämpft worden war. Die Zeitung druckte entsetzliche Berichte über Vergewaltigungen im Vorort Metgethen, dazu Bilder von geschändeten toten jungen Frauen. Plakate tauchten auf »Rache für Metgethen!«. Sie sollten der Bevölkerung deutlich machen, was ihr drohte, wenn sich nicht jeder einzelne bis zum letzten für die Verteidigung von Königsberg einsetzte. Barrikaden wurden gebaut.

Alle hatten Angst, aber jeder glaubte insgeheim, das werde es nicht geben, daß die Russen in die Stadt hineinkämen. Daß sich seit der Kapitulation der deutschen sechsten Armee in Stalingrad 1943 das Blatt gewendet hatte und russische Truppen schon an der Oder standen, verdrängte jeder. Man wollte es nicht wissen, nahm es einfach nicht zur Kenntnis. Doch täglich waren es mehr Granaten, die ihr Ziel, Königsberg, trafen, denn auch die feindliche Artillerie war dichter an die Stadt herangerückt. Meine Mutter warf eines Tages einen Blindgänger, der in unserer Speisekammer eingeschlagen war, als sie in der Küche arbeitete, einfach aus dem Fenster.

Ich war damals 14 Jahre alt und am 7. Februar zum Volkssturm eingezogen worden. Dort war ich als Melder eingesetzt – keine Sache, die mich beunruhigte. Mir kam das Leben als Melder zunächst eher vor wie ein etwas aufregenderes Räuber- und Soldat-Spiel. Am Morgen des 6. April sollte ich eine Meldung in den letzten uns vorgelagerten Gefechtsstand bringen. Sie lautete »Alarmstufe IV.: Zurückflutende Wehrmachts- und Volkssturmeinheiten sind mit allen Mitteln zum Stehen zu bringen!« Ich hetzte zur Gefechtsstelle, wo nur noch ein alter Mann am Funkgerät saß und mich unverblümt fragte, wie er allein wohl irgend jemanden aufhalten sollte. Erfüllt von der Wichtigkeit dieser Information lief ich die zweieinhalb Kilometer im Dauerlauf zurück, um sie weiterzugeben. Im Bunker stieß ich zunächst auf den stellvertretenden Bataillonskommandeur – eigentlich ein Bäckermeister, wenn er nicht in der Partei gewesen wäre. Diesem war es sichtlich peinlich, daß ich ihn am frühen Morgen mit einem Glas Sekt in der einen Hand und einer russischen Hilfskraft aus seiner Bäckerei im anderen Arm antraf. Er werde mich wegen Feigheit vor dem Feind erschießen lassen, weil ich mich im Keller herumdrücke, fuhr er mich an. Wie der Blitz machte ich mich aus dem Staube und ging nach Hause. Dort warf ich meine Uniform in die Trümmer und war wieder ein artiger kleiner Junge.

Der Einzug der Russen am 09.04.1945 in unserem Stadtteil übertraf alles, was das Propagandaministerium uns im Fall verminderter Tapferkeit angedroht hatte. Vergewaltigungen, Raub, bewußte Brutalität waren in den ersten Tagen allgemein üblich. Bis auf sehr alte Leute wurden alle Bürger in Lager gebracht, um sie hinsichtlich ihrer nationalsozialistischen Gesinnung zu überprüfen. Bei Jugendlichen interessierte die Besetzer vor allem die Zugehörigkeit zum Wehrwolf. Das war ein vom Propagandaminister Josef Göbbels erfundener feinerer Ausdruck für »Kämpfer hinter der gegnerischen Front«, den er bei Hermann Löns entlehnt hatte und der Heimatgefühle sowie Kampfeswillen wecken sollte. Je nach Ansicht wurden solche Leute im positiven Sinne Partisanen, im negativen Banditen genannt. In Königsberg hatte man keinen Wehrwolf vorbereitet. Angesichts des totalen Zusammenbruchs aller Werte und Normen wäre das auch nutzlos gewesen. Aber die Russen hatten Angst davor, am Anfang zumindest.

Auch ich kam ins Lager, wurde von meiner Mutter getrennt und traf sie erst nach der Entlassung am 1. Mai 1945 wieder. Wir arbeiteten in besser oder schlechter bezahlten Stellungen, lebten aber zum Glück noch in unserer eigenen Wohnung, auch wenn wir zwei Räume hatten abgeben müssen. Doch dann erwischte es mich: Im November 1945 bekam ich Typhus – fast ein Todesurteil! Medikamente gab es nicht, und die Verpflegung war spärlich. Ärzte und Pflegepersonal des Krankenhauses konnten nichts anderes tun, als auf eine gute Konstitution des Erkrankten hoffen. Meine Mutter dagegen kämpfte! Tag für Tag lief sie in der zerstörten Stadt umher, tätigte emsig Tauschgeschäfte und hamsterte Lebensmittel, um mich jeden Abend mit Roggenbrei zu füttern – über ein Vierteljahr lang. Sie rettete mich vor dem Seuchentod.

Leben in einer sterbenden Stadt

Im Juni 1946 war ich endlich wieder arbeitsfähig, und neue Hoffnung gab mir die Tätigkeit in einer Maschinenfabrik. Dort fanden mein Freund Siegfried und ich als Betriebsmaurer Arbeit und ein gutes Einkommen. Wir waren Spezialisten, hatten sogar unsere eigenen Hilfsarbeiterinnen. Der einsetzende, strenge Winter jedoch machte diesem Leben ein Ende. Zunächst hatten wir noch Glück, man versetzte uns in die Schlosserei, danach zum allgemeinen Arbeitstrupp, der Trümmer beseitigen mußte. Das bedeutete zwar einen sozialen Abstieg, aber wir hatten zumindest noch Arbeit. Dann jedoch kam das absolute Aus: Am 31. Januar 1947 wurden wir entlassen. Wir erhielten die Stammabschnitte unserer Lebensmittelkarten zurück, über die das Unternehmen – wie jede andere Arbeitsstelle in Königsberg – Lebensmittel für die Belegschaft zugeteilt bekam. Jede Firma unterhielt ihr eigenes Lebensmittelgeschäft. Mit den sogenannten Talons konnten wir zwar bei anderen Betrieben unsere Arbeitsberechtigung nachweisen; doch hatten wir, solange wir die Talons besaßen, keinen Anspruch auf Lebensmittelkarten; was bedeutete, daß die geregelte Versorgung mit Nahrungsmitteln wegfiel. Als einziger Ausweg blieb deren Beschaffung für Rubel auf dem freien Schwarzmarkt. Siegfried lebte allein, seine Mutter war schon 1946 gestorben. Aber ich mußte meine Mutter mit versorgen, weil sie schon seit zwei Monaten arbeitslos war. Die Lage auf dem Arbeitsmarkt hatte sich im Laufe der Zeit zunehmend verschlechtert. Immer mehr Russen – wir sagten Zivilrussen, im Gegensatz zu den Soldaten – strömten nach Königsberg und besetzten die Arbeitsplätze, die vorher Deutsche eingenommen hatten.

Siegfried und ich liefen in der Stadt umher und fragten überall, wo Menschen beschäftigt waren, nach Arbeit. Vergebens! Dann kamen wir zur ehemaligen Universitäts-Kinderklinik. Dort wollte man uns nehmen, allerdings nicht als Maurer, wie wir gehofft hatten, sondern als Hilfsarbeiter. Denn auch hier gab es schon russische Fachkräfte. Was soll's, Arbeit war Arbeit! Am 7. Februar fingen wir an. Unsere Aufgabe bestand darin, die Trümmer in dem durch Bomben zerstörten Stahlbetonbau der Neuen Anatomie zu beseitigen, da man aus dem Komplex ein Kinderheim für russische Waisen machen wollte. Das Projekt wurde bevorzugt behandelt, da die Waisen für die Behörden ein ernstes Problem darstellten. Die Kinder waren durch den Krieg vollkommen verwahrlost und bildeten gutbewaffnete Räuberbanden. An Waffen zu kommen war in dieser Zeit nicht schwer, sie lagen überall herum. Es gab in Rußland regelrechte Kämpfe der Miliz, wie die reguläre Polizei genannt wurde, mit diesen jugendlichen Banden.

Unsere Arbeitsgruppe bestand aus etwa 20 Frauen und zwei Jungen, die ungefähr 15 Jahre alt waren. Wir, als 17jährige, wurden zunächst für Männerarbeit angenommen. Zusammen mit einem Kirgisen sollten wir in einem großen Raum gekachelte Badewannen zerschlagen, in denen möglicherweise Leichen in Spiritus gelegen hatten. Aber unsere Kräfte reichten nicht aus. Während der Kirgise seinen Vorschlaghammer leicht und mühelos kreisen ließ wie Windmühlenflügel, konnten wir den Hammer nur eben anheben und gegen die Wannen fallenlassen, wodurch zwar die Fliesen abplatzten, der Beton jedoch unbeschädigt blieb. So schafften wir unter äußerster Anstrengung gemeinsam zwei bis drei Wannen am Tag, unser Partner hingegen im Eiltempo sechs bis sieben. Nach ein paar Tagen beschwerte er sich, weil wir den Gruppenakkord verdarben. Daraufhin wurden wir der Frauengruppe zugeteilt, wo wir allerdings auch dort die schwereren Arbeiten verrichten mußten. Vorarbeiterin oder auch *Brigadirka*, wie die Russen sagten, war eine stämmige Deutsche. Hinter vorgehaltener Hand erfuhren wir, sie sei zu deutschen Zeiten eine Fischfrau auf dem Markt in Königsberg gewesen. Dem Wortschatz nach, mit dem sie uns die Arbeit zuteilte und vor allem an der Leistung Kritik übte, war das durchaus vorstellbar.

Der Gebäudekomplex, in dem wir nun arbeiteten, mußte von Trümmern befreit werden. Teilweise waren die Stahlbetondecken eingestürzt und hingen an bizarr verdrehtem Baustahlgewebe gefährlich über der nächsttieferen Etage. Der Winter war streng, mit Temperaturen um die zwanzig Grad unter Null, der Schutt natürlich festgefroren. Siegfried und ich mußten Holz beschaffen für ein Feuer, das immer nur ein paar Quadratmeter antaute. Anschließend wurde der Abraum mit der Pike gelockert und beseitigt. Niemand gab uns Brennmaterial. So kam es dazu, daß wir ein kleines, leeres, vollkommen intaktes Haus am Butterberg ausschlachteten. Von oben nach unten entfernten wir zunächst den Linoleum-Fußboden, anschließend die Dielenbretter, dann sägten wir die tragenden Balken ab. Auf diese Art verschwand eine Etage nach der anderen. Zurück blieben Dach und Grundmauern. Niemand gebot uns Einhalt.

Da die *Brigadirka* diese Tätigkeit zur Männersache erklärt hatte, konnten sich die Frauen inzwischen am Feuer erwärmen oder auch ausschwärmen und die Abfalltonnen von in der Nähe wohnenden Russen durchsuchen. Da fand sich immer etwas Eßbares: Kartoffelschalen, Abfälle von geschälten Rüben, Fettreste aus amerikanischen Schweinefleischdosen oder auch angeschimmeltes Brot. Sorgfältig wurden diese Speisereste auf Schaufeln über dem Feuer gedörrt und dann zunächst der *Brigadirka,* danach den anderen – je nach Wertschätzung in absteigender Rangfolge – wie Pralinen angeboten. Da wir Jungen meistens mit der Holzbeschaffung beschäftigt waren und ohnehin in der Hierarchie ganz unten angesiedelt waren, bekamen wir nur selten etwas ab.

Siegfried und ich dachten oft wehmütig an die Zeit in der Maschinenfabrik zurück. Nicht nur der menschliche Kontakt unter den Deutschen, nein auch der Umgang mit der russischen Leitung war dort ganz anders gewesen. Stets war der Lohn in der ersten Woche des Folgemonats ausgezahlt worden, und Brot hatte man ohne Schwierigkeiten im firmeneigenen Lebensmittelladen auf Marken kaufen können. Hier dagegen gab es zunächst gar kein Geld. Und wenn das Brot in unregelmäßigen Abständen geliefert wurde, mußte man von seiner Ration zunächst eine Scheibe verkaufen, damit man seine Zuteilung überhaupt bezahlen konnte. Meistens war die Brigadierin der zahlungskräftige Kreditgeber. Die Scheibe für sie durfte natürlich nicht zu dünn ausfallen, sonst verscherzte man sich bei ihr weitere Kredite. Sie zahlte fünf Rubel, wofür man auf dem Markt glatt zwanzig Rubel erhalten hätte. Das war ein Zinssatz von 400 Prozent für den Zeitraum einer halben Stunde. Kein Wunder, daß die *Brigadirka* gesundheitlich in so guter Verfassung war!

Die Kinderklinik besaß ein kleines Magazin im Keller. Doch wenn überhaupt, so gab es für die Deutschen dort nur Brot. Die anderen Lebensmittel mußten wir, wie oft auch das Brot, im Hauptmagazin in der Luisenallee kaufen. Das bedeutete, daß wir nach der Arbeit, also etwa um 17 Uhr, von der Sternwarte zur Luisenallee wanderten, dort warteten, bis die Russen eingekauft hatten, um dann selbst die Dinge zu erstehen, die gerade vorrätig waren, und gegen 22 Uhr noch etwa eine Stunde nach Hause liefen. Warten mußten wir immer – selbst wenn wir erkannten, daß Brot oder andere Lebensmittel nicht mehr für alle reichen würde. Ging man vor Ladenschluß, hieß es anderntags, die Marken seien verfallen. Sie wurden ersatzlos von den Lebensmittelkarten abgetrennt. Nicht selten passierte es auch, daß der Verkäufer keine Lust mehr hatte und vor unseren Augen den Laden um zehn Uhr schloß. Dann mußten wir am anderen Morgen vor der Arbeit noch einmal dorthin traben, um einzukaufen. Doch niemals haben wir bei den nächtlichen Wanderungen durch die Trümmer der Wrangelstraße und des Roßgartens Angst empfunden. Die Stadt war tot und leer.

Etwa um den 10. März bekamen Siegfried und ich den Lohn für Februar. Es waren ungefähr 100 Rubel – noch nicht einmal ein Drittel dessen, was wir als Maurer verdient hatten, außerdem hatte zu der Zeit meine Mutter auch noch Geld verdient. Damals – so kam es uns nun vor – lebten wir ja fast im Schlaraffenland. Neben Roggen, der in der Kaffeemühle gemahlen und dann zu einem Brei verkocht wurde, bildeten Brot sowie die Fett- und Fleischrationen, die wir auf Lebensmittelkarten erhielten, die Grundlage unserer Ernährung. Den Roggenbrei, Schlunz genannt, verfeinerte man –

so man denn hatte – mit gebratenen Zwiebeln oder getrocknetem Rinderblut, welches dem Brei einen blutwurstähnlichen Geschmack verlieh. In guten Zeiten hatten wir auch Brei aus geschältem Hafer gekocht und veredelt. Während dieser ganzen Zeit hatten wir nie unter Mangelerscheinungen gelitten. Doch das war nun nicht mehr zu bezahlen. Statt Roggen mußten wir Hafer kaufen, statt der gelegentlichen guten Kartoffeln gab es nur noch gefrorene. Sie schmeckten gekocht widerlich süß. Deshalb wurden sie gerieben und in siedendes Wasser geschüttet. Das ergab eine bläulich schimmernde, geschmacklose Suppe. Mit dem Haferbrei war es noch schlimmer. Anfangs siebten wir nach dem Mahlen die Schlauben noch aus und kochten den Brei nur mit dem Mehl. Aber dadurch wurde er zu dünn, und die Menge war zu gering. So wurden die Schlauben mitgekocht. Der Hunger zeigte sich besonders dadurch, daß der Brei nicht dick genug sein konnte. Aber das bescherte schmerzhafte Minuten, mitunter sogar Stunden auf der Toilette. Die Haferschlauben zerschlitzten den Darm.

In diese Zeit fiel auch der Auszug aus unserer Wohnung. Zwar hatten meine Mutter und ich dort schon seit Mai 1945 mit vier anderen Parteien mehr schlecht als recht zusammenleben müssen, doch empfanden wir das Zimmer, das uns geblieben war, als Sicherheit und letzte Verbindung mit der Vergangenheit. Nun wurden mehrere russische Familien dort untergebracht. Wir erhielten in einer Wohnung schräg gegenüber ein Zimmer zugewiesen, worüber die Deutschen, die dort wohnten, keine Freude empfanden, da sie zusammenrücken mußten. Das ließen sie uns deutlich spüren, obwohl wir diese Situation nicht verursacht hatten. Meine Mutter war schon sehr schwach, nur noch Haut und Knochen. Während ich arbeitete, durchstreifte sie die umliegenden Straßen und durchsuchte die Abfälle der Russen nach Eßbarem. Am Abend erzählte sie mir von ihren Erfolgen, die sie jedoch immer seltener vorweisen konnte. Eines Tages, als ich von der Arbeit kam, empfing sie mich ganz aufgeregt mit rosigen Wangen. Sie hatte das eine Bett eingetauscht gegen ein Kilo amerikanischen gesüßten Preßkaffee und schilderte mir die Wirkung auf unsere Leistungskraft durch den Bohnenkaffee in glühenden Farben. Mir blieb diese ein Geheimnis, denn sie hatte den Kaffee bis auf einen kleinen Rest bereits aufgegessen. Ich war schon zu schwach oder auch apathisch, dagegen etwas zu sagen. Und das fehlende Bett hatte auch sein Gutes: So konnten wir uns nachts wenigstens gegenseitig noch etwas wärmen.

Die Arbeit wurde zusehends mühseliger und schwerer. Wenn das Feuer brannte, um die Trümmer aufzutauen, saßen Siegfried und ich, sofern wir überhaupt da und nicht auf Holzsuche waren, in der zweiten Reihe. Die Entfernung reichte gerade aus, zwischen den vor uns hockenden Frauen die kalten Füße in die Nähe des Feuers zu schieben. Die Schuhe trockneten dadurch natürlich aus, und das

Leder wurde immer härter, was ich schmerzhaft zu spüren bekam. Von den dünnen Hafersuppen hatte ich Wassersucht bekommen, die Unterschenkel wirkten glasig, die Knöchel waren nicht mehr zu erkennen. Nun scheuerten mir die harten Schuhe auch noch die Füße wund. Anfang April 1947 konnte ich nicht mehr zur Arbeit gehen. Bei meiner Mutter zeigte sich der körperliche Verfall auch darin, daß ihr linker Arm immer kraftloser wurde. 1945, nach dem Einmarsch der Russen, hatte sie versucht, sich die Pulsader aufzuschneiden, jedoch nur die Sehne durchtrennt, da andere Frauen im Lager den Selbstmordversuch gerade noch rechtzeitig bemerkt hatten. Solange wir uns noch einigermaßen gut hatten ernähren können und die Muskeln infolgedessen noch kräftig waren, hatte sie die Behinderung kaum empfunden. Nun war der Arm fast leblos. Aber noch ging sie auf ihre alltägliche Sammeltour zu den russischen Mülltonnen. Einmal, kurz nachdem sie den Kaffee aufgegessen hatte, schaffte sie es sogar bis zum weit entfernt liegenden Basar. Dort hatte sie an verschiedenen Ständen unter dem Vorwand, Butter kaufen zu wollen, diesen Luxusartikel probiert, dann aber zurückgewiesen. Eine empörte Verkäuferin hatte ihr daraufhin eine blutige Schramme an der Wange beigebracht.

Diese Tage im März 1947 gehören zu den dunkelsten in meinem Leben. Ich hatte jegliche Hoffnung aufgegeben, falls ich überhaupt noch nachgedacht haben sollte. Da kam eines Tages im April Siegfried nach der Arbeit zu uns und erzählte ganz aufgeregt, er habe einen ehemaligen Lehrkollegen getroffen. Dieser sei unglaublich kräftig und wohlgenährt, weil er nicht mehr arbeite, sondern nach Litauen fahre, um dort zu hamstern. In zwei Wochen brächte er genug Roggen, Speck und Eier nach Königsberg, um seine Mutter und seine beiden Geschwister damit zu ernähren.

Ich war wie elektrisiert. Am nächsten Tag holte Siegfried mich ab, und wir beeilten uns, seinen Freund aufzusuchen. Ich fragte diesem Löcher in den Bauch: »Wie fragt man nach Essen?« – »Was macht man, wenn die Leute einem nichts geben?« – »Spricht man dort russisch oder deutsch?« und so weiter und so fort.

Langsam wurde Siegfried ärgerlich, der Kollege auch. Doch schließlich wußten wir zumindest, daß die Züge Richtung Litauen ein Stück östlich des alten Hauptbahnhofs abfuhren. Die schwierigste Aufgabe bestünde darin, so Siegfrieds Kollege, auf den Zug aufzuspringen, da das Bahnpersonal sehr wachsam sei. Alles in allem klangen die Erzählungen sehr hoffnungsvoll.

Gerücht von einem Schlaraffenland:
Erste Fahrt nach Litauen

Am Abend des 16. April 1947 wanderten Siegfried und ich zum Bahnhof. Meine Mutter hätte uns am liebsten begleitet, aber sie konnte sich kaum auf den Beinen halten. Wir hatten ihr versprochen, zurückzukommen, sobald wir etwas erbettelt hatten. Der Anblick des Bahnhofs enttäuschte uns, irgendwie hatten wir ihn uns anders vorgestellt. Neben einer kleinen Baracke, in der die Leute mit Marschbefehl, *Kommandirowka* genannt, ihre Fahrkarten erhielten, wartete ein Personenzug. Eine Menge Leute, darunter auch viele jüngere Russen, lungerte in der Dunkelheit herum. Wir kletterten auf das Dach eines Waggons. Aber schon nach kurzer Zeit wurden wir von Eisenbahnern verscheucht. Dann mehrten sich die Anzeichen, daß der Zug bald abfahren würde. Außer Siegfried und mir befand sich niemand in der Nähe des Zuges, und uns trieben die Bahnpolizisten von einer Ecke in die andere. Schließlich ertönte das schrille Pfeifen der Lokomotive; langsam setzte sich der Zug in Bewegung. Plötzlich stürzten Menschen aus allen möglichen Winkeln und Verstecken hervor, sprangen auf die Waggons und hielten sich irgendwo fest. Siegfried und ich waren wie vom Donner gerührt. Als wir die Situation richtig erfaßt hatten, fuhr der Zug schon zu schnell, als daß wir noch aufzuspringen wagten. Wir sahen uns an: Alle waren weg, nur wir nicht! Wir hockten uns hin, waren einfach zu müde, nach Hause zu gehen, hatten vielleicht auch Angst, nach dem ersten Rückschlag einen weiteren Versuch nicht mehr zu unternehmen.

Im Laufe der Nacht sammelten sich erneut Gestalten, und wir hörten, daß gegen 24 Uhr ein *Taverner* nach Wilna abfahren würde. Das waren Personenzüge, die aus geschlossenen Güterwagen bestanden, in denen oftmals sogar ein Kanonenofen installiert war. Jetzt allerdings waren wir vorsichtiger und warteten ab. Tatsächlich rollte ein solcher Zug heran. Reisende stiegen über Holztreppen in die Wagen ein und machten es sich bequem. Wir hatten uns einen Waggon mit einem Bremserhäuschen ausgesucht und lauerten im Dunkeln. Endlich fuhr der Zug ab. Wir liefen hinzu, sprangen auf und gewannen Halt an Griffen, die wahrscheinlich Eisenbahner während des Rangierens benutzten.

Merkwürdigerweise standen schon drei Russen auf den Puffern zwischen den Waggons. Sie versuchten uns abzuwehren, doch als der Zug Fahrt aufnahm, ließen sie uns in Ruhe und boten uns sogar Papirossi an. Allerdings verscheuchten sie uns an jeder Haltestelle von neuem, um selber mehr Platz zu haben. Manchmal wurden wir auch alle zusammen von der Bahnpolizei vertrieben, doch konnten wir jedesmal in letzter Minute – keuchend vor Angst und Anstrengung – aufspringen und uns festklammern. Das ging gut bis Pilviskiai, der ersten Station nach der litauischen Grenze. Inzwischen war es heller Vormittag. Hier schafften wir es nicht mehr, der Zug fuhr ohne uns weiter, während uns die Bahnpolizei von den Schienen jagte.

Aber wir waren in Litauen, nun sollte das gute Leben beginnen! Guten Muts wanderten wir eine Straße entlang und erreichten ein Gehöft, das wir mit großer Spannung betraten. Was würde man uns geben? Wir klopften an die Tür und hörten so etwas wie *pascholl,* zu russisch »verschwindet«. Enttäuscht liefen wir vom Hof. Das ging uns noch einige Male so, bis eine Bäuerin schneller aus dem Haus kam, als wir weglaufen konnten. Sie sprach etwas deutsch und erklärte uns, daß sie nicht *pascholl,* sondern *praschau* gesagt habe. Das hieße »bitte« und wäre die in Litauen übliche Aufforderung, einzutreten. Wir durften uns setzen und erhielten jeder ein Glas Milch und ein Stück Brot. Es stimmte also doch, was Siegfrieds Kollege erzählt hatte! Allerdings empfahl sie uns, es mit dem Betteln anderweitig zu versuchen, da in Pilviskiai gewöhnlich sehr viele Leute den Zug verließen, und man könne einfach nicht allen etwas geben. Nach dem Essen bedankten wir uns und gingen weiter. Aber die Frau schien recht zu haben. Mal erhielten wir an der Tür ein Stück Brot oder zwei, drei Kartoffeln, oft aber auch gar nichts. Siegfried und ich beschlossen, weiter ins Landesinnere zu fahren, und so kehrten wir zum Bahnhof zurück. Dort erwischten wir einen richtigen Güterzug, der allerdings erst wieder in Kaunas – auf der anderen Seite der Memel – hielt. Die Sprache der Menschen klang melodisch, war für uns jedoch völlig fremd und unverständlich. Sie hatte weder Ähnlichkeit mit dem Deutschen noch mit dem Russischen.

Auch Kaunas machte auf uns einen sehr ungewohnten Eindruck; vielleicht weil es unzerstört war und wir seit Jahren nur mehr den Anblick der Trümmerstadt Königsberg gewohnt waren. Vielleicht war es die Silhouette der Stadt mit ihren vielen Kirchtürmen. Womöglich war es aber auch die Bevölkerung. Im Gegensatz zu den Russen in Königsberg wirkten die Menschen sehr gepflegt und gut gekleidet, was uns den sozialen Unterschied noch deutlicher empfinden ließ. Die Leute, die wir ansprachen, gingen vorbei, ohne uns zu beachten. Schließlich stießen wir durch Zufall auf den Marktplatz und versuchten dort unser Glück mit Betteln – vergeblich. Man gab uns nichts. Das Brot von Pilviskiai war längst aufgegessen, wir hatten Hunger und waren müde. Die Stimmung sank auf den Tiefpunkt: Wenn es so schwer war, dann wollten wir doch lieber zurück und in Königsberg sterben! Enttäuscht und entmutigt zogen wir zurück zum Bahnhof. Dort dösten wir im Wartesaal, gemeinsam mit anderen Deutschen, die allerdings einen zufriedeneren Eindruck machten.

Ein Bursche in unserem Alter erzählte uns, er habe seine Betteltour von der Station Jure aus begonnen. Diese Station liege mitten im Wald, weswegen die deutschen Pracher, wie Bettler in Ostpreußen volkstümlich hießen, dort nicht aussteigen würden. Nach einer Wanderung von einer Stunde erreiche man offenes Land, wo die Leute ausgesprochen freundlich und freigebig seien. So wäre er allein zwei Tage auf einem Gehöft gewesen, wo man gerade ein Schwein geschlachtet habe. Er sei ständig genötigt worden, zu essen, zu essen und noch einmal zu essen.

Siegfried und ich schöpften neuen Mut. Dieses Gebiet, so schworen wir uns, sollte unser nächstes Ziel sein. Doch zunächst stellte sich heraus, daß die Bahnpolizei in Kaunas Schwarzfahrer mit der gleichen Konsequenz verfolgte und uns genauso hinderte, einen Zug zu besteigen, wie es die Polizisten auf der Herfahrt getan hatten. Kurz hinter dem Bahnhof kam die Memelbrücke, die man als Fußgänger nicht überqueren durfte. Wir saßen fest.

Erst spät in der Nacht, als weniger Polizisten auch weniger wachsam waren, gelang es uns, Kaunas mit einem Güterzug zu verlassen. Aber übermüdet, wie wir waren, schliefen wir auf dem offenen Waggon ein und erwachten erst durch lautes Rumpeln und ruckartiges Bremsen, verursacht durch einen Rangiervorgang: Wir waren erneut in Pilviskiai! Dort kontrollierten uns zwei Bahnpolizisten. Aber sie hatten es wohl hauptsächlich auf unsere vermeintlich wohlgefüllten Rucksäcke abgesehen, deren Inhalt sie gern beschlagnahmt hätten: Fehlanzeige! So ließen sie uns laufen, mit der Ermahnung, schleunigst nach Kaliningrad, wie Königsberg nun hieß, zurückzukehren.

Siegfried und ich hatten Besseres vor. Kurze Zeit später fuhren wir mit einem Zug erneut nach Osten und kamen gegen Mittag endlich in Jure an, einem kleinen Dorf, umgeben von Mischwald, bestehend aus einigen Häusern, einem Sägewerk und dem Bahnhofsgebäude. Wir folgten dem Weg, den uns der Junge in Kaunas beschrieben hatte, und erreichten tatsächlich nach einer Stunde offenes Land, wo sich uns ein ungewohntes Bild bot: Statt kleiner Dörfer oder Ortschaften, wie sie uns vertraut waren, erblickten wir, eingebettet in die hügelige Landschaft, Einzelhöfe inmitten von Wiesen und Feldern – welch ein schöner Anblick! Die Häuser waren aus Balken gebaut und mit Stroh gedeckt. So ähnlich hatten die russischen Bauernhäuser, die in der Wochenschau gezeigt worden waren, auch ausgesehen. In der Ferne erkannten wir die Bäume einer Chaussee und einen großen weißen Kirchturm.

Siegfried und ich wandten uns dem nächstgelegenen Bauernhof zu. Ermutigt durch die Erzählungen des Deutschen in Kaunas, vor allem aber völlig ausgehungert, baten wir um Essen. Wir mußten wohl wirklich schlecht ausgesehen haben, denn die Bäuerin bedeutete uns sofort, Platz zu nehmen und ein wenig zu warten, was wir mit Freude taten. Während sie uns Sauerkrautsuppe aufwärmte, sahen wir uns im Zimmer um. Rechts neben der Eingangstür stand ein großer gemauerter Backofen, links eine Bank, darauf ein Eimer mit Wasser. Die anschließende Längsseite bis zur Zimmerecke nahm eine Bohle ein, die als Ablage, aber auch als Sitzbank diente. Eine weitere Bohle an der Schmalseite hingegen endete schon in der Mitte des Raumes. Daneben befand sich eine große Truhe. Wo die beiden Wandbänke zusammenstießen, stand ein Tisch mit einer separaten Sitzbank. Die Ecke schmückten zwei Heiligenbilder. Sie zeigten die Jungfrau Maria sowie Jesus, der sein Herz in den Händen trug und es dem Beschauer darbot. Neben der Truhe stand ein Bett, das jedoch nicht vollständig zu sehen war, da rechts in der Mitte des Raumes eine gemauerte Wand begann, die mit einem kleinen Torbogen wieder in den großen Backofen mündete. Später sollten wir erfahren, daß sich hinter dieser Wand ein gemauerter Kochherd befand, der nur im Sommer benutzt wurde. Der Fußboden war uneben und dunkel, aber fest. Diesen Grundriß fanden wir in fast allen Bauernhäusern vor.

Inzwischen war die Suppe warm. Die Hausfrau füllte auf und griff zu einem großen runden Brot, von dem sie einmal von oben, einmal von unten halbmondförmige Scheiben abschnitt. Dann bat sie uns zu Tisch. Gierig stürzten wir uns auf die Suppe, die reichlich mit durchwachsenem Speck angereichert war und genossen das dunkle, kräftige Roggenbrot. Während wir heißhungrig zulangten, versuchte die Frau uns nach dem Woher und

Wohin auszufragen. Aber die Verständigung war sehr mühsam. Mit Hilfe einiger russischer Sprachbrocken lernten wir immerhin, daß »Mutter« auf Litauisch *motina* hieß, »Königsberg« *Karalautzius*, »Brot« *duona,* »bitte« *praschau* und »danke« *dekoe*. Endlich bedankten wir uns herzlich für das üppige Essen, die erste warme Mahlzeit seit drei Tagen, und zogen weiter.

Im nächsten Haus erhielten Siegfried und ich nur ein Ei. Wie sollten wir das heil nach Königsberg transportieren? Außerdem waren wir noch immer hungrig und wollten nicht abwarten, bis ein zweites hinzukäme. Also erklärten wir auf dem dritten Hof, wir wollten nicht um Essen bitten, sondern nur das Ei hart gekocht haben. Kopfschüttelnd erfüllte die Bäuerin unseren Wunsch und gab uns auch noch ein Messer, damit wir das Ei teilen konnten. Beim nächsten Bauern bekamen wir Brot und frische Milch und anschließend wieder Sauerkrautsuppe mit Brot. Nun waren wir wirklich satt und legten uns zufrieden in eine Wiesensenke. Litauen, so versicherten wir uns immer wieder, war also doch das gelobte Land.

Nach der Pause wanderten wir weiter, baten nun aber nicht mehr um Essen, sondern um Roggen, Brot oder Kartoffeln. Wir hatten uns darauf besonnen, daß meine Mutter in Königsberg auf uns und unser Hamstergut wartete. Wir bekamen fast auf jedem Hof etwas. Unsere mitgebrachten Stoffbeutel begannen sich zu füllen. Es wurde Abend. Wir fragten nun mit Gesten nach einem

Nachtquartier, hatten aber zunächst kein Glück. *Eiket toliau* antwortete man uns. Wir hörten nur die Ablehnung heraus. Später lernten wir, daß es »geht weiter« bedeutete. Endlich, als es schon fast dunkel war, erbarmten sich Leute und nahmen uns auf. Zum Abendessen gab es große mehlige, aufgeplatzte Salzkartoffeln, dazu dicke Milch. Dann führte uns der Bauer in die Scheune, wo er eine mannshohe Garbe Roggenstroh öffnete und auf der Tenne ausbreitete. Er gab uns noch zwei Wolldecken und sagte etwas, was wir als »Gute Nacht« deuteten. Am anderen Morgen bewunderten wir in der Scheune die dicken großen Gebinde aus Roggenstroh. Derartige Garben hatten wir noch nie gesehen. Sollten die Litauer bessere Bauern sein als die Ostpreußen, mit größerem Roggen? Dann stellten wir fest, daß kein Korn mehr in den Ähren war. Später erst erfuhren wir des Rätsels Lösung. Das Getreide wurde mit dem Dreschflegel gedroschen. Dadurch blieben die Halme ganz. Und nur die längsten Halme wurden ausgeschüttelt und aufgehoben. Damit konnte das Dach repariert oder neu gedeckt werden.

Als Siegfried und ich ins Haus gingen, um uns zu bedanken und zu verabschieden, lernten wir die nächste Lektion. Zum Nachtquartier gehörte nicht nur das Abendbrot, sondern auch das Frühstück. Und das bildete die Hauptmahlzeit des Tages. Es begann mit der anscheinend obligatorischen Sauerkrautsuppe, zu der Kartoffeln und Brot gereicht wurden. Als nächstes folgten dicke, große

Kartoffelpuffer. Sie wurden auf Stroh im Backofen gegart, wie überhaupt alles im Backofen zubereitet wurde. Diese ziemlich festen Puffer wurden in handliche Stücke geschnitten und in saure Sahne getaucht. Zum Abschluß gab es eine Milchsuppe mit Haferflocken. Wir waren satt. Natürlich erwarteten die Leute für ihre Gastfreundschaft eine Gegenleistung von uns, nämlich Informationen über uns, Königsberg und das Leben der Deutschen dort. Als sie erkannten, daß wir keinerlei litauische Sprachkenntnisse besaßen, begannen sie damit, uns ihre Sprache nahezubringen, indem sie auf alle möglichen Gerätschaften zeigten und die entsprechenden litauischen Ausdrücke nannten. Aber das ging zu schnell und war zuviel auf einmal. So bedankten wir uns für die gastliche Aufnahme und begannen einen neuen Prachertag.

Da Siegfried und ich nach dem reichhaltigen Frühstück noch satt waren, erbaten wir überall Brot, Getreide und Kartoffeln. Wieder erinnerten wir uns dankbar des Jungen in Kaunas. Hier war wirklich eine gute Gegend zum Betteln! Im Laufe des Tages ergatterten wir etwa fünf Kilo Roggen, ein Kilo Gerste, insgesamt zehn Eier, die wir uns erneut bei verschiedenen Bauern kochen ließen, mindestens anderthalb Brote, wenn auch in vielen einzelnen Scheiben, und sogar ein großes Stück Schinkenspeck. Allerdings hatten wir das Motiv unseres Bettelns erweitert, indem wir uns noch einige kleine Geschwister andichteten. Zwischendurch aber hatten wir auch immer wieder nach

Essen gefragt. Meistens gab es Sauerkrautsuppe und Brot. Inzwischen reagierte unsere Verdauung sehr energisch auf diese neue, kräftige und ungewohnte Kost. Wir bekamen Durchfall. Mitunter war es so, daß wir uns kaum niedergelassen hatten, um auf das Essen zu warten, als auch schon einer von uns hinaus mußte, um sich zu erleichtern. Oftmals folgte demjenigen dann auffällig-unauffällig ein Familienmitglied, da man befürchtete, daß der Fremde Eier, Hühner oder sonst etwas zu stehlen gedachte.

Als die Dämmerung hereinbrach, fragten wir wieder nach einem Nachtquartier und hörten wiederum nur das ablehnende *eiket toliau*. Der Gedanke, draußen nächtigen zu müssen, erschien uns wenig einladend, und schneller liefen wir über die Äcker von Gehöft zu Gehöft, bis sich schließlich eine freundliche Bauersfrau erbarmte und uns aufnahm. Siegfried und mich mit einigen Lebensmitteln zu versorgen fiel den Bauern offensichtlich leichter, als uns einen Schlafplatz in der Scheune einzuräumen, denn das bedeutete gleich zwei Mahlzeiten für jeden, also vier insgesamt. Erneut gab es Salzkartoffeln und Milch zum Abendbrot und am nächsten Morgen Sauerkrautsuppe und *Bandas,* wie die dicken Kartoffelpuffer genannt wurden.

Nach dem Frühstück beschlossen Siegfried und ich, nach Königsberg zurückzukehren. Natürlich wollten wir auf dem Weg zum Bahnhof noch weiterbetteln. Aber wir hatten die Gegend zwischen dem Wald und der großen Straße restlos abgeklappert. Irgendwie hatten wir Angst vor der Chaussee. Es herrschte dort lebhafter Verkehr. Autos jedoch fuhren nach unserer Erkenntnis auf Befehl; Befehl aber bedeutete Obrigkeit, und Obrigkeit war Polizei. Auf diese einfache Formel ließ sich unsere Besorgnis bringen. Aber es half nichts. Wenn wir nicht innerhalb von zwei Tagen dieselben Bauern besuchen wollten, mußten wir in das Gebiet jenseits der Straße überwechseln. Wir überquerten die Chaussee, klopfenden Herzens, und es passierte gar nichts. So bettelten wir uns zurück in Richtung Jure. Noch einmal war uns das Schicksal hold, und wir fanden sehr schnell ein Nachtquartier, aber die deutschsprechende Bäuerin erklärte uns, daß bei ihr sehr oft Landsleute von uns übernachten würden. Daher könne sie uns kein Essen geben, allenfalls etwas Milch. Wir waren damit zufrieden. Wir tranken die Milch und aßen dazu von unserem erbettelten Brot. Am anderen Morgen wanderten wir zum Bahnhof. Dort jedoch hatten wir kein Glück. Alle Züge nach Westen fuhren durch. Schließlich enterten wir einen Zug, der nach Kaunas fuhr. Von dort versprachen wir uns trotz der Polizeikontrollen bessere Möglichkeiten, nach Königsberg zurückzukehren.

Schnell stellte sich heraus, daß es am Tag unmöglich war, einen Zug zu besteigen. Der Bahnhof war nicht sehr groß, die Polizei allgegenwärtig. Aber in der Nacht hatten wir Glück. Wir erwischten einen D-Zug, und mittags um ein Uhr waren wir wieder zu Hause. Meine Mutter war überglücklich, als wir unsere Beute auspackten, und begann sofort Roggen zu mahlen, um Schlunz zu kochen. Darüber hinaus überließ uns Siegfried noch bis auf einen geringen Rest den Inhalt seines Rucksacks, da er ja niemand zu versorgen habe, wie er, Mutters Dank damit abwehrend, meinte. Was auch insofern gut sei, weil wir dadurch unseren Aktionsradius bei der zweiten Reise erweitern könnten, fügte er hinzu. Wir könnten länger wegbleiben, und somit auch mehr mitbringen. Ein guter Plan, den wir auch durchzuführen gedachten.

Aber erst einmal wanderten Siegfried und ich am nächsten Morgen zu unserem Arbeitstrupp auf dem Gelände der Kinderklinik, um uns nach dem Lohn für den Monat März zu erkundigen; inzwischen schrieben wir schon den 23. April 1947. Wir fanden niemanden mehr vor. Russische Maurer erzählten uns, daß die Frauen nunmehr im ehemaligen Rundfunkhaus arbeiteten. Dort wurden wir von der Vorarbeiterin mit Flüchen empfangen, weil wir so lange gefehlt hatten. Wir sagten nichts von unserer Fahrt nach Litauen und fragten zunächst nach dem Lohn. Den hatte es angeblich noch nicht gegeben. Darauf erklärten wir, dann würden wir auch nicht wieder arbeiten. Unsere ehemaligen Kolleginnen schauten uns verwundert nach, als wir die Baustelle spontan verließen.

Zweite Fahrt nach Litauen: Milch, Eier, Brot und Speck und eine Opfergabe für den Sauerkrautgott

Der Besuch bei unserer Arbeitsgruppe hatte Siegfried und mich überzeugt, daß wir so schnell wie möglich wieder nach Litauen fahren mußten. In Königsberg Arbeit zu finden war aussichtslos. Also brachen wir schon einen Tag später auf zu unserer zweiten Reise. Am Bahnhof zeigten uns andere Litauenfahrer einen Eisenbahnwaggon, der mit dunklen Platten beladen war, jede etwa so groß wie ein Ziegelstein. Es wäre gepreßter Rapssamen, hieß es, der als Viehfutter verwendet würde, aber ganz wohlschmeckend sei. Wir nahmen uns jeder zwei Stück, mußten uns aber beim Abbeißen mächtig anstrengen. Irgendwie erinnerte der Geschmack an Mohnkuchen. Wir kauten auf dem Rindviehkuchen herum, während wir vorsichtig das Bahnhofsgelände inspizierten. Dabei stießen wir auf einen Haufen heiler und verbogener Metallregale. Wir erkannten sie sofort. Wir hatten sie aus den Trümmern der Kinderklinik geborgen und auf Anweisung des russischen Bauleiters zum Bahnhof gebracht. Sie würden, so hatte er uns damals erklärt, als Wiedergutmachung an ein Krankenhaus in Kiew geschickt, das von den Deutschen zerstört worden sei. Nun lagen diese Regale schon über zwei Monate am Straßenrand. Doch zweifelten wir keinen Augenblick daran, daß sie bestimmt einmal in Kiew ankommen würden. Ob man dort etwas damit anfangen konnte, war ein anderes Problem.

Plötzlich entstand Unruhe, Rangierarbeiten setzten ein: Ein Güterzug wurde zusammengestellt. Wir schlichen in der Nähe herum, immer Deckung suchend, wachsam und vorsichtig, und erkundeten die Lage. Schließlich setzte sich der Zug in Bewegung. Sofort rannten wir los, sprangen auf und konnten uns festhalten. Glück gehabt! Dabei kam uns zustatten, daß ein Güterzug anders anfährt als ein Personenzug, weil er auf Fahrgäste keine Rücksicht nehmen muß. Infolgedessen zieht die Lokomotive erst einmal an und wartet, bis sich die Vorwärtsbewegung bis in den letzten Waggon fortgesetzt hat. Dann erst erfolgt der nächste Vortrieb, und so nimmt der Zug ganz allmählich Fahrt auf, weil mehrere solcher Schübe erfolgen. Das kostet weniger Energie, aber es geht auch langsamer.

Wir waren wieder unterwegs und hofften auf eine neue erfolgreiche Tour in Litauen. Aber diese Zuversicht sollte nur von kurzer Dauer sein. Am späten Nachmittag hielt der Zug in Insterburg und fuhr auch nicht mehr weiter. Wir gesellten uns zu einer Schar Mitreisender, die hinter dem Bahnhofsgebäude ein Lagerfeuer entfacht hatten, um sich zu wärmen, denn die Nacht war kalt. Gegen Morgen erwischten wir einen *Taverner*, und bis Pilviskiai, diesem erlebnisreichen Ort, ging alles gut. Dort allerdings mußte Siegfried unbedingt müssen. Er brauchte zu lange. Der Zug setzte sich in Bewegung, wir waren getrennt. Ein Schock für mich! Glücklicherweise hatten wir abgesprochen, uns in dem fremden Land an das wenige zu halten, was wir schon kannten. Das beruhigte mich ein wenig. So kletterte ich in Jure aus dem Zug und ging schon mal allein auf Tour. Ich klapperte die Häuser um den Bahnhof herum ab und war überrascht, wie gastfreundlich man mich auch hier behandelte. Ich bekam mehrere Eier, sogar ein Stück Wurst und natürlich auch Brot. Die Eier ließ ich kochen und setzte mich an den Bahndamm, um auf Siegfried zu warten.

Am späten Nachmittag kam er mit einem Personenzug aus Kaunas. Ich hatte es gewußt, daß er kommen würde. Aber ich hatte auch Angst gehabt, ob es ihm angesichts unseres illegalen Aufenthaltes in Litauen überhaupt möglich sein würde, nach Jure zu gelangen. Hier nun war er und sprang lässig vom vorletzten Waggon. Ich war glücklich und breitete meine Schätze aus: Brot, Eier, Wurst. Allerdings zeigte Siegfried nur Interesse an den Eiern und der Wurst. Während er genüßlich kaute, erzählte er, daß er gemeinsam mit anderen Deutschen in Kaunas vor einem Lebensmittelgeschäft gesessen und dort viele Reststücke Brot, das in Rußland überall exakt nach Kilogramm verkauft wurde, bekommen habe. Im Grunde war er satt. Doch das tat meiner Freude keinen Abbruch. Wir waren wieder zusammen; das allein zählte.

Es wurde inzwischen höchste Zeit, nach einem Nachtquartier Ausschau zu halten. Hier im Dorf würden wir wohl kaum eines finden, also wanderten wir los. Am Waldrand angekommen, wählten wir eine andere Richtung als das erstemal, und wer sagt's: Ein glückliches Geschick führte uns auf einen Bauernhof, wo wir nicht nur übernachten durften, sondern auch wertvolle sprachliche Tips erhielten, zum Beispiel, daß die korrekte Frage nach einer Unterkunft *Agalosch na quod* lautete. Außerdem überließ uns die Bäuerin ein Sprachbuch für Deutsche, das die deutsche Wehrmacht einst hatte drucken lassen, damit sich die Truppen im eroberten Land besser verständigen konnten. Später sollten wir erfahren, daß die korrekte litauische Anfrage nach einer Übernachtungsmöglichkeit für uns hilfreich war, den Bauern indes anfangs Enttäuschung brachte. Sie waren nun eher bereit, uns aufzunehmen, weil sie weitere Sprachkenntnisse vermuteten und auf Abwechslung und Unterhaltung hofften. Doch dafür reichten unsere Sprachkenntnisse bei weitem noch nicht aus. Wir aber lernten von ihnen täglich einige Vokabeln und Begriffe dazu, was sich mit der Zeit auch für die wißbegierigen Litauer auszahlte.

Am anderen Morgen, nach dem üblichen Frühstück mit Sauerkrautsuppe, *Bandas* und Milchsuppe, begannen Siegfried und ich, die Gehöfte abzuklappern. Stets baten wir um Essen, so heißhungrig wie wir waren. Oftmals bekamen wir auch Korn,

Brot oder Kartoffeln, mitunter ein Ei. In einem Dorf namens Jiestrakies fanden wir ein sehr gutes Quartier, das wir spontan »Speckhof« tauften. In diese Gegend schienen sich noch wenig Deutsche verirrt zu haben, denn die Litauer gaben uns gern etwas und zumeist reichlich. Unsere Rucksäcke füllten sich zusehends, und wir dachten oft daran, wie sich meine Mutter über diese Schätze freuen würde. Inzwischen hatten wir gelernt, abzuwarten, bis wir drei oder vier Eier zusammenhatten, bevor wir darum baten, diese zu kochen. Wir waren auch mutiger geworden und hatten uns eine gewisse Hartnäckigkeit angewöhnt, sobald wir vermuteten, daß wir etwas bekommen würden, falls wir nur genügend Ausdauer an den Tag legten. So trafen wir auf einem Gehöft zwei Frauen an, die an sich einen freundlichen Eindruck machten, uns aber absolut nichts geben wollten. Unser Ehrgeiz erwachte. Als alles Bitten nichts half, hatte ich einen Einfall. Ich fragte, ob uns die Frauen wenigstens aus unseren eigenen Kartoffeln eine Kartoffelsuppe bereiten könnten. Damit waren sie einverstanden und wir mit unserem Talent sehr zufrieden. Doch die Enttäuschung war groß. Sie hatten die Kartoffeln in kleine Stücke geschnitten und in Milch gekocht oder nach dem Kochen mit Milch vermengt. Auf jeden Fall schmeckte die Suppe sehr ungewohnt und entsprach in keiner Weise unseren Vorstellungen von einer Kartoffelsuppe. Aber wir dankten den Frauen für ihre Mühe und zogen weiter.

Da unsere Rucksäcke inzwischen prallgefüllt

waren, beschlossen wir, nach Königsberg zurückzukehren. Meine Mutter würde Augen machen!
Von diesen nahrhaften Dingen würde sie mindestens drei Wochen leben können, da waren Siegfried
und ich uns einig. Doch noch stand uns die
Bahnfahrt bevor. Wieder mußten wir feststellen,
daß in der kleinen Station Jure nur die wenigsten
Züge hielten und von diesen keiner nach Königsberg fuhr. Wir warteten und warteten, entschieden
uns endlich für einen Zug nach Kaunas, wo sich
uns nachts eine Rückfahrt in die Heimat bot.
Erleichterung sowohl bei Siegfried als auch bei mir.
Wir standen unmittelbar hinter dem Tender. Das
Zugpersonal kümmerte sich zunächst nicht um uns.
So weit, so gut.

   Dann jedoch mußte ich dem Sauerkrautgott
opfern, wie wir den Durchfall vornehm umschrie-
ben. Das war ein Problem, zumal die Aktion bei
völliger Dunkelheit ablief. Zunächst mußte Siegfried meinen Rucksack übernehmen, dann mußte
ich die Jacke und einen Pullover ausziehen, bevor
ich an die Hosenträger kam, die ich ja abstreifen
mußte. Schließlich konnte es losgehen. Derartige
Manöver hatte jeder von uns schon auf der ersten
Reise mehrfach vollführen müssen. Es war auf
einem fahrenden Zug kein einfaches Unterfangen,
aber bislang hatten wir es immer gepackt. Mit einem
Bein stand ich auf dem Puffer, mit dem anderen auf
der Kupplung, die die Waggons miteinander ver-
bindet. Die jedem Bahnreisenden bekannten Stöße
konnte ich noch abfangen. Aber dann trat ich beim

Anziehen haltsuchend auf einen Hebel, der nachgab und den Dampfdruck für die Notbremse auslöste. Der Zug kam zum Stehen, und ein wütender Heizer machte sich auf, zu erkunden, wo die Bremse ausgelöst worden war. Seine einzige Lichtquelle war ein starker Draht, an dem ein vorher mit Petroleum getränkter, nun lichterloh brennender Lappen befestigt war. Mit diesem Feuerstab jagte er uns von unserem schönen Platz hinter der Lokomotive, denn der entweichende Dampf hatte ihm Ort und Ursache der Störung schnell verraten. Dabei hatte ich die Hosen noch gar nicht wieder richtig hochgezogen, und Siegfried war noch mit meinen Sachen behangen. In letzter Sekunde schafften wir es, hinten wieder auf den anfahrenden Zug aufzuspringen. Aber es war knapp, und auf freier Strecke hätten wir weit laufen müssen bis zum nächsten Bahnhof!

Lebewohl, Königsberg!

Siebzehn Tage hatte unsere zweite Hamsterfahrt gedauert, von Siegfried und mir unternommen, um die Ernährung meiner Mutter sicherzustellen. Doch als wir in Königsberg ankamen, war alles anders, als wir es verlassen hatten. Meine Mutter war tot. Unsere Möbel waren verschwunden. In unserem Zimmer wohnten fremde Leute. Während ich von einem Gefühl der Trauer und Verlorenheit überwältigt wurde, mußte ich gleichzeitig mit dem älteren Ehepaar in unserem nunmehr ehemaligen Zimmer darum kämpfen, zumindest eine Nacht auf dem Fußboden schlafen zu dürfen. Und dort lag ich und grübelte, wie das hatte geschehen können, daß meine Mutter tot war. Wir hatten ihr doch Lebensmittel für zwei bis drei Wochen zurückgelassen. Und nun hätten wir ihr Leben für einen weiteren Monat sichern können. Trauer und Verzweiflung ließen mich endlich in einen unruhigen Schlaf hinüberdämmern.

Auch am anderen Morgen ließ mir die unerfreuliche Situation in dem Zimmer keine Zeit für meinen Kummer. Das abgehärmte ältere Paar schaute neidisch auf meinen Rucksack und erklärte, ich solle ihre Wohnung so schnell wie möglich verlassen. Um sie nicht sehen zu lassen, was ich alles für Kostbarkeiten aus Litauen mitgebracht hatte, ging ich in den Flur und nahm einen Beutel Roggen aus dem Rucksack. Den gab ich den beiden, um erst einmal Ruhe zu haben. Dann fragte ich sie nach den Umständen des Todes meiner Mutter. Sie vermochten mir keine Auskunft darüber zu geben. Sie seien erst vor vier Tagen hier einquartiert worden und hätten nur einen leeren Raum vorgefunden, erzählten sie. Ich konnte mir nicht vorstellen, daß unsere ganze Habe verschwunden sein sollte. Mißtrauisch geworden, klopfte ich an der Tür des Nachbarzimmers. Dort wohnte ein Ehepaar mit einem Sohn, etwa in meinem Alter. Der Mann war Uhrmacher und hatte auch russische Kundschaft. Dadurch verfügte die Familie über ein besseres Einkommen als die meisten Deutschen, die jetzt noch in Königsberg lebten. Infolgedessen hatten sie sich immer sehr reserviert verhalten, um mit ihrem bescheidenen Wohlstand nicht aufzufallen. Es war ein Merkmal jener Zeit, daß jeder oder jede Familie sich von den anderen Menschen abgrenzte, und sei es nur, um die eigene Not nicht zu zeigen.

Immerhin wußten diese Nachbarn, wie meine Mutter gestorben war. Sie habe nach unserer Abreise nur noch gekocht und gegessen, gekocht und gegessen. Drei Tage später dann habe man sie tot in der Küche gefunden. Wahrscheinlich habe der Körper die plötzliche reichhaltige Nahrungszufuhr nicht verkraften können, vermuteten sie. Doch sei meine Mutter wie besessen gewesen. Noch am Vortag habe sie unseren gesamten Besitz in der Nachbarschaft gegen weitere Lebensmittel eingetauscht und diese gleichfalls aufgegessen. Ein Achselzucken, es gäbe hier nichts mehr, was mir gehörte. Leute vom Straßentrupp hätten schließlich den Leichnam in ein Laken eingenäht. Zusammen mit anderen Toten sei meine Mutter in einem Gemeinschaftsgrab auf dem Altroßgärter Friedhof hinter dem Königstor beerdigt worden.

Ich glaubte diese Geschichte nicht, doch was sollte ich tun? Meine Mutter war tot. Ohne darüber nachzudenken, suchte ich den kleinen, verwilderten Park beim Seuchenkrankenhaus auf. Dort lehnte ich mich an einen Baum und weinte. In dem Lazarett hatte ich im Winter 1945/1946 mit Typhus gelegen. Täglich hatte meine Mutter mir Zusatzessen gebracht und mir dadurch das Leben gerettet. Nun hatte ich ihr nicht helfen können, und sie war in der Stunde ihres Todes allein gewesen. Ich machte mir Vorwürfe. Hätten wir sie nicht vielleicht doch mit nach Litauen nehmen können? Dann dachte ich wieder daran, wie schwer es selbst uns jedesmal fiel, auf einen fahrenden Zug aufzuspringen. Meine Mutter hätte das nicht geschafft. Aber dieses Argument brachte keinen Trost. Ich ging zu Siegfried und weinte noch einmal. Was sollten wir nun machen?

Siegfried und ich entschieden uns dafür, zunächst unseren ausstehenden Lohn für März einzutreiben.

Die *Brigadirka* wunderte sich sehr, daß wir es nach derart vielen Fehltagen überhaupt wagten, auf der Baustelle zu erscheinen. Natürlich habe es Geld gegeben, aber das sei verfallen, weil wir nicht anwesend waren, als es verteilt wurde. Wahrscheinlich hatte sie für uns unterschrieben und das Geld eingesteckt. Aber das war mir letzten Endes gleichgültig. Was nützten mir die Rubel, wo ich doch meine Mutter verloren hatte! Und Siegfrieds Worte, der den ganzen Heimweg über wie ein Rohrspatz auf die betrügerische Gruppenleiterin schimpfte, rauschten an mir vorbei. Bei Siegfried kochten wir uns erst einmal zur Beruhigung einen Roggenbrei, in dem der Löffel stehenblieb: der Traum aller Königsberger in diesen Zeiten! Dann kehrte ich zu unserer Wohnung zurück. Die beiden alten Leute hatten anscheinend schon vergessen, daß ich ihnen einen Beutel Korn geschenkt hatte. Sie ließen mich nicht hinein. Ich sähe so verwahrlost aus, daß sie Angst um ihr Leben hätten, wenn ich bei ihnen übernachten würde. Erneut wandte ich mich an die Uhrmacherfamilie. Für Informationen darüber, wie man nach Litauen gelangen könne, sowie zwei hartgekochte Eier und ein Stück Brot als Zugabe durfte ich bei ihnen auf dem Fußboden schlafen.

Am anderen Morgen ging ich zu Siegfried. Wir würden wieder nach Litauen fahren. Mich hielt nun nichts mehr in meiner Heimatstadt. Siegfried war der gleichen Meinung: Überleben konnten wir nur in Litauen! Bevor wir uns endgültig aus

Königsberg verabschiedeten, suchten wir noch die Vorarbeiterin des Straßentrupps auf, der für die Beerdigung meiner Mutter gesorgt hatte. Ich fragte nach dem Grab meiner Mutter. Sie erklärte mir, daß seit Ende April in unserer Gegend Königseck, dieser Insel inmitten der Ruinen von Roßgarten, Herzogsacker und Sackheim, so viele Menschen gestorben seien, daß sie unmöglich sagen könne, wo ausgerechnet meine Mutter bestattet sei. Dabei wirkte sie noch nicht einmal unfreundlich oder ärgerlich. Die Situation in jenen Tagen war eben so!

An der Ecke, an der drei, vier Händler einen kleinen Markt organisiert hatten, verkauften wir unseren Hamstervorrat, um wenigstens ein paar Rubel für die Reise in den Händen zu haben. In kurzer Zeit machten wir alle Nahrungsmittel zu Geld, die eigentlich das Überleben meiner Mutter hatten sichern sollen. Nur einige Scheiben Brot behielten wir als Reiseproviant. Wieder einmal, doch nun zum letzten Male, liefen wir durch die von Ruinen gesäumte Vorstädtische Langgasse zum Bahnhofsgelände. Wir hatten niemandem erzählt, daß wir Königsberg verlassen würden. Das hätte nur Probleme geben können: Womöglich hätte man uns aus Neid der Miliz gemeldet, oder es hätte jemand mitfahren wollen. Vielleicht war aber auch Aberglauben im Spiel. Wir wollten unser Glück nicht berufen, und schließlich waren wir ja auch niemandem Rechenschaft schuldig.

Erste Erfahrungen, um durchzukommen:
Als Pracher unterwegs in Litauen

Schon am Nachmittag erwischten Siegfried und ich einen Güterzug, der mit in großen Kisten verpackten Maschinenteilen beladen war. Wir hatten davon gehört, daß in Deutschland, im Reich, wie wir sagten, ganze Fabriken abgebaut und als Reparationsleistung in die Sowjetunion gebracht wurden. Dieser Transport war eine solche »Leistung«. Während der Fahrt kletterten wir von Waggon zu Waggon, um ein geeignetes Versteck zu finden. Schließlich entdeckten wir einen hohen Holzverschlag. Er stand so dicht an der vorderen Planke, daß wir uns gerade noch dazwischenzwängen konnten. Hier auf dem offenen Wagen würde uns niemand vermuten! Zudem waren wir vor dem Fahrtwind einigermaßen geschützt. Doch kaum hatten wir es uns etwas bequem gemacht, stand plötzlich ein Russe auf der Kiste, schimpfte fürchterlich und verlangte von uns 50 Rubel. Die besaßen wir zwar, doch waren wir nicht willens, sie ihm auszuhändigen. Siegfried turnte links an der Kiste entlang nach hinten, ich rechts. Eigentlich hatten wir keine Chance, dem geldgierigen Eisenbahner zu entkommen, denn auf unseren offenen folgte ein geschlossener Waggon, der eine weitere Flucht unmöglich machte. Doch der Mann war genauso plötzlich, wie er vor uns – eigentlich über uns! – gestanden hatte, wieder verschwunden. Hatte ihn der Fahrtwind von der Kiste heruntergeweht? Erschienen wir ihm als Beute nicht lohnend genug? Wir wußten es nicht. Jedenfalls war er nicht mehr da.

Die gleichmäßigen Geräusche, das Ramtamtam der rollenden Räder auf den ungeschweißten Schienen, machte uns müde. Wir schliefen ein. Mitten in der Nacht hielt der Zug. Wir erwachten und erblickten ein Schild mit der Aufschrift Mauruci-ai. Das bedeutete nach unserer Streckenkenntnis, daß wir eine Station zu weit gefahren waren. Entweder hatten wir Jure verschlafen, oder der Zug hatte dort nicht gehalten. Wir schnappten unsere Rucksäcke und Brotbeutel und sprangen ab. Nach Kaunas wollten wir nicht noch einmal! Frierend legten wir uns an den Bahndamm, um den Morgen abzuwarten. Als es hell wurde, wanderten wir los. Wir mußten uns nach halbrechts orientieren, wenn wir wieder in die Gegend von Jure oder Jiestrakies kommen wollten. Überall sahen wir im hügeligen Gelände Bauernhöfe liegen, und der uns vertraute Wald schimmerte bläulich in der Ferne. Doch es war wie verhext. Nur selten erhielten wir Brot und Milch, und die Menschen wirkten sehr beunruhigt, wenn sie uns ins Haus ließen, als ob sie etwas Verbotenes täten und deswegen Angst haben müßten. Niemand gewährte uns ein

Nachtquartier, bis wir schließlich ohne zu fragen in einer Scheune unterschlüpften. Wir standen vor einem Rätsel. Das konnte doch nicht dasselbe Land sein, wo man uns noch vor wenigen Tagen so freundlich aufgenommen hatte! Endlich erspähten wir am Horizont wieder die uns vertraute Silhouette mit dem weißen Kirchturm. Und allmählich waren die Leute auch wieder entgegenkommend und hilfsbereit. Hier erfuhren wir auch des Rätsels Lösung für die ablehnende Haltung, auf die wir bisher gestoßen waren: Zwischen Mauruciai und Kaunas befand sich ein Kriegsgefangenenlager. Wahrscheinlich hatte man angenommen, daß wir von dort entflohen seien.

Nachdem meine Mutter tot war und wir nicht beabsichtigten, nach Königsberg zurückzukehren, legten wir den Schwerpunkt unseres Bettelns nicht mehr auf Getreide und Kartoffeln. Wir baten nur noch um Essen, und davon konnten wir nicht genug bekommen. Allmählich entwickelten wir eine Psychologie für Häuser, und meistens stimmte unsere Hypothese. Manchen Gehöften war schon von weitem die Ablehnung anzusehen: »Hier bekommt ihr nichts.« Und so war es dann auch. Ein Ei für zwei Personen oder drei Kartoffeln, das war alles. Unseren Brotvorrat hüteten wir wie einen Augapfel: Noch waren wir mißtrauisch, trauten unserem Bettlerglück nicht ganz. Stets, wenn wir uns nach einer Mahlzeit an einem vor unliebsamen Einblicken geschützten Platz zurückzogen, breiteten wir unser

Brot aus, um es in der Sonne zu trocknen. Davon erhofften wir uns eine Notverpflegung, falls wir doch noch aufgegriffen und in ein Lager gesperrt werden sollten.

Ein Vorfall schien uns die Richtigkeit dieser Maßnahme zu bestätigen. Wir lagen auf einer Wiese an einem von Weiden gesäumten Bächlein und sonnten uns. Hinter einer kleinen Erhebung verlief die Straße. Plötzlich bemerkten wir fünf, sechs Gewehrspitzen, die sich in Richtung Westen bewegten. Uns blieb fast das Herz stehen.

Siegfried flüsterte mit dem ihm eigenen sarkastischen Humor: »Da sind unten Männer dran an den Gewehren, die seh'n wir bloß nicht.«

Nach etwa zwei Minuten war der Spuk vorbei. Wir atmeten auf: Das war noch einmal gutgegangen!

Allmählich verfügten wir über einen kleinen litauischen Wortschatz für die einfacheren Dinge des Lebens und konnten uns mit den Leuten einigermaßen verständigen, zumal der Gesprächsinhalt zumeist der gleiche war: Wir fragten nach Essen, die Litauer erkundigten sich nach unserem Woher und Wohin. Nur die Suche nach einem Nachtquartier machte uns täglich neue Sorgen.

Fragten wir zu zeitig am Tag, sagte man uns: »Geht ein Haus weiter, die Sonne steht ja noch hoch am Himmel.«

Dämmerte es bereits, hörten wir: »Wo kommt ihr denn jetzt her, in der Dunkelheit? Wir dürfen euch nicht aufnehmen, ihr könntet ja Banditen sein.«

Bis sich zu guter Letzt doch jemand unserer erbarmte. Uns kam überhaupt nicht in den Sinn, daß die Hausfrauen nicht unbedingt erfreut waren, wenn sie zwei zusätzliche Esser für Abendbrot und Frühstück an den Tisch bekamen.

Es war nicht zu übersehen, wenn Siegfried mich und ich ihn anblickte: Wir hatten uns wieder ganz proper herausgemacht! Wir waren nicht mehr die ausgemergelten Gestalten, als die wir nach Litauen gekommen waren. Ich litt nicht mehr unter Wassersucht in den Beinen, und die Wunde an der Hacke war längst verheilt. Dennoch blieb die Ernährung weiterhin der Mittelpunkt unseres Denkens. Wir konnten nicht genug bekommen – einfach, weil wir nicht an die Dauerhaftigkeit unseres Wohllebens glaubten. Inzwischen wurden wir immer öfter gefragt, ob wir als junge, kräftige Burschen nicht lieber arbeiten wollten, anstatt bettelnd durchs Land zu ziehen. Doch die Bauern winkten sofort ab, wenn sie hörten, daß Siegfried und ich zusammenbleiben wollten. Einen von uns wollten sie nehmen, aber nicht beide. Für zwei hatten sie auf Dauer weder Arbeit noch Essen. Aber sie zeigten jedesmal Verständnis dafür, daß wir uns nicht trennen wollten.

Dann aber lachte uns das Glück. In Plutiskes trafen wir einen Bauern namens Surkaitis, der Siegfried und mich aufforderte, ihm beim Mistfahren und Ausbringen der Saatkartoffeln zu helfen. Inzwischen hatten wir unseren Lebenslauf dahingehend korrigiert, daß ich von einem Bauernhof mit 20 Hektar stammte, jedoch in Königsberg zur Schule gegangen sei. Von dieser Variante erhofften wir uns größeres Mitleid und Entgegenkommen. Nun wunderte sich dieser Bauer über mein Ungeschick bei der Landarbeit. Doch seine Frau überzeugte ihn, daß ich als Oberschüler eigentlich ein echtes Stadtkind sei und infolgedessen von Landwirtschaft nichts verstehen könne. Siegfried und ich aber lernten in den drei Tagen, die wir dort arbeiteten, den bäuerlichen Tagesablauf kennen. Die Familie hingegen entwickelte aufgrund unserer abendlichen Gespräche Verständnis für das Los der deutschen Bettler. So entstand erstmals ein gewisses Vertrauensverhältnis zwischen uns und den Litauern. Wir verständigten uns mit Hilfe des Sprachbuchs, vor allem aber nahmen wir durch die gemeinsame Arbeit und das Zusammensein immer neue Vokabeln auf. Es machte sich bemerkbar, daß ich in der Schule schon zwei Fremdsprachen gehabt hatte. Besonders wichtig war in diesem Fall Latein. Die litauische Sprache mit ihren sechs Fällen und den Endungen der Substantive erinnerte mich etwas daran. Bald fand ich für manche Wörter einen Aufhänger, so daß ich sie mir leichter merken konnte. So ergab es sich, daß ich von unserer Seite aus meistens der Wortführer war.

Bei einem dieser abendlichen Gespräche im Familienkreis erwähnten wir gegenüber unserem »Arbeitgeber« auch unsere Schwierigkeiten, ein Nachtquartier zu erlangen. Da lachte die Bäuerin und klärte uns über den Grund auf. Bei einem litauischen Bauern kamen jeden Abend Kartoffeln auf den Tisch, dazu Milchvariationen wie Quark, frische oder dicke Milch, zuweilen sogar saure Sahne. Jede Hausfrau wußte, wieviel Kartoffeln sie für ihre Familie schälen mußte. Bat nun jemand zu früh um ein Quartier, wollte sie den ungebetenen Esser vermeiden und schickte ihn weiter. Waren aber die Kartoffeln schon auf dem Feuer, konnte das Essen für die eigene Familie knapp werden, und sie wies ihn gleichfalls ab. Es galt also für uns Pracher, den richtigen Zeitpunkt zu erwischen, und der hieß: Wir mußten anklopfen, wenn die Hausfrau gerade Kartoffeln schälte; dann konnte sie ohne weiteres die Menge etwas vergrößern. So einfach war das!

»Aber wie ist es uns möglich, den richtigen Moment zu erkennen?« kam mein Einwand.

Auch dafür erhielten wir von unserer freundlichen Gastgeberin den entscheidenden Hinweis. Bevor jede Bäuerin mit dem Kartoffelnschälen beginne, so erklärte sie uns, mache sie Feuer im Backofen oder Herd, damit es mit dem Kochen schnell gehe. Wenn nun aus dem Schornstein Rauch aufsteigen würde, sei der richtige Zeitpunkt für die Bitte um Übernachtung gekommen. Dieser Tip war Gold wert. Wir haben ihn beherzigt und in der Folgezeit nie mehr als zwei oder dreimal um ein Quartier bitten müssen.

Am Morgen des vierten Tages gab uns der Bauer je dreißig Rubel. Das entsprach annähernd unserem

Lohn als Maurer in den guten Zeiten! Und dazu kamen ja noch Essen und Übernachtung. Wir waren wirklich sehr zufrieden! Und als der Hausherr erklärte, zur Erntezeit könnten wir wieder Arbeit bei ihm finden, da wir uns recht anstellig gezeigt hätten, sagten wir sofort zu, obwohl wir nicht wußten, wann das sein würde und wo wir dann sein würden. Denn wir hatten kein Ziel und machten uns kaum Sorgen um den nächsten Tag. Unser Weg wurde bestimmt durch das Aussehen der Gehöfte, die uns Essen versprachen oder auch nicht.

Zunächst wollten wir aber nach Jiestrakies zu dem Bauern, der uns das große Stück Speck überlassen hatte. Wir bettelten uns dorthin durch, wurden wiedererkannt und freundlich begrüßt. Die Bäuerin weinte, als sie vom Tod meiner Mutter erfuhr. *Isch bado numeri* – an Hunger gestorben! Das dürfte es nicht geben, sagte sie.

Anderntags zogen Siegfried und ich weiter nach Süden, bogen jedoch nach Osten ab, als vor uns ein größeres Waldstück auftauchte. Jeder Wald war für uns ein Risikofaktor. Wir konnten nicht erkennen, was sich darin verbarg. Daher blieben wir lieber im offenen Gelände. Doch schon nach einer Stunde erhob sich vor uns eine steile Anhöhe, auf der wir mehrere zweistöckige Betonbauten erkennen konnten. Das machte uns stutzig. Ganz gleich, ob es sich um eine große Kolchose oder gar um Kasernen handelte, dort wollten wir nicht hin. Wieder änderten wir unsere Richtung und folgten einem Tal. Am späten Abend erreichten wir ein stattliches Gehöft, wo man uns eine Übernachtung gewährte. Eigenartigerweise bekamen wir kein Essen, sondern nur ein Glas Milch. Wie gut, daß wir unser Dörrbrot hatten. Auch mußten wir am nächsten Morgen ohne Frühstück weiterziehen, obwohl man eine Ente geschlachtet hatte und alles für ein Festessen vorbereitet wurde. Man wies uns die Tür. Dieses Verhalten war sehr ungewöhnlich, und wir konnten uns keinen Reim darauf machen. Doch trauerten wir der Ente nicht lange nach. Das Land war groß, zumindest für Wanderer!

Wir folgten einem ausgefahrenen Weg in ein neues Tal und stießen auf Höfe, in denen wir etwas zu essen bekamen. Und auch ein Nachtquartier erhielten wir sofort. Der Hausherr war braun und dunkelhaarig. Er sah aus wie ein Zigeuner und war gerade dabei, ein Schaf zu schlachten. Wir freuten uns schon auf Fleisch, das uns bei aller Freigebigkeit, außer manchmal in der Sauerkrautsuppe, doch recht selten zwischen die Zähne kam. Aber zum Abendbrot gab es wie üblich nur Kartoffeln und Milch. Jedenfalls dachten wir uns das Wörtchen »nur«. Wie schnell man vergißt: Gerade acht Wochen war es her, daß wir von solch einer Speise kaum zu träumen wagten! Weil es sehr kalt war, erlaubte man Siegfried und mir, auf einem Bund Stroh im Hause zu übernachten. Als wir fast am Einschlafen waren und auch das Ehepaar schon im Bett lag, begann der Hausherr plötzlich uns auszufragen: woher wir kämen – ach ja, aus

Karalautzius! Wohin wir wollten – als ob wir das wüßten. Dabei stöhnte er so merkwürdig, als ob er keine Luft bekäme.

Als wir am anderen Morgen weiterwanderten, fragte mich Siegfried und grinste dabei: »Sag einmal, Erich, hast du das bemerkt? Der war wohl vom Schlachten so aufgeregt, daß er unbedingt mit seiner Frau schlafen mußte, obwohl wir dabei waren.«

Ich hatte nichts bemerkt; woraufhin Siegfried meinte, ich wäre wohl in dieser Beziehung etwas doof. Dabei hatte er nach seinen eigenen Aussagen als größtes erotisches Erlebnis auch nur vorzuweisen, daß er einmal einem Mädchen die Knie gestreichelt hatte.

Mühsam erkletterten wir einen Steilhang und standen plötzlich an einer Chaussee. Rechts lag ein größeres Dorf. Es hieß Balbieriskis, wie das Ortsschild verkündete. Vor größeren Ortschaften hatten wir Angst. Wir vermuteten dort ein Polizeirevier. Aber wo sollten wir hin? Den steilen Abhang wieder hinunter, den wir eben erst mühsam hochgeklettert waren? Nein, bestimmt nicht; die Straße entlang auch nicht. Landstraßen erschienen uns generell als gefährlich. Also faßten wir Mut und schlenderten scheinbar gelassen ins Zentrum von Balbieriskis. Es war ein schmuckes kleines Städtchen. Die Fassaden der Häuser waren mit farbig gestrichenen Latten verkleidet; Ockertöne wechselten mit Grün und Blau. Eine weiße Kirche mit zwei Türmen bildete den Mittelpunkt des Ortes. Auf der einen Seite fiel das bewaldete Gelände steil ab. Unten schimmerte ein Fluß im Sonnenlicht. Wir fragten einen Jungen, der vor einem Haus in der Sonne saß und einen kleinen Hund streichelte, nach dem Namen des Flusses.

Tai Nemunas, antwortete er.

Ich begriff sofort. »Nemunas«, so belehrte ich meinen Kumpan,« ist ein Nebenfluß der Memel beziehungsweise des *Njemen,* wie sie auf russisch genannt wird. Danach war die Armee des russischen Generals Rennenkamp benannt, der im ersten Weltkrieg ungefähr bis Insterburg vorgedrungen war.«

Siegfried war sprachlos, er staunte nur so über mein Wissen.

Wir versuchten erst gar nicht in Balbieriskis zu betteln, weil wir das Dorf so schnell wie möglich verlassen wollten. Plötzlich bemerkten wir an einem Feldweg, der steil zum Fluß hinunterführte, einen deutschen Panzer, einen Tiger. Wohl mochte er eine Zeitlang den Flußübergang beherrscht haben, den Untergang des Dritten Reiches indes hatte er nicht aufhalten können.

Während wir ratlos herumstanden, sprach uns ein Litauer auf deutsch an: »Hier solltet ihr nicht betteln, es gibt schon zu viele Deutsche in dieser Gegend. Fahrt hinüber auf die andere Seite der Memel, dort geht kaum jemand hin.«

»Nanu«, antwortete Siegfried, »ich denke, daß ist der *Nemunas.*«

»Selbstverständlich«, nickte der Mann, »auf deutsch Memel, auf litauisch *Nemunas,* auf russisch *Njemen.* Alles derselbe Fluß.«

Siegfried lächelte mich süffisant an: »Das sind also deine Kenntnisse in Geschichte und Erdkunde.«

Ich wechselte schnell das Thema und schlug meinem Freund vor, dem Rat des Mannes zu folgen. So ließen wir uns für fünf Rubel übersetzen. Die Fähre trieb langsam hinüber, und ließ den oberen Flußlauf mit seiner großen Schleife hinter einem dichten Gehölz verschwinden. Im Gegensatz zur Steilküste von Balbieriskis war das Land auf dieser Seite der Memel flach und eben, mit Feldern überzogen, zwischen denen immer wieder wie kleine Inseln Baumgruppen standen. Nach einer kurzen Musterung des Geländes wandten wir uns nach links und wanderten flußabwärts weiter.

Als es dämmerte, gelangten Siegfried und ich zu einem Hof am Waldrand und wurden sehr freundlich aufgenommen. Zum Abendbrot gab es Bratfisch mit Salzkartoffeln. Fisch war etwas ganz Neues. Am nächsten Morgen nach dem Frühstück wanderten wir ostwärts und waren sehr überrascht, als wir an einen breiten Fluß kamen, der schon wieder die Memel sein mußte, denn die Leute sagten *tai Nemunas*. Die mußte doch aber, wenn uns unsere Orientierung nicht vollkommen trog, hinter uns im Westen liegen! Kopfschüttelnd über dieses Phänomen hielten wir uns wiederum an den diesmal nach rechts behäbig dahinziehenden Strom. Das Wasser glitzerte und blendete in der Sonne, die vom wolkenlosen Junihimmel brannte. Was gab es da Besseres, als ein erfrischendes Bad zu nehmen? Begeistert warfen wir uns ins Wasser, um sogleich festzustellen, daß die Memel durchaus nicht so ruhig dahinfloß, wie es den Anschein hatte. Im Nu waren wir etwa 200 Meter abgetrieben und näherten uns einem Bauernhof, der direkt am Ufer lag. Das würde peinlich werden, wenn wir zurückliefen, denn wir waren nackt. Eben noch rechtzeitig vor dem Gehöft erreichten wir das rettende Ufer und trabten verschämt zurück zu unseren Sachen. Dort legten wir uns in die Sonne und warteten, bis wir trocken waren. Da wir unsicher waren, ob man uns vielleicht nicht doch gesehen hatte, umgingen wir dieses Gehöft und wanderten, der schönen Niederung folgend, weiter landeinwärts.

Nach drei Tagen, an denen wir so oft Fisch gegessen hatten wie nie zuvor und später nie wieder, stießen wir wieder auf *tai Nemunas* oder Memel oder auch den Njemen. Er/sie floß immer noch nach rechts. Wir konnten uns schon nicht einmal mehr wundern. Der Fluß aber eilte, völlig desinteressiert an unserer Verwirrung, seiner Mündung im Kurischen Haff entgegen. Bei Margurava ließen wir uns in einem schwarzen hölzernen Kahn erneut übersetzen und kamen schließlich nach Dubenai.

Dort erwartete Siegfried und mich echte Überraschung: Wir gerieten in eine Hochzeitsfeier und wurden an die Tafel geladen. Zum erstenmal seit langer Zeit aßen wir Kuchen und bekamen sogar drei Gläser Schnaps, *Samagonas* genannt, ein in der Regel schwarzgebrannter Roggenkorn. Die

Braut erklärte uns, es brächte Glück, wenn sie an ihrem Hochzeitstag etwas an die Armen abgeben würde, womit sie unseren Bettlerstatus vornehm umschrieb. Im Verlauf der Feier verteilte sie an die Gäste schöne weiße Handtücher aus Leinen mit farbig gewebten Streifen an den Kanten. Von meinem Tischnachbar erfuhr ich, das sei ein alter Brauch. Die Handtücher würden von den jungen Mädchen speziell für diesen Zweck gewebt, und jede sei bemüht, ein besonders schönes und schwieriges Kantenmuster zu weben, um sich damit auszuzeichnen. Die Tücher seien deshalb auch nicht für den täglichen Gebrauch bestimmt, sondern sie würden in einer Truhe verwahrt, und an den langen Winterabenden würden die Frauen sie herausholen und sie miteinander vergleichen und dabei an die jeweilige Hochzeit denken. Ein wirklich schöner Brauch, fanden Siegfried und ich.

Später, die Stimmung war schon erheblich gestiegen, ja nahezu ausgelassen, meinte der Brautvater, daß wir uns anderweitig um ein Nachtquartier bemühen müßten; er habe schon viele Gäste. Aufgrund des ungewohnten Alkoholgenusses recht schwankend, machten wir uns auf den Weg und hatten Glück: Wir kamen beim Nachbarn unter.

Weit wirkte das Land, das wir durchwanderten, nicht zuletzt dadurch, weil es keine Weidezäune gab, allenfalls einen Staketenzaun um den Gemüsegarten. Litauen war seit jeher ein reines Agrarland. Alle Metalle mußten importiert werden und waren teuer. Zäune waren Luxus, denn Zäune zog man mit

Draht, und der bestand aus Eisen. Pferde und Kühe wurden angepflockt und grasten den Teil ab, der für sie erreichbar war. Mehrmals am Tag veränderte man ihren Standort. Das kostete nur etwas Arbeit, aber kein Geld. Ungehindert konnten wir deshalb von Hof zu Hof wandern.

In unmittelbarer Nähe der Gehöfte allerdings waren wir regelmäßig zu kleinen Umwegen gezwungen. Überall waren meterlange Stoffbahnen in unterschiedlichen Grautönen ausgelegt. Tag und Nacht, bei Sonne und Regen blieben sie im Freien. Wir hatten nicht die geringste Ahnung, wozu das gut sein sollte, vermuteten empfindliches Gemüse oder auch Saatgut darunter. Später erfuhren wir, daß es sich um Leinen handelte, das im Winter gewebt worden war und nun durch die Einwirkung von Sonne und Regen gebleicht wurde.

Eine andere Schwierigkeit ergab sich mitunter, wenn wir den Hof betraten. Manche Bauern hatten vom Haus zum Stall oder zur Scheune ein Seil gespannt, an dem eine Hundeleine befestigt war. So konnte der Hund den ganzen Hof ablaufen und hatte nach rechts und links eine Reichweite von je zwei Metern. Sobald einer dieser tierischen Wächter uns Fremde bemerkte, kam der Hund wie eine Rakete angeschossen, bellend und zähnefletschend. Zuweilen biß einer von ihnen, vor Wut darüber, daß er uns nicht erreichen konnte, in seine Leine. In solchen Fällen zwängten wir uns, ernstlich um unsere Gesundheit besorgt, durch die schmale neutrale Zone, die das Tier nicht erreichen konnte.

Einmal, als ein riesiger Schäferhund sich besonders wild gebärdete, riß die Leine. Wir sahen uns schon zerfetzt auf dem Boden liegen. Doch der Hund – sich seiner plötzlichen Freiheit bewußt werdend – war erschrockener als wir. Dann nahm er Witterung auf und sauste vom Hof. Vermutlich war des Nachbarn Hündin gerade läufig. Uns fiel ein Stein vom Herzen.

Trinkfest und sangesfreudig: Stassi und ihre Freunde, eine Begegnung mit der litauischen Jugend, die unser weiteres Leben bestimmen sollte

Siegfried und ich kamen erneut an die Memel. Hier floß sie wieder nach links. Wir waren völlig verwirrt. Unserer Einschätzung nach hatten wir mit kleinen Bogen nach rechts und links eine südöstliche Grundrichtung eingehalten und stießen nun zum drittenmal auf den Fluß: Wir konnten doch nicht im Kreis gelaufen sein! Einige Tage später sollten wir des Rätsels Lösung erfahren: Der Fluß kommt von Süden und beginnt bei Punia eine große S-Kurve, die bei Balbieriskis endet. Wir waren genau durch das S gewandert und hatten infolgedessen bei gleicher Richtung die Memel dreimal angetroffen.

In dieser Zeit hatten Siegfried und ich eine Begegnung, die 46 Jahre später eine nie geglaubte Fortsetzung erfahren sollte. Schon der Beginn war ungeheuer aufregend: In einem Gehöft trafen wir auf zwei junge Mädchen, etwa in unserem Alter, die sich wunderschön herausgeputzt hatten. Wir stutzten und genierten uns erstmals wegen unserer abgetragenen Wehrmachtskluft – ein Gefühl, das wir eigentlich noch nie empfunden hatten! In Königsberg liefen alle Leute so herum, und in

Litauen erwartete man von uns Prachern auch keinen Smoking. Doch nun lagen Welten zwischen uns und diesen Mädchen. Die Abwesenheit von Erwachsenen verstärkte in uns ein Gefühl der Unsicherheit. Eine, zwei Minuten standen wir wortlos da. Dann siegte unsere inzwischen erworbene Professionalität als Bettler. Wir baten um Essen. Sie könnten uns nichts geben, die Hausfrau wäre nicht da, sie warteten selber auf deren Rückkehr. Aber doch wenigstens ein Glas Milch? Nein, auch das nicht, da wäre zwar noch ein Eimer voller Milch im Brunnen, aber der würde wahrscheinlich für das Kälbchen gebraucht. Die Luft schien elektrisch geladen. Wir setzten unseren ganzen Ehrgeiz daran, wenigstens irgend etwas zu bekommen. Schließlich entdeckten wir angesichts der Wärme draußen unseren Durst und erbaten ein Glas Wasser. Das wenigstens konnten uns die beiden Schönheiten nicht verwehren. Wir tranken so langsam wie nur möglich. Nach einigen Minuten gespannten Schweigens fragte uns die eine, ganz so wie sonst auch die Bäuerinnen, nach unserer Herkunft und unseren Plänen. Siegfried und ich blickten uns verstohlen an: Sollen wir auf dieses Spiel eingehen? Wir überlegten lange, bis wir in dieses Spiel einwilligten und Auskunft gaben. Die Worte flogen hin und her. Aber dann zerriß die eigenartige Stimmung. Zum Flirten waren wir mangels fehlender Erfahrung, um die uns die Nachkriegszeit betrogen hatte, einfach zu dumm. Wir dankten für das Wasser und verließen das Haus beinahe fluchtartig. Die

Mädchen mußten sich königlich amüsiert haben. Ihr Lachen verfolgte uns, während wir den Abhang zur Memel hinuntergingen. Wir beschlossen, ein kühles Bad zu nehmen; diesmal allerdings in Unterhosen, die wir der Mädchen wegen anbehielten! Danach lagen wir im Gras am Wasser und beobachteten, wie Mädchen und Burschen von überall her zum Nachbargehöft des Hauses schlenderten, in dem wir eben so ein aufwühlendes Erlebnis gehabt hatten. Ständig kamen neue junge Leute hinzu. Plötzlich stiegen zwei Litauerinnen zu uns hinunter. Die blonde erkannten wir wieder; die andere war dunkelhaarig und stellte sich als Stassi vor. Sie schlug uns vor, mitzukommen, es würde oben fröhlich zugehen, warum sollten wir hier so alleine herumliegen. Ein bißchen gehemmt waren wir zwar, aber wir freuten uns sehr über diese Einladung und stapften den beiden hinterher. Stassi fragte nach unseren Namen und machte uns mit den etwa 20 jungen Menschen bekannt. Zu der Zeit nannten wir uns noch richtig Siegfried und Erich. Weil diese germanischen Namen den Litauern jedoch ungewohnt waren, sprachen sie uns meistens mit Sigmas und Jurgis an, woraufhin wir uns auch später selbst so benannten. Nach dem Nachnamen fragte ohnehin kaum jemand.

Allmählich wurde es kühler. Alle zogen sich in das enge Wohnzimmer zurück. Jetzt ging's ans Trinken. *Samagonas* wurde ausgeschenkt, den man nicht einfach hinunterkippte, sondern nach einem ganz besonderen Ritual trank: Das Glas ging am

66

Tisch reihum, jeder prostete dem nächsten zu mit dem Spruch *sveikas,* zu deutsch »Gesundheit«, und der nächste antwortete mit *in sveikata,* was »zum Wohle« bedeuten mochte. Dann erst durfte der erste das Glas austrinken und es seinem Nachbarn übergeben. Dieser prostete wieder dem nächsten zu. Das ging lange gut, bis einer nicht mehr konnte oder wollte. Er verweigerte das *in sveikata.* Ohne diesen Spruch durfte sein Nachbar jedoch das Glas nicht austrinken. Viele in der Runde indes wollten noch nicht aufhören, und nun begann ein lebhaftes Durcheinander. Jeder wollte den »Trotzkopf« überreden, doch weiterzumachen. Er ließ sich erweichen, und erneut kreiste das Glas. Nun wurde es spannend. Der Inhalt der Flasche ging zur Neige. Das hieß: Wer seinem Nebenmann den letzten Schnaps eingoß, mußte die nächste Flasche bezahlen. Der junge Bursche, den es erwischte, tat's mit Freuden. Die Stimmung stieg, und mit roten Köpfen debattierte man über Gott und die Welt.

Die Mädchen beteiligten sich nicht an der allgemeinen Trinkerei. Nur selten kam die eine oder andere an den Tisch, um sich ein Glas einschenken zu lassen. Sie saßen zusammen und sangen. Noch nie hatten Siegfried und ich litauische Volkslieder gehört. Aufgrund der vielen Doppelvokale klangen die Lieder vollkommen fremd und ganz anders als die russischen, obwohl ich von denen auch immer sehr beeindruckt war. Nur ein Mädchen führte die erste Stimme, alle anderen hielten sich an die zweite.

Dadurch strahlte die Melodie eine unbeschreibliche Wehmut aus. Den Texten konnten wir noch nicht folgen, aber Birute, die blonde Litauerin aus dem Nachbarhaus, machte uns verständlich, daß es sich um Lieder der nationallitauischen Partisanen handele, die mit bescheidenen Mitteln, aber größtem Mut gegen die russische Besatzungsmacht kämpften. Als Protest gegen die Unfreiheit Litauens hätten die Untergrundkämpfer Volkstrauer angeordnet, weshalb die Jugend auch nicht mehr tanzen dürfe, außer bei Hochzeiten. Wir hörten betroffen zu. Davon hatte man uns bislang nichts erzählt.

Es war lange hell an diesem klaren Junitag. Wir waren glücklich und dankbar, daß wir in diesen Kreis netter junger Leute hineingeraten waren, die uns als Freunde akzeptierten, und lauschten dem Gesang. Einen so schönen Tag hatten wir seit Jahren nicht mehr erlebt. Für einen kurzen Moment besannen wir uns auf die Realität. Wo sollten wir übernachten? Es war eigentlich schon viel zu spät, irgendwo nach Quartier zu fragen. Aber als wir uns von Stassi verabschieden wollten, beruhigte sie uns. Wir könnten hier übernachten. Nun konnten wir uns wieder dieser einmaligen Stimmung hingeben. Dann wurden wir gebeten, doch auch einmal ein deutsches Lied zu singen. Wir erschraken, so spontan wollte uns gar nichts einfallen. Dann besannen wir uns auf das Lied von den blauen Dragonern, das schon beim Jungvolk von allen frisch rekrutierten Jahrgängen als erstes beherrscht wurde. Zwar machten wir uns etwas Sorgen über den militärischen

Text, aber den würde man wahrscheinlich sowieso nicht verstehen. Siegfried konnte sehr gut die zweite Stimme halten, und so klang es ganz gut. Dann sangen wir noch »Fern bei Sedan« und schließlich »Es steht eine Mühle im Schwarzwälder Tal«. Alle waren begeistert, und wir strahlten, etwas zu dem wunderschönen Abend beigetragen zu haben. Die euphorische Stimmung, die uns seit unserem Hiersein beherrschte, verdichtete sich. Der leidvollen Erfahrung auf der Hochzeitsfeier eingedenk, hatten wir nur wenig getrunken; dennoch schwebten wir auf rosaroten Wolken.

Doch plötzlich und ohne Übergang wurden Siegfried und ich in die Wirklichkeit zurückgestoßen. Unter den Jungen war ein Streit ausgebrochen. In heller Erregung stürmten sie aus dem Haus und begannen eine Schlägerei, bei der sogar jener Bursche tatkräftig mitwirkte, der vor wenigen Minuten noch benommen am Herd gelehnt hatte. Wir wußten nicht, worum es ging, waren ganz entsetzt, aber die Mädchen erklärten uns, das wäre meistens so. Zum Abschluß eines Wochenendes würden sich die jungen Männer von diesem Ufer der Memel mit denen vom jenseitigen prügeln; das brauchten sie eben. Wir suchten dem Gedränge zu entkommen, aber das wäre gar nicht nötig gewesen. So angetrunken manche auch waren, hielten sie sich an die Gesetze der Gastfreundschaft. Uns sparte man bei den Schlägen aus, so daß wir in Ruhe das Geschehen verfolgen konnten.

Schließlich lichtete sich das Getümmel. Einzeln

oder paarweise verließen alle Gäste den Hof. Zurück blieb ein schmaler älterer Mann, der uns bislang noch gar nicht aufgefallen war.

»Wo wollt ihr denn schlafen?« fragte er.

»Na, hier natürlich«, erwiderte Siegfried etwas von oben herab.

Der Rüffel folgte auf dem Fuße. »Davon müßte ich doch etwas wissen, schließlich bin ich hier der Hausherr.«

Wir erstarrten und schauten hilfesuchend zu Stassi, die mit dem Aufräumen beschäftigt war.

»Sie hat es uns erlaubt«, sagte ich kleinlaut und zeigte auf Stassi.

Ihr Vater brummte etwas, das wir nicht verstanden, und wandte sich seiner Tochter zu. Nach einem kurzen Disput hatte sie wohl gewonnen. Wir durften bleiben. Sie bereitete uns in einer kleinen Nische des Kuhstalls ein Lager aus Heu. Das war ungewöhnlich, sonst schliefen wir immer auf Stroh. Später lernten wir, daß Heu, in dem Menschen geschlafen haben, vom Vieh als Futter nicht mehr angenommen wird. Insofern hatte der Bauer recht, als er uns dort nicht schlafen lassen wollte.

Stassi hantierte kniend mit den Decken und sagte zu mir: »Komm und prüfe, ob das Lager so gut ist.« Dabei ergriff sie meine Hand.

Verlegen meinte ich, es sei sicher alles in Ordnung. Für einen kurzen Moment stand eine Romanze im Raum. Meine Naivität und ein unbestimmtes Gefühl der Minderwertigkeit als deutscher Bettler ließen mich zögern. Dann war es zu spät.

Stassi erhob sich, wünschte Siegfried und mir kurz angebunden eine gute Nacht und verschwand im Haus.

Am Morgen ließ uns der Bauer merken, daß er uns nicht eingeladen hatte. Es gab kein Frühstück. Aber das störte und wenig. Wir hatten einen unvergeßlichen Tag erlebt, über den Siegfried und ich pausenlos redeten, als wir am nächsten Morgen weiterwanderten und Rumbonis erreichten. Schon im ersten Haus trafen wir einen großen Burschen, den wir gestern kennengelernt hatten.

»Na, ihr beiden«, sagte er, »kommt herein, ihr seid sicher hungrig, denn bei dem Kiselas habt ihr bestimmt kein Frühstück bekommen. Er hat nur wenig Land, und das ist noch nicht einmal besonders gut. Aber seine Tochter ist ein nettes Mädchen und sie hat viele Freundinnen. Die treffen sich bei ihr am Sonntag. Und darum gehen wir jungen Männer auch dorthin. Es ist sozusagen unser Treffpunkt, unsere Kneipe. Er brennt heimlich *Samagonas,* und davon lebt er. Wir sind froh, daß wir ihn haben.«

Dann erklärte er seiner Mutter, daß wir seine Freunde seien und unbedingt sofort etwas essen müßten. Was uns furchtbar peinlich war, die Wandlung vom gestrigen gemeinsamen Partygast zum heutigen Bettler, also die Rückkehr zu unserem Alltagsleben, schien ihn überhaupt nicht zu berühren und auch nicht die Mutter. Sie setzte uns freundlich Milch, Brot und sogar Schinken vor. Während wir ihrer Aufforderung, zuzulangen, mit Freuden Folge leisteten, beantworteten wir ihre Fragen, woher wir kämen und warum wir von Haus zu Haus ziehen mußten. Unsere Erlebnisse im zerstörten Königsberg und vor allem der Hungertod unserer Mütter rührten die Frau zu Tränen. Nachdem es für uns nur noch um das tägliche Essen ging, das uns eigentlich sicher zu sein schien, hatten wir die dramatischen Übertreibungen aus unserem Lebenslauf wieder gestrichen. Die Wahrheit hörte sich auch schon schlimm genug an.

Auch auf den nächsten Höfen, zu denen Siegfried und ich gelangten, trafen wir Bekannte vom vergangenen Abend. Jeder unterbrach seine Arbeit und begrüßte uns herzlich. Und wir kamen uns ausgesprochen unnütz vor, wo wir doch aßen, ohne dafür zu arbeiten. Zuletzt gar hatten wir noch das Glück, daß uns ein Hofbesitzer über den Fluß setzte – wobei der Kahn gut einhundert Meter abtrieb. Deshalb mußte der Mann erst noch ein Stück zusätzlich stromaufwärts staken, um bei der Rückfahrt wieder an seinem Grundstück zu landen, wie wir später beobachteten.

Ein steiler, waldiger Abhang lag vor uns, den Siegfried und ich voll Skepsis betrachteten. Wald war uns immer noch unheimlich. Aber unser freundlicher Bootsführer hatte unsere Sorgen zerstreut: Nur die Steilküste sei bewachsen, dahinter käme wieder freies Land. Langsam stiegen wir bergan, doch auf halber Höhe setzten wir uns spontan ins Moos und begannen zu singen. Uns war einfach danach, das Glücksgefühl, das uns beherrschte, mußten wir ausdrücken. Und gleichzeitig wollten wir Dank sagen für die freundliche Aufnahme. Unsere Lieder klangen über die Memel und warfen ein Echo zurück.

Den Rest des Steilhangs zu erklimmen war danach keine Mühe mehr, zumal das Erlebnis lockte, neue Lande zu entdecken – und neue Höfe, an denen es nicht mangelte. Wir stießen auf ein stattliches Gehöft und versuchten unser Glück. Zu unserer Verwunderung sprach der schon ältere Mann ein recht gutes Deutsch. Er sei im ersten Weltkrieg als russischer Soldat in Masuren in deutsche Gefangenschaft geraten, erzählte er uns, und habe dann in einer Fabrik »Knobelbecher«, also Stiefel für das kaiserliche Heer, gefertigt. Das hätte sich ausgezahlt, noch heute würde er nebenbei den Beruf eines Schuhmachers ausüben. Er lud uns ein, den Tag bei ihm zu verbringen, denn er wollte unbedingt ganz genau wissen, warum wir Deutschen, die doch in so einem wunderschönen Land lebten, mit Elektrizität und fließendem Wasser, nun im vergleichsweise einfachen und armen Litauen betteln mußten. Unser Bericht über die Zustände in Königsberg machten ihn sehr betroffen. Nebenbei erfuhren wir, daß die Straße, die wir überquert hatten, in die Kreisstadt Alytus führte. Diese wäre nur noch etwa fünf Kilometer entfernt. Dorthin wollten wir auf keinen Fall. Also wandten wir uns am nächsten Tag wieder in nördliche Richtung, nach Pievagaliai und anschließend nach

Zagariai im Südosten. Worüber wir auf diesen stundenlangen Wanderungen sprachen? Nur über den wunderschönen Tag in Panemuninkai. Dort wollten wir wieder hin, zumal wir ja eingeladen waren.

Am Sonntag machten Siegfried und ich uns auf den Weg zum Bauern Kiselas und seiner Tochter Stassi auf der anderen Seite der Memel. Wir wurden begrüßt, als ob unser Besuch selbstverständlich wäre. Inzwischen kannten wir schon einige Namen und fühlten uns auch etwas freier unter den jungen Leuten. Wieder sangen die Mädchen, tranken und diskutierten die jungen Männer. Wir konnten den Gesprächen noch nicht so folgen, zu lebhaft, zu schnell und zu durcheinander wurde geredet; so konzentrierten wir uns auf die schönen Melodien, bewunderten die Mädchen und freuten uns, dabeisein zu dürfen. Diesmal fragten wir Stassis Vater persönlich und rechtzeitig, ob wir wohl bei ihm übernachten dürften. Er nickte, wir durften. Den Schluß und Höhepunkt des Abends bildete dann wieder die wilde Schlägerei, die uns nun aber nicht mehr erschreckte. Am nächsten Morgen verabschiedeten wir uns schweren Herzens von Stassi, dann ging es wieder zurück über den Fluß. Schön war es gewesen! Doch nun mußten wir schon länger als eine Stunde laufen, bevor wir neue Gehöfte erreichten.

Wir kamen nach Raiziai, einem etwas größeren Dorf mit einer kleinen, bescheidenen Holzkirche als Mittelpunkt. Eigenartigerweise hatte sie kein

Kreuz an ihrem Türmchen, sondern einen Stab mit einem Halbmond. Inzwischen hatten wir schon richtigen Hunger. Wir gingen in das erstbeste Haus und erlebten eine neue Überraschung. Die ganze Familie war dunkelhaarig, außerdem war der Teint braun und die Augen mandelförmig. Solche Gesichter kannten wir von der Roten Armee. Kirgisen, Mongolen und Angehörige anderer Völkerstämme aus Sibirien und dem Süden der Sowjetunion hatten so ausgesehen. Aber wie kamen solche Menschen hierher in das indogermanisch besiedelte Litauen? Wir konnten unsere Neugier nicht zurückhalten, und während wir eine uns ungewohnte, aber sehr wohlschmeckende, mit saurer Sahne angemachte Lauchsuppe löffelten, fragten wir den Hausherrn, ob seine Vorfahren schon immer hier gelebt hätten. Der untersetzte, kräftige Bauer Milkamanavicius erzählte uns, daß sein Volk im 14. Jahrhundert, als Litauen ein Großreich war und bis an die Krim reichte, von Vytautas dem Großen als Reitertruppe angeworben und in den Norden umgesiedelt worden war. In dieser Gegend gäbe es eine Menge tatarischer Familien. Sie seien Mohammedaner, und ihr Glauben habe es ihnen verboten, sich mit den christlichen Litauern zu verbinden. Ihr Sonntag sei der Freitag und die Kirche eine Moschee. Später, als wir weiterwanderten, bemerkten wir, daß sich die Tataren auf den Anbau von Zwiebeln, Gurken, Tomaten und Gemüse spezialisiert hatten. Das bedeutete zwar mehr Arbeit für sie, und sie mußten öfter in die Stadt auf den Markt fahren, aber der

Erlös war gut, und sie verdienten besser, als wenn sie sich auf Getreide und Kartoffeln beschränkt hätten.

Inzwischen konnten sich Siegfried und ich schon ganz gut auf Litauisch verständigen. Ich gewöhnte mir an, in die Zeitung zu schauen, wenn ich eine vorfand. Sie hieß dem aufgezwungenen System entsprechend *Tiesa*. Das entsprach dem russischen Vorbild *Prawda,* beides zu deutsch »Die Wahrheit«. Die Übereinstimmung ging soweit, daß sogar der Spruch »Proletarier aller Länder vereinigt Euch« die Kopfzeile der Zeitung an gleicher Stelle zierte. Jedoch konnte die *Tiesa* nicht so viele Leninorden vorweisen wie die Prawda, die man im Krieg mehrmals damit ausgezeichnet hatte. Die Aussprache war mit der Schrift identisch. Abweichend vom Deutschen war jedoch die Schreibweise der S- und Sch-Laute. Durch unterschiedliche Akzente wurden die harten oder weichen Konsonanten aus C, S oder Z gebildet. Das bereitete mir zunächst einige Schwierigkeiten. Am leichtesten erschloß sich mir die Aufmachung, denn die war täglich die gleiche. Oben rechts war tabellarisch aufgeführt, wieweit jeder Kreis bislang das Ablieferungssoll erfüllt hatte und um wieviel Prozent die Planzahlen schon übererfüllt waren. Daneben stand jeweils ein großer, oft auch bebilderter Aufmacher, der in beredten Worten die Erfolge im Bauwesen, in der Industrieproduktion und allen möglichen sonstigen Arbeitsbereichen schilderte. Ob das die

»Wahrheit« war, das konnte man bezweifeln. Doch die Leute verstanden es sehr gut, zwischen den Zeilen zu lesen. Für mich war der Inhalt nicht so wichtig. Selbst wenn ich vieles noch nicht übersetzen konnte, ergaben sich aus den Texten und den Zusammenhängen doch zunehmend neue Begriffe und Vokabeln.

Wir erreichten Stanevoi, wo ein Grundstück unsere Aufmerksamkeit erregte, weil es an drei Seiten fast vollständig von einem hohen Mischwald eingerahmt wurde. Zum erstenmal nach langer Zeit bekamen wir hier nur zwei Eier. Wir hatten es längst aufgegeben, sie uns abkochen zu lassen. Zum einen waren wir nicht mehr so hungrig; zudem hatten wir bemerkt, daß es jetzt im Sommer den Hausfrauen Umstände bereitete, der zwei oder drei Eier wegen extra ein Herdfeuer zu entfachen. Wir tranken die Eier darum einfach aus. Dabei entwickelte sich im Laufe der Zeit folgender Ritus: Die Eier wurden an den Zähnen aufgeschlagen, und das Eiweiß abgesaugt. Dann zogen wir das Eigelb in den Mund, ohne es zu zerkauen, und entweder Siegfried oder ich fragte vorsichtig murmelnd: »Hast du dein Ei schon ausgetrunken?« Der andere pflegte zu nicken. Dann sagte man: »Ich noch nicht«, und spuckte das Eigelb zurück in die Schale. Worauf sofort auch das andere Eigelb wieder zum Vorschein kam. Das mochte vielleicht nicht appetitlich sein, aber es machte uns Spaß.

Da hier der Weg endete, wanderten Siegfried und ich die Sackgasse wieder hinaus und zogen an dem Kirchdorf Punia vorbei nach Nordosten. Hier waren die Menschen arm. Untrügliches Zeichen dafür war das schwarze, überwiegend aus Hafer gebackene Brot. Dennoch nahmen uns die Bauern genauso herzlich auf wie viele andere vorher auch, vielleicht sogar noch freundlicher. Doch wir wollten ihnen nichts wegnehmen und zogen weiter nach Sudoniai, versuchten dort unser Glück auf einem ehemaligen Gut. Sein großes, zweistöckiges Schloß, das zusammen mit einem Stall und zwei Scheunen den gepflasterten Hof einfaßte, wirkte trostlos und verfallen. Wir betraten das Haupthaus. Flure gingen von der großen Eingangshalle nach rechts und links, eine Treppe führte in den ersten Stock. Beide fühlten wir uns äußerst unbehaglich, nur zögernd klopften wir an die erste Tür und öffneten sie. In einem schmutzigen Raum saß ein altes Ehepaar. Es reagierte weder auf litauische noch auf russische Worte. Im nächsten Zimmer, das ebenso verkommen wirkte, spielten Kinder auf dem Parkettfußboden. Beim dritten Versuch fanden wir endlich Menschen, die uns verstanden, aber erklärten, sie hätten selbst nichts. Fluchtartig verließen wir das unheimliche Gebäude. Als wir dann noch auf ein feuchtmooriges Birkenwäldchen stießen, bogen wir wieder ab nach Süden. Diese Gegend war uns nicht geheuer.

Auf dem Rückweg kamen wir zu einem Bauern, dessen von großen Birken überschattetes Haus direkt an einem kleinen Bach gelegen war. Dunkel eilte er zwischen den von Erlen und Weiden eingerahmten Ufern geschäftig murmelnd der Memel entgegen. Am Morgen, noch vor dem Frühstück, fragte uns unser Gastgeber, ob wir schwimmen könnten. Wir konnten, woraufhin er uns stolz zu einer Senke führte. Dort hatte er den Bach aufgestaut. Dieser bildete ein schönes tiefes Becken. Ganz begeistert sprang der Hausherr ins Wasser und erklärte uns prustend, ein Tagesanfang ohne Bad wäre kein richtiges Leben für ihn, wir sollten es nur auch versuchen. Wir folgten dem Mann, der sich sichtlich wohlfühlte, und ich bekam beinahe einen Herzschlag, so kalt war das Wasser. Zähneklappernd machte ich einige Schwimmbewegungen – nur nicht blamieren! –, dann ging's, und schließlich machte es mir richtig Spaß, in dem klaren Bach zu schwimmen. Als wir uns mit großen, schneeweißen Leinenhandtüchern abrubbelten, beklagte sich der Litauer bitterlich darüber, daß seine Familie in keiner Weise für dieses Hobby zu begeistern sei. Vor allem seine Frau lehne es strikt ab, sich in die eiskalten Fluten zu begeben. Wir möchten doch recht bald wiederkommen, denn er hätte keine Freude daran, immer nur allein zu baden. Wenn uns auch die ganze Gegend nicht gefiel und infolgedessen die Wahrscheinlichkeit einer Rückkehr sehr gering war, so wollten Siegfried und ich den Hausherrn doch nicht enttäuschen und sagten zu. Wenigstens hatten wir dabei ein schlechtes Gewissen, weil wir nicht glaubten, daß wir dieses Versprechen jemals einhalten würden.

Das Wochenende rückte näher. Es wurde Zeit, daß wir uns auf den Weg zur Memel machten, wenn wir am Sonntag wieder in Panemuninkai sein wollten. Dabei mußten wir jedoch zunächst nach Osten ausweichen, weil wir sonst auf dieselben Höfe stoßen würden, die wir schon einmal besucht hatten. Dadurch kamen wir in die Nähe von Butrimonys, einem größeren Kirchdorf mit einer Polizeistation, wie wir erfahren hatten. Doch wenn wir den Ort umgingen, konnte uns nach unseren Erfahrungen eigentlich nichts passieren. Die Miliz traute sich nur bei besonderen Anlässen ins flache Land hinaus und dann – der Partisanen wegen – nur in größerer Anzahl. Wir hatten inzwischen einen Blick dafür bekommen: Tauchten mehrere Männer am Horizont auf, zu Fuß hintereinandergehend oder auf Pferdewagen, dann handelte es sich mit Sicherheit um Milizionäre. Bislang war es uns immer gelungen, der Polizei rechtzeitig auszuweichen.

Vorher aber versuchten wir noch einmal an der Straße von Butrimonys nach Punia unser Bettlerglück. Wir trafen auf eine große, hagere, sehr freundliche Frau: »Tretet ein Kinder.« Mit diesen Worten empfing sie uns. Sie stellte sich vor als Frau Krasnauzkas und machte uns mit ihren Kindern bekannt, dem ältesten Sohn Jonas, der Tochter Margita, dem Sohn Petras und der jüngsten Tochter Danute. Alle waren etwa in unserem Alter. Einen Familienvorstand bemerkten wir nicht. Die Hausfrau bemutterte uns regelrecht, sie holte extra unseretwegen Sahne statt der üblichen Milch aus dem Brunnen und bot sich an, unsere Wäsche zu waschen. Das wehrten wir dankend ab, nicht zuletzt weil es uns peinlich war, zuzugeben, daß wir keinerlei andere Kleidung besaßen als die, die wir am Leibe trugen. Nach dem Abendbrot saßen wir zusammen, und sie meinte, daß sie Mitleid empfände. Ihre Kinder seien im gleichen Alter, und sie wisse nicht, wie es ihnen wohl noch ergehen werde. Später sangen die Mädchen, wir schlossen uns an. Es wurde ein schöner Abend. Beim Frühstück fragte Frau Krasnauzkas, ob wir nicht noch bleiben wollten. Wir könnten dabei helfen, den Brunnen neu auszukleiden, dessen Holzbalken unten schon verfault seien. An sich waren wir gern dazu bereit. Aber es zog uns zurück an die Memel, nach Panemuninkai. Übermorgen war Sonntag. Wir versprachen, am Dienstag zurückzukehren, und machten uns auf den Weg.

Die jungen Leute um Stassi begrüßten uns genauso herzlich wie an den letzten Wochenenden. Es war, als ob wir schon immer zu ihrem Kreis gehört hätten. Unsere Existenzgrundlage, das Betteln, schien sie überhaupt nicht zu stören. Siegfried und ich besprachen uns und kauften eine Flasche *Samagonas*, die wir in die Tischrunde einbrachten. Dabei bedachte uns Stassis Vater mit einem unwägbaren Blick und blieb so reserviert, wie er uns auch zuvor schon regelmäßig leicht skeptisch und etwas kritisch gemustert hatte. Abwechselnd sangen die Mädchen und wir. Inzwischen hatten Siegfried und ich unser Repertoire erweitert, weil wir wußten, daß wir zum Gelingen des Abends etwas beitragen sollten. Und wir mochten nicht immer nur mit den »Blauen Dragonern« aufwarten, auch wenn wir sie als Dank am Morgen zusammen mit anderen Volksliedern vom gegenüberliegenden Ufer hinüberschicken würden.

Mutter Krasnauzkas und ihr Brunnen sowie Milizionäre auf der Suche nach Partisanen

Am Montag kam die Ernüchterung: Alle Höfe in der Umgebung hatten wir schon besucht. Ein zweitesmal irgendwo aufzutauchen – wie würde das wirken? Wir überlegten hin und her, während wir unschlüssig und hungrig weiterwanderten, um ein neues, unbekanntes Gebiet zu erreichen. Schließlich siegte der Hunger, und wir beschlossen, noch einmal die freundliche Tatarenfamilie Bagdonavicius in Raiziai aufzusuchen. Zu unserer Verwunderung wurden wir mit offenen Armen empfangen. Seit unserem zweiten Aufenthalt in Litauen, bei dem wir uns nur auf den Raum um den Bahnhof Jure beschränkt hatten, weil wir dort Sicherheit empfunden hatten, kamen wir nun erstmals wieder auf einen Hof, auf dem wir schon einmal gewesen waren. Und wir wurden nicht hinausgeworfen, wie wir befürchtet hatten; ganz im Gegenteil, wir hatten sogar das Gefühl, wie alte Bekannte aufgenommen zu werden – wirklich, wie alte Bekannte! Man konnte also getrost zweimal auf denselben Höfen hereinschauen. Diese Erkenntnis sollte unser zukünftiges Verhalten grundlegend beeinflussen. Wir hielten uns danach nur noch in einem verhältnismäßig kleinen Gebiet im Kreis Alytus auf der Ostseite der Memel auf.

Zwar hatten wir uns erst für den Dienstag bei der Familie Krasnauzkas zum Brunnenbau verabredet, aber wir beschlossen, schon am Montagabend dort zu erscheinen. So hofften wir, uns die Suche nach einem Nachtquartier zu ersparen, und hatten auch Erfolg damit. Nach dem Frühstück ging es los. Der Brunnenschacht, etwa ein Meter im Quadrat und drei Meter tief, war mit Erlenstämmen ausgekleidet. Ich stieg auf einer Leiter hinab, um eine zusammengebackene dunkle Schicht aus Blättern und Flugsand zu entfernen, die verhinderte, daß das Grundwasser problemlos durch den kiesigen Grund sickerte und den Brunnen füllte. Doch zunächst mußte ich zehn, zwölf Eimer Wasser schnell abfüllen und an einem Seil hochziehen lassen, damit ich an den Schlamm überhaupt herankam. Es war ein merkwürdiges Gefühl, den Himmel nur als kleines blaues Viereck zu sehen, in dem Eimer auf- und niederschwebten. Während ich dieses Bild genoß, rutschte ich plötzlich von der glitschigen Sprosse ab und stand knöcheltief im eiskalten Naß. Ich erschrak fast zu Tode. Dann bemerkte ich, daß es mir mit dem festen Halt des Bodens unter den Füßen leichter fiel, die Eimer zu füllen, denn ich mußte sie nun aufgrund des gesunkenen Wasserstands mit einem Becher vollschöpfen. Endlich hatte ich den Zufluß freigelegt. Ich kratzte die Ablagerungen zusammen und ließ sie hochziehen. Dann folgte ich, so schnell es ging. Ich hatte das Gefühl, meine Füße seien abgestorben. Oben legte ich mich erst einmal in die Sonne und knetete die Zehen, die besonders tot wirkten. Auch meine Hose hatte gelitten. Ein häßlicher schmutziger Rand zierte die unteren fünf Zentimeter. Das entging nicht den mütterlichen Augen von Frau Krasnauzkas, die sich sofort der Sache annahm. Ich mußte die Hose ausziehen, damit sie sie waschen konnte. Als ich mich genierte, erklärte sie kurz und bündig, sie habe vier Kinder und alle schon in Unterhosen gesehen. Währenddessen kletterte Jonas in den Brunnen und erneuerte unten die Verkleidung mit entsprechend zugesägten Stämmen.

Siegfried und ich durften eine weitere Nacht bei Familie Krasnauzkas verbringen. Zum einen, weil die Hose erst trocknen mußte, und vor allem wegen unserer Arbeit. Denn auch Siegfried war fleißig gewesen. Er hatte die Eimer wegtragen müssen und erst in angemessener Entfernung ausgießen dürfen, damit die Feuchtigkeit nicht das Erdreich rund um den Brunnen aufweichen konnte. Am Abend erzählten uns die Krasnauzkas-Kinder einiges über die politischen Zustände in Litauen. Sie berichteten von dem Druck, der auf die Bauern ausgeübt wurde, um sie in Kolchosen zu pressen, vom Kampf der Partisanen gegen die sowjetische Besatzungsmacht sowie vom Ablieferungssoll; schließlich auch von ihren Befürchtungen, in der Roten Armee dienen und womöglich sogar gegen ihre eigenen Landsleute vorgehen zu müssen. Die

Familie bewirtschaftete 18 Hektar Land, das waren acht Hektar zuviel. Und das ließ man sie spüren. Im Gegensatz zu ihren Freunden wagten sich Jonas und Petras am späten Abend oder nachts nicht aus dem Haus, weil sie befürchten mußten, aufgegriffen und als angebliche Banditen in die Verbannung geschickt zu werden. Diese Schwierigkeiten galten auch für andere Litauer. Wir kamen uns plötzlich vor wie Schmetterlinge, die hier in Litauen von Blüte zu Blüte segelten, ohne zu bemerken, daß die Pflanze vertrocknete. Siegfried und ich sprachen dann auf ihre Fragen hin von Königsberg, von unserem Leben zu deutscher Zeit und von den Veränderungen, die der verlorene Krieg gebracht hatte; von der Arbeit und dem Schlendrian der Russen.

Die Krasnauzkas und wir schlossen Freundschaft. Am Morgen schieden wir mit dem Versprechen, bald wiederzukommen.

Inzwischen war es Mitte Juli geworden. Das Getreide färbte sich gelblich, und die Ähren hingen schwer an den Halmen. Wir wanderten an Butrimonys vorbei nach Zadiskiai. Dort bot ein Bauer Siegfried und mir Arbeit an. Zwar könne er uns nicht beide nehmen, so Bauer Kedonis, aber einen von uns würde er bei seinem jüngeren Bruder unterbringen, der sich im Dorf gerade ein neues Haus gebaut habe. Das Angebot klang verlockend, weil es unseren Wunsch, uns nicht zu trennen, erfüllte, und langsam wurden wir des Herumziehens müde.

Nach einem prüfenden Blick entschied er sich für Siegfried: »Du bleibst hier«, sagte er.

Dann ging er mit mir zu seinem Bruder Saska, dessen Hof auf einer Anhöhe lag. Das neue, noch nicht ganz fertiggestellte Haus schimmerte hell in der Sonne, denn noch waren die Balken frisch und das Stroh auf dem Dach wirkte, als ob die Halme erst gestern gemäht wären. Auch die Scheune erstrahlte in gleichem Glanz. Einen Stall gab es noch nicht. Bauer Kedonis empfahl mich seinem Bruder als fleißigen Arbeiter, und ich wurde angenommen. Meine Aufgabe bestand bis zur Ernte hauptsächlich darin, drei Kühe und zwei Kälber zu hüten. Sie weideten auf feuchten Wiesen, die unlängst erst gemäht worden waren. Ich sollte verhindern, daß sie auf andere Grundstücke hinüberzogen, denn es gab ja keine Zäune. Das war ein schlimmer Auftrag, so leicht er auch schien. Ich saß auf der schattenlosen Weide und bewachte die Rindviecher. Die erbarmungslos stechende Sonne versetzte mich in einen dösenden Halbschlaf. Wenn ich durch irgendein Geräusch aufschreckte, waren die Kühe schon längst wieder auf dem Gelände des Nachbarn. Ich mußte hinterherhetzen. Das war schmerzhaft, denn ich lief jetzt, da ich ein festes Quartier hatte, nur noch barfuß, um meine Schuhe zu schonen, die nahe daran waren, ihren Geist aufzugeben. Die scharfen Stümpfe des Schilfs schnitten mir in die Fußsohlen. Ich gewöhnte mir an, beim Laufen die Füße nicht von oben, sondern nur flach schiebend aufzusetzen, um so das sperrige

Grünzeug leichter niederzudrücken zu können. Viel half das nicht. Statt dessen entwickelte ich eine dauerhafte Antipathie gegenüber Kühen.

Der Bauer, seine Mutter, ein junger Verwandter und ich lebten und schliefen in einem abgeteilten Stück der Scheune. In einer anderen Ecke waren die Möbel gestapelt, denn im Wohnhaus hatte man erst unlängst den Fußboden gestampft. Am Sonnabend kam Siegfried herüber. Im Gegensatz zu seiner sonstigen Ausgeglichenheit und Ruhe wirkte er ausgesprochen unzufrieden und murrte. In den drei Tagen hatte er unter den wachsamen Augen der Bäuerin immer nur Holz gehackt. Und das Essen wäre noch unter dem Durchschnitt eines ordentlichen Bettelmanns. Kedonis würde ihn jedoch ständig damit vertrösten, daß es bei uns demnächst hoch hergehen würde. Ich wußte wieder einmal von nichts.

Am Sonntag hatten wir frei. Nach Panemuninkai war es zu weit, zumal wir am Montagmorgen wieder arbeiten mußten. Also wanderten wir sofort nach dem Frühstück zur Familie Krasnauzkas, um von unseren neuen Lebensumständen zu berichten. Es war später Vormittag, doch wir trafen niemanden an. Gewiß waren sie in Butrimonys zum Gottesdienst. Wir beschlossen, abzuwarten, und legten uns auf eine Wiese nahe der Straße, die zum Kirchdorf führte. Wir hatten Zeit. Eine junge Frau radelte vorbei und musterte uns eindringlich. Schließlich kehrten unsere Freunde vom Kirchgang zurück. Doch während wir unsere Neuigkeiten gar nicht schnell genug loswerden konnten, wirkten die Kinder, vor allem aber Mutter Krasnauzkas, nervös und unkonzentriert. Schließlich, nach dem Essen, meinte die Hausfrau, es täte ihr leid, aber es wäre wohl besser, wenn wir gingen und ein andermal wiederkämen. Wir wunderten uns über den Stimmungsumschwung, hatten wir doch nur eine Woche zuvor so freundschaftlich zusammengesessen, doch was sollten wir machen?

Auf dem Heimweg fragten wir aus lauter Gewohnheit in einem mit gelben Latten verkleideten Haus nach Essen, was wir eigentlich als festangestellte, satte Arbeiter gar nicht mehr nötig hatten. Es stellte sich heraus, daß wir in eine Schule geraten waren. Die junge Lehrerin, die dort wohnte, erzählte uns, daß sie von ihrem Gehalt nur mehr schlecht als recht existieren könne. Ihren Eltern jedoch, der Familie Jorgenis, gehörte ein Hof in Pievagaliai dicht an der Memel. Sie bot uns Brot und Milch an, und wir verplauderten die Zeit. Es wurde Abend. Wir brachen auf. Als wir, um den Weg abzukürzen, einen steilen, mit Birken und Gebüsch bestandenen Hügel hinaufstiegen, bemerkten wir plötzlich auf der Straße eine Gruppe von Männern in der typischen Formation. Sie kamen aus der Richtung des Krasnauzkas-Hofes. Noch ehe wir die Uniformen erkennen konnten, hatten wir uns schon in die Büsche geworfen. Die Milizionäre teilten sich und folgten dem Querweg, den wir erst vor wenigen Minuten gekreuzt hatten, nach rechts und links. Dabei suchten sie die dortigen Gehöfte auf. Wir hatten Angst und wagten nicht, uns zu bewegen. Aber wir brachten den Aufmarsch auch nicht mit uns in Verbindung. Lange saßen wir da und warteten, bis wir sahen, daß der Trupp sich wieder vereinigte und nach Butrimonys zurückmarschierte. Erst bei völliger Dunkelheit kamen wir wieder heim nach Zadiskiai, wo mir die Mutter des Bauern vorwurfsvoll mitteilte, die Kartoffeln seien kalt, sie könne mir nichts mehr anbieten.

Welche Bewandtnis es mit dieser Polizeipatrouille hatte, hörte ich einige Tage später von Saska. Er erzählte, eine junge Frau habe am Sonntag in der Nähe von Butrimonys zwei Partisanen gesehen und das auch gemeldet. Aber sie seien verschwunden, ehe die Miliz sie hätte schnappen können. Nun bekamen die Vorgänge am Sonntag einen Sinn. Die Frau auf dem Fahrrad hatte uns anscheinend unserer ausgemusterten Wehrmachtskleidung wegen für Partisanen gehalten, denn diese waren oftmals genauso gekleidet. Natürlich war im staatlichen Sprachgebrauch dieser Begriff für die tapferen russischen Kämpfer hinter der deutschen Front reserviert. Wer in Litauen gegen die große Sowjetmacht aufmuckte, wurde als Bandit bezeichnet. Die Radfahrerin schien uns der Miliz gemeldet zu haben. Das war zwar ungewöhnlich, aber vielleicht war sie eine Komsomolzin. Sie mußte auch anderen die aufregende Nachricht mitgeteilt haben, so daß sich das Gerücht über die Partisanen schnell verbreitete. So erklärte sich auch das eigenartige Verhalten der Familie Krasnauzkas. Ich sagte Saska nichts von meinen Vermutungen, auch nicht, daß wir die Polizisten beobachtet hätten. Dieses heikle Thema mochte ich nicht anrühren, denn ich wollte meinen Arbeitsplatz nicht gefährden.

Eine Hochzeit mit Schwierigkeiten, und erste Erzählungen von Deportationen nach Sibirien

Wieder saß ich auf der Weide, träumte, holte die Kühe zurück und ruinierte meine Fußsohlen. Siegfried bekam ich nicht zu Gesicht. Vermutlich hackte er Holz. Am Sonnabend erklärte Saska, aus besonderen Gründen solle ich mit dem Vieh schon mittags zurückkehren. Um die Einhaltung des Termins machte ich mir keine Sorgen, denn Siegfried und ich hatten uns für die Zeitmessung ein einfaches System ausgedacht, das wir durch Nachfragen zusätzlich fixiert hatten. Wir merkten uns einen Punkt auf dem Erdboden, auf den das Ende unseres Schattens fiel. Dann gingen wir Fuß vor Fuß darauf zu. Im Juni machte die kürzeste Distanz viereinhalb Fuß aus, das mußte zwölf Uhr bedeuten. Danach wurde der Schatten wieder länger. Im Juli betrug er schon fünfeinhalb Fuß. Auch die anderen Zeiten schätzen wir nach dieser Methode mit einer Treffsicherheit von ungefähr einer halben Stunde. Als es demnach soweit war, trieb ich die Kühe mit viel Geschrei, Gerenne sowie einem Knüppel in Richtung Hof. Dieses Ritual war den Tieren bekannt. Sie setzten sich in Bewegung und waren schließlich schneller am Stall, als ich ihnen überhaupt folgen konnte. Dort wurden sie von der alten Bäuerin in Empfang genommen und angepflockt.

Auf dem Hof wartete schon der Verwandte von Saska. Zu meiner Verwunderung trug er einen schwarzen Anzug und hatte einen hochroten Kopf. Überdies bot er mir einen Schluck aus einer halbvollen Flasche *Samagonas* an, was noch ungewöhnlicher war. Bald danach erschien die Familie Kedonis mit Siegfried. Sie war ungewohnt festlich angezogen. Was hatte das zu bedeuten? Weitere Leute fanden sich ein, und alle schauten erwartungsvoll auf die Straße. Dann näherte sich ein Pferdewagen, auf dem mehrere Personen saßen. Hinten war eine Kuh angebunden.

Die Mutter winkte die Gäste in das neue Haus: »Schnell, sie kommen«.

Alle stellten sich an die weißgedeckten, mit Speisen und Getränken überladenen Tische. Wir hörten Akkordeonklänge. Der Musikant sprang über die Türschwelle, ohne sein Spiel zu unterbrechen. Ihm folgte ein Mann, der einen mit vielen bunten Bändern geschmückten Stab trug. Und nun kam Saska mit seiner Braut. Beide trugen gemeinsam ein Tablett mit zwei gefüllten Schnapsgläsern, Brot sowie einem Tellerchen mit Salz ins Zimmer. Ihr ganzes Augenmerk war darauf gerichtet, nur nichts zu verschütten. Als ihnen dies gelang und sie den Tisch erreichten, applaudierten die Gäste begeistert, und man nahm ihnen das Tablett ab. Braut und Bräutigam stießen miteinander an, tranken den

Schnaps, nahmen ein Stückchen Brot, stippten es in das Salz und aßen es. Nach dieser traditionellen Zeremonie durften sie Platz nehmen. Wieder klatschten alle begeistert; und noch einmal, als nämlich zwei junge Männer eine schwere Truhe in den Raum schleppten. Nun wußten wir endlich, was die geheimnisvollen Andeutungen von Siegfrieds Bauern zu bedeuten gehabt hatten. Wir erlebten eine litauische Hochzeit.

Die Braut war dunkelhaarig und schlank. Ihr von der Sonne gebräunter Teint bildete einen schönen Kontrast zu ihrem weißen Hochzeitskleid. Das Gesicht wurde bestimmt von flinken dunklen Augen, einer feingeschwungenen Nase und schmalen Lippen, es ließ auf Temperament und Willensstärke schließen. Glücklich schaute sie abwechselnd auf ihren Ehering und dann wieder auf ihren Mann. Dann besann sie sich auf ihre Aufgaben als Hausherrin, die sie nun war, und wandte den Blick der Tafel zu. Dort standen reichlich Schalen mit Brot sowie Teller mit *Suris*, einem selbstgemachten Weichkäse. Außerdem gab es harte Mettwurst und geräucherten Schinken. Dazu hatten die Gäste überall in Reichweite Flaschen mit *Samagonas*. Die junge Frau schien mit dem Ergebnis ihrer Prüfung zufrieden zu sein. Ein wenig später ging sie zu ihrer Truhe, entnahm daraus einen Stapel Handtücher und verteilte diese an die weiblichen Gäste, die mit Kennerblick das Webmuster begutachteten und gebührend lobten.

Das Festmahl begann. Die übliche Trinksitte hatte heute anscheinend keine Geltung. Jeder prostete jedem zu, wenn er Lust dazu hatte. Während des Essens fiel mir auf, daß ich kein Ehepaar entdecken konnte, das als Eltern der Braut hätte gelten können. Bis auf Saskas Mutter waren nur jüngere Leute vertreten. Ich teilte diese Beobachtung meinem litauischen Nachbarn mit. Dieser erklärte mir, daß nur die Braut mit ihrer Aussteuer in das Haus des Mannes ginge. Ihre Angehörigen feierten für sich. Andernfalls würde der jungen Familie Unheil widerfahren. Davon hatte ich noch nie etwas gehört, aber es mochte wohl so sein.

Trotz der Einhaltung dieses alten Brauchs stand die Feier unter keinem guten Stern. Inzwischen hatte es nämlich zu regnen begonnen, und bei dem Neubau fehlte noch die Deckenverkleidung des Zimmers, man konnte die Innenseite des Strohdachs sehen. Nun fielen dicke Wassertropfen auf Tische und Gäste, weil das frischverarbeitete Stroh noch nicht aufgequollen war und infolgedessen den Regen durchließ, anfangs nur an wenigen Stellen. Man behalf sich, indem man Speisen beiseite rückte und eine Schale hinstellte. Der durch den Schnaps beflügelten guten Stimmung tat das keinen Abbruch, man schlemmte weiter und tanzte trotzdem – was seine Tücken hatte. Denn der noch nicht durchgehärtete Lehmfußboden hatte die Feuchtigkeit aufgesogen und verwandelte sich unter dem Stampfen und Gewoge der Tanzenden in eine klebrige Lehmschicht, die zäh an den Schuhen haftete. Das Brautpaar tat mir leid. Es mußte mit ansehen, wie der schönste Tag in seinem Leben regelrecht ertrank.

Siegfried und ich waren ohnehin pessimistisch gestimmt, und so zogen wir uns in einen stillen Winkel zurück, um zu besprechen, wie es nun weitergehen sollte. Siegfried konnte schon keine Axt mehr sehen, mir taten die Füße weh. War das ein Grund, abzuhauen und sich wieder aufs Betteln zu verlegen? Sicherlich nicht, doch die neue Hausfrau brachte zusätzliche Ungewißheit. Wie würde sie sich im täglichen Zusammenleben verhalten? Die Situation gefiel uns überhaupt nicht. Wir kamen überein, weiterzuziehen. Siegfried verschwand, um seinen Rucksack zu holen. Während das Hochzeitsfest sich seinem Höhepunkt näherte, legten wir uns in die Scheune und schliefen, um dann am frühen Morgen wie Diebe vom Hof zu schleichen. Das Wetter hatte sich wieder erholt. Die Sonne schien. Als wir an der Schule vorbeikamen, wollte Siegfried sich noch mit einigen Äpfeln versorgen, die von einem Baum im Kornfeld lockten. Ich wartete derweil am Straßenrand. Plötzlich winkte mir mein Kumpan aufgeregt zu: »Komm her«, rief er, »es ist wichtig.«

Als ich ihm folgte, bemerkte ich sofort die Bescherung. Unter dem Baum lagerte eine Gruppe von Polizisten mit einem Maschinengewehr. Sie wirkten sehr verärgert. Vermutlich erkannten sie in uns die beiden vermeintlichen Partisanen, derentwegen sie am Sonntag zu einem Sondereinsatz hatten ausrücken müssen. Jetzt waren wir ihnen unverhofft in die Hände geraten, da sie zur Absicherung eines »Ernteübererfüllungsvortrags«, der in der Schule stattfand, abkommandiert waren. Welche Ironie des Schicksals! Nach der Ausweiskontrolle begann ein barsches Verhör: woher wir kämen, was wir hier machten, und warum wir nicht wie jeder ordentliche Kaliningrader in unserer Heimatstadt einer geregelten Arbeit nachgingen; dorthin sollten wir uns schleunigst zurückbegeben. Würden sie noch einmal irgendwo auf uns stoßen, gäbe es keine Gnade mehr. Und um den Worten Nachdruck zu verleihen, bekamen Siegfried und ich zum Abschluß ein paar fürchterliche Ohrfeigen. Woraufhin wir hoch und heilig versprachen, sofort nach Kaliningrad aufzubrechen, und uns aus dem Staube machten.

Aber die Angst verflog so schnell, wie unsere Schritte wieder langsamer wurden. Nach Königsberg zurück? Niemals. Siegfried und ich hatten nur selten über Königsberg gesprochen. Wir hielten die Stadt für tot und hatten die Erinnerung an sie verdrängt. Doch die Drohung des Polizisten ließ alle damit verbundenen Schrecknisse – Hunger, Krankheit, Arbeitslosigkeit, Wohnungselend – wieder aufleben. Wir legten uns ins Gras: Was sollten wir tun? Keine Frage: so weitermachen wie bisher. In Zukunft mußten wir noch besser aufpassen und durften der Ordnungsmacht möglichst nicht mehr unter die Augen kommen.

Am Abend stießen wir bei Tabalianka auf ein

Gehöft, das, umgeben von einem Garten und etwas Land, mitten im Walde lag. Ein junger Litauer, etwa in unserem Alter, nahm uns freundlich auf. Außer ihm waren nur noch seine zwei Schwestern anwesend, von denen die eine etwas jünger, die andere etwas älter sein mochte als wir. Eltern oder Verwandte gab es anscheinend nicht. Eines der Mädchen nahm die Hausfrauenpflichten wahr. Das war sehr ungewöhnlich.

Nach dem Abendbrot erfuhren wir, daß man die Eltern abgeholt und nach Sibirien geschickt hatte, weil aufgrund der einsamen Lage des Grundstücks anzunehmen sei, daß sie Partisanen mit Lebensmitteln versorgt hätten.

Ein Verhör oder gar eine Gerichtsverhandlung wäre nicht erforderlich gewesen, schon der Verdacht hätte für die Verschickung ausgereicht. So erzählte uns der Junge, der Petras hieß.

Siegfried und ich waren tief betroffen. Partisanen mußte es geben, denn man hatte uns bei Butrimonys selbst als solche gesucht. Aber so deutlich wie hier hatte noch niemand mit uns darüber geredet. Dabei sprach Petras das Wort Sibirien so selbstverständlich aus, als ob es gleich hinter der nächsten Ecke läge. Gewiß, unsere Mütter waren auch gestorben, verhungert. Aber dabei hatte doch niemand persönlich seine Hand im Spiel gehabt. Es war eben so gekommen.

Jetzt hörten wir, daß Menschen andere Menschen in den Tod schickten. Eine lähmende Stimmung breitete sich aus.

Wie um sich zu betäuben, holte Petras plötzlich ein Schifferklavier aus dem Schrank: »Tanzt miteinander«, sagte er. »Wer weiß, wie lange wir noch leben und in Freiheit sind.«

Er spielte »La paloma«. Aber ich kam mit dem Tanzen einfach nicht zurecht. Meine Kenntnisse in dieser Kunst waren minimal. Sie beschränkten sich auf die ersten Grundschritte in Foxtrott, langsamen Walzer und Tango. Ein Blick über die Schulter zeigte mir, daß es Siegfried ähnlich erging. Auch Petras blieben diese Schwierigkeiten nicht verborgen, er ermahnte seine Schwestern, sich besser unseren Schritten anzupassen: Schließlich kämen wir aus einer Großstadt und müßten daher richtig tanzen können. Alle vier gaben wir uns große Mühe, aber es wurde einfach nichts daraus. Mir schien, daß nach dem ernsten Gespräch keiner von uns in der richtigen Stimmung zum Tanzen war. Die Musik brach ab. Wir setzten uns wieder, und jeder für sich hing seinen eigenen Gedanken nach.

Am Morgen nahmen wir bedrückt Abschied von Petras und seinen Schwestern. Ein Dankeschön, ein Händedruck, ein Blick zurück, ein kurzes Winken. Ein steiler ausgewaschener Waldweg führte uns auf den Kamm einer Erhebung. Als der Weg sich öffnete, schauten wir hinunter auf ein Dorf in einem hügligen Tal. Hier waren wir noch nie gewesen. Wir folgten einem schmalen Pfad bergab und stellten dann fest, daß es überwiegend von Polen und Tartaren bewohnt war. Als es Zeit war, nach einem Nachtquartier zu fragen, gerieten wir an ein Haus, dem wir eigentlich nicht viel zutrauten. Es besaß ein Blechdach und zeugte damit von einem gewissen Wohlstand des Eigentümers. Zumeist hatten wir bei solchen Anwesen schlechte Erfahrungen gemacht.

Doch wider Erwarten wurden wir sofort aufgenommen. Überraschend auch, was uns der Bauer erzählte: Er sei in den dreißiger Jahren nach Amerika ausgewandert, habe dort gut verdient und von dem Geld nach seiner Rückkehr den Hof gekauft. Und zu unserer Verblüffung durften Siegfried und ich im Haus übernachten, sogar in einem richtigen Bett.

Eine Wohltat, die sich als Danaergeschenk erweisen sollte: Das Haus war total verwanzt. Auf mich stürzten sich die widerlichen Parasiten, weil ich direkt an der Wand lag. Ich haßte Wanzen, seit ich sie 1945 im Seuchenkrankenhaus zum erstenmal erlebt hatte. Läuse konnte man absammeln, Flöhe hüpften wieder weg; zudem war das Gift dieser Plagegeister längst nicht so kräftig. Aber Wanzen waren unangreifbar. Sie wurden nur nachts aktiv und verursachten heftig juckende Beulen. Um ihnen zu entkommen, schob ich mich – Siegfrieds Widerstand ignorierend – zur Mitte des Bettes. Aber die Wanzen hatten flinke Beine. Sie folgten mir. Junges Blut, das sie noch nicht kannten, ließen sie sich nicht entgehen!

Siegfried, nichtsahnend – noch reichte ihnen meine Person als willkommene Beute –, aber ob meines rücksichtslosen Benehmens äußerst empört, stieg wütend aus dem Bett und legte sich auf eine schmale Bank. Während ich innerlich fluchte, daß unser Vorurteil gegen Häuser mit Blechdach wohl doch berechtigt sei, forderte die Natur ihr Recht. Ich schlief endlich ein. Am Morgen erwachte ich, marmoriert wie ein Kirschkuchen.

Mein Gaspodorus Vitas Galacvicius: Ein Bauer als Apfeldieb im eigenen Garten

Beim Frühstück unterbreitete uns der Hausherr wohlgelaunt einen interessanten Vorschlag. Er hatte Arbeit für uns. Es war Erntezeit. Mich würde er behalten, und für Siegfried hatte er einen Platz bei einer Tatarenfamilie in der Nähe besorgt. Das hatte er wohl am Vorabend arrangiert, da war er für einige Zeit weggegangen. Nach kurzer Überlegung stimmten wir zu. Bei unserem Gastspiel in Zadiskiai hatten wir die Vorteile eines festen Quartiers kennengelernt. Ich bat aber darum, in der Scheune schlafen zu dürfen. Der Bauer war einverstanden, der Handel perfekt. Er brachte Siegfried zu seinen neuen Wirtsleuten. Als er zurückkehrte, machte er mich zunächst einmal mit seiner großen Familie bekannt. Haushaltsvorstand war seine Mutter, das wurde deutlich, auch wenn er es nicht ausdrücklich erwähnte. Dann waren da seine Frau Thekla und seine Kinder, ein Junge von etwa vier Jahren und ein kleines Mädchen im Krabbelalter, sowie seine zwei Schwestern Luisa und Dana, die gleichfalls im Hause lebten.

Später machte er mich mit den Örtlichkeiten vertraut. Dem Haus gegenüber stand die Scheune, rechts der Stall und zur linken ein kleines Häuschen, in dem Getreide und andere Vorräte aufbewahrt wurden. Hinter dem Stall verlief ein Weg im rechten Winkel zum Wohnhaus. Wenn man das Haus betrat, kam man zunächst in einen im Halbdunkel liegenden Raum. Nach links ging es in das große Wohnküchen-Schlafzimmer, das ich schon kannte. Rechts war ein gleich großer Raum, eingerichtet in, wie man so schön sagt, »kalter Pracht«. Das Zimmer war sogar, für litauische Bauernhäuser nicht alltäglich, mit richtigen Dielen ausgelegt. Hier schliefen Luisa und Dana, ansonsten wurde es nicht benutzt.

Hinter dem Haus fiel das Gelände etwas ab. Hier standen inmitten eines Roggenfeldes mehrere Apfelbäume. Der Bauer zeigte noch auf zwei große Bäume, die etwas weiter entfernt waren: »Das sind auch noch meine«, sagte er. Im Stall standen ein Pferd mit einem Fohlen, zwei Kühe und drei Schweine, auf dem Hof scharrten ein schwarzbunter Hahn und eine Menge Hühner. Seine Bleibe hatte das Federvieh unter dem großen Backofen in der Wohnküche. Das war mir nichts Neues. Auf allen Bauernhöfen, die ich bislang gesehen hatte, lebten die Hühner unter dem Ofen. Nachdem der Hausherr mir noch das »gewisse Örtchen« gezeigt hatte, das etwas windschief an die Rückseite der Scheune angeflickt war, war der Rundgang erst einmal abgeschlossen. »Du wirst es schaffen« meinte er, »was du nicht kannst, das bringe ich dir schon noch bei.«

Mein neuer Arbeitgeber hieß Vitas Galacvicius, was allerdings mehr wie Alachwoschius ausgesprochen wurde. Er war um die dreißig Jahre alt, mittelgroß, dunkelhaarig und schlank. Seine Erzählungen begleitete er mit lebhaften Gesten, und er lachte gern. Oft sang er das Lied vom herrlichen Baikal, oder stimmte die Spottverse an, in denen Antek seine Manka am Hintern packt und über eine kleine Kate wirft.

Dann allerdings pflegte seine Mutter mißbilligend den Kopf zu schütteln. Er würde wohl nie erwachsen, meinte sie.

Thekla war groß, kräftig und blond. Sie hätte in der Zeit des Dritten Reiches ohne weiteres auf einem Plakat als Arbeitsdienstführerin abgebildet werden können, ohne daß irgend jemand bemerkt hätte, daß sie eine nichtarische Slawin war. Unermüdlich schaffte sie von früh bis spät. Die Schwestern hingegen, vor allem die zierliche, schwarzgelockte Luisa, widmeten sich mehr ihrer Schönheitspflege, und wenn sie damit fertig waren, langweilten sie sich, so gut sie konnten. Der kleine Junge spielte meistens für sich allein und beachtete mich kaum. Aber alle Familienmitglieder kamen mir offen entgegen und behandelten mich wie ihresgleichen. Untereinander sprachen sie mitunter auch polnisch, das ich überhaupt nicht verstand. Ob sie diese Sprache einsetzten, weil sie sie besser beherrschten, oder ob ich in diesen Fällen nicht hören sollte, worum es ging, wußte ich nicht. Es war mir auch gleichgültig.

Als erstes zeigte mir der *Gaspodorus,* wie der Hausherr auf litauisch genannt wird, wie man mit der Sense umgeht. Wir machten Heu auf seinen feuchten Wiesen. Doch aller Anfang ist schwer, ich machte zu große Schritte und schlug oft mit der Sensenspitze ins Erdreich. Aber allmählich lernte ich, die Sense tief und parallel über den Grund zu führen. Der Bewegungsablauf war entscheidend. Ein kurzer schlurfender Schritt mit dem linken Fuß, dabei mit der Sense ausholen, dann folgt der rechte Fuß, und mit einem gleichzeitigen Armschwung fährt die Sense zischend durch das Gras oder Getreide. Heu wird gehauen, Getreide gemäht. Der Unterschied besteht darin, daß man bei Getreide das Feld links neben sich hat. Die gemähten Halme fallen gegen die noch nicht getroffenen und lehnen sich daran. So kann die dem Schnitter folgende Binderin sie gut zusammenraffen. Bei Heu ist es umgekehrt. Das Feld liegt rechts, das Gras fällt um. Als ich einigermaßen mit der Sense umgehen konnte, bestimmte Vitas Galacvicius, am nächsten Tag würde das Feld am Hang gemäht.

Am Vormittag, ich war ziemlich aufgeregt, gingen wir aufs Feld. Der Bauer sprach ein kurzes Gebet. Dann fing er an zu mähen. Thekla, hinter ihm gehend, band die Garben und legte sie seitlich ab. Einigen Abstand haltend, begann ich auch. Meine Binderin war Dana, der es gar nicht recht war, hinter einem so unerfahrenen Schnitter zu arbeiten. Sie maulte. Zu meinem Ärger hatte sie recht. Der Abstand zwischen dem Hausherrn und mir wurde immer größer. Schließlich begann er wieder am Anfang des Feldes und holte mich allmählich ein. Wir machten eine Pause. Zornig fiel Dana über ihren Bruder her. Leider verstand ich kein Wort, denn sie sprachen polnisch. Auch der Bauer wurde laut. Ich sah mich schon wieder auf der Landstraße wandern. Doch dann war man wohl zu einer Einigung gelangt. Ich sei zwar noch nicht gut genug für die Zusammenarbeit mit einer Binderin, erklärte mir der *Gaspodorus,* aber er wisse nicht, wie lange das Wetter so bliebe und daher könne er auf mich nicht verzichten; ich sollte mir Mühe geben. Allmählich kam ich auch besser voran. Daß es viel Kraft kostet, die Sense einen halben Tag lang durch das Korn zu treiben, merkte ich am Abend am Muskelkater in meinen Armen.

Am Sonntag kam Siegfried herüber. Auch er hatte es gut getroffen. Seine Gastfamilie bestand aus fünf Personen. Der junge Bauer hieß Jonas, seine drei Schwestern Emilka, Marita und Halinka. Emilka war älter, die beiden anderen Mädchen jünger als Jonas. Familienoberhaupt war die kleine, rundliche Mutter. Siegfried verstand sich sehr gut mit Jonas. Die Mädchen seien etwas reserviert, aber alle umgänglich, erzählte er begeistert, er fühle sich richtig zu Hause. Am Freitag müsse er alleine arbeiten, weil die Tataren dann ihren islamischen Sonntag feierten, er als Christ habe am Sonntag frei. Das war gut, denn so konnten wir uns wenigstens einmal in der Woche treffen. Erst einmal tauschten wir unsere Erfahrungen aus. Mit der Landarbeit war es ihm ähnlich ergangen wie mir. Weiter stellten wir fest, daß sich unsere Sprachkenntnisse auch dadurch festigten, daß wir nun gezwungenermaßen litauisch sprechen mußten. Alles in allem waren wir hochzufrieden mit unserem Los. Inzwischen war es schon Mitte August. Die Tage wurden langsam und unmerklich kürzer.

Am nächsten Morgen schimpfte Galacvicius auf den Staat und die Unvernunft, ja sogar Dummheit der Funktionäre. Diese lägen untereinander im Wettstreit, wer wohl sein Soll als erster erfüllen würde. Wahrscheinlich zögen sie in den nächsten Tagen wieder über Land, um auf die Bauern Druck auszuüben, das Getreide zu mähen. Dabei wäre das Korn doch noch gar nicht richtig ausgetrocknet, man könne es noch nicht abliefern.

»Bestimmt kommen sie auch hierher«, fuhr er erbittert fort. »Das schlimmste ist, daß man die Herren auch noch großartig bewirten muß.«

Und er wies mich an, scharf aufzupassen und sofort in der Scheune zu verschwinden, falls ich irgendwo zwei oder drei Pferdewagen bemerken würde, die sich dem Dorf näherten.

Dann war es soweit, doch dank der Vorsorge ging alles gut. Ich konnte mich rechtzeitig verstecken.

Als die ungebetenen Gäste wieder verschwunden waren, sagte Galacvicius grimmig, was eigentlich so gar nicht seinem Naturell entsprach: »Es hilft nichts, wir müssen heute noch den ersten Schlag einfahren und auch gleich dreschen, damit ich diese Bande vom Halse kriege. In drei Tagen sind sie bestimmt wieder hier und fressen mir die Haare vom Kopf.«

Gesagt, getan. Ich holte das Pferd von der Weide und spannte den Wagen an. Zu fünft fuhren wir hinaus aufs Feld, wo jeder seine Aufgabe kannte. Dana dirigierte das Pferd und sorgte dafür, daß es im gewünschten Rhythmus anzog oder stehenblieb, mein *Gaspodorus* und ich hoben die Garben mit hölzernen Forken auf den Wagen, wo Thekla und Luisa sie nach einem ausgeklügelten System stapelten, bei dem das Getreide auf dem vollbeladenen Wagen oben die doppelte Breite aufwies wie unten. Auf dem Hof wurde das nur für diesen Zweck bestimmte hintere Scheunentor geöffnet, worüber viele Spinnen recht verwundert waren, wir fuhren auf die Tenne und luden ab.

Nach einer weiteren Fuhre meinte Galacvicius: »Das müßte reichen. Unser eigenes Korn lassen wir noch draußen. Wir machen Feierabend.«

Einen Tag später gab es eine neue Lektion, den Umgang mit einem archaischem Gerät, dem Dreschflegel. Er bestand aus dem Stiel, an dem sich eine Ledermanschette mit einer Schlaufe an der Spitze in einer eingekerbten Halterung ständig drehen konnte. An der Schlaufe hing der Knüppel. Mit einer senkrecht kreisenden Bewegung beider Arme vor dem Körper trieb man die Manschette um den Schaft. Durch die Bewegung rotierte der Knüppel seinerseits in einem Winkel von etwa dreißig Grad am Schaft vorbei. Man mußte diesen nur immer wieder heben und nach einer Vorwärtsbewegung der Arme wieder senken, und schon sauste der Knüppel erbarmungslos auf die Ähren. Natürlich war es wichtig, mit dem Partner den richtigen Takt einzuhalten, damit man sich nicht gegenseitig behinderte. Nachdem mir mein Hausherr solcherart die Funktionsweise eines Dreschflegels erklärt hatte, gingen wir an die Arbeit. Wir legten von rechts und links je zwölf Garben auf die Tenne, so daß sie sich mit den Ähren etwas überdeckten. Galacvicius stand vor mir und ging zunächst rückwärts. Am Ende der Garben wechselten wir etwas nach links hinüber und schritten wieder zurück. »Klapklap – klapklap – klapklap« erklang es. Danach drehten wir die Garben um. Die Prozedur wiederholte sich. Anschließend öffneten wir die Gebinde und teilten sie so, daß die Mitte nach oben kam. Schließlich wurden die Halme noch einmal umgedreht. Dann waren wir durch. Wir griffen das ausgedroschene Stroh auf und stießen es auf den Boden. Nun faßten wir nur die größten Halme, hielten sie fest und schüttelten sie aus. Sie wurden in dicken Garben zusammengebunden. Die anderen wurden als Krummstroh für das Vieh beiseite geräumt. Zurück blieb das Korn. Es wurde zusammengefegt und mit einem Schieber in eine Ecke geschoben. Mit neuen Garben begannen wir von neuem. Ich empfand das Dreschen als eine schöne Arbeit. Langsam wuchs das Häufchen Roggen zu einem stattlichen Hügel. Dann mußte ich beide Scheunentore öffnen, und der Bauer warf mit einer aus Holz geschnitzten

Kelle das mit Spreu und Grannen vermischte Korn schwungvoll gegen den Wind. Das Korn flog weiter als die vom Gegenwind zurückgewehte Spreu. Ich fegte es zusammen, und der Bauer füllte damit einen eigenartig gemusterten, festen blauen Leinensack. Später sollte ich erfahren, daß sich das Dreschen zu dritt noch besser anhört: Klapklapklap – klapklapklap – klapklapklap. Und natürlich schaffte man mehr.

Galacvicius und ich hatten drei große Säcke voll Korn gedroschen, die er anderntags als sein Soll in der Stadt ablieferte. Als er zurückkehrte, schwenkte er vor versammelter Familie die Quittung hin und her und rief erleichtert: »Die sind wir los.«

Zu meiner Verwunderung hatte er die Säcke wieder mitgebracht. Warum? Die Erklärung, die Galacvicius lieferte, rechtfertigte seine schlechte Meinung über die neuerdings exerzierte Planwirtschaft: Das Getreide, so erzählte er, habe jeder Bauer auf dem Marktplatz von Alytus auf einen großen Haufen schütten müssen. Aber wann die Lastautos kommen würden, das Korn zu holen, konnte ihm niemand sagen. Das wäre doch ein Jammer. Er jedenfalls hätte seine Quittung. Das allein wäre wichtig.

Im Laufe der Zeit lernte ich die Familie besser kennen und bemerkte die Spannungen, die zwischen den einzelnen Mitgliedern herrschten. Luisa und Dana, die Schwestern des Hofbesitzers, blickten auf Thekla herab, weil sie nur ein Kalb mit in die Ehe gebracht hatte. Dabei war sie von Adel.

Daß ihre Eltern schon 1940 von den Russen als Großbauern enteignet worden waren; daß Thekla und ihre Angehörigen später unter deutscher Herrschaft weiteren Repressalien ausgesetzt waren, weil sie als Polen slawischer Abstammung und damit minderwertig waren: all das ließ die beiden kalt. Thekla hatte unter ihren spitzen Bemerkungen oft zu leiden. Die Altbäuerin äußerte sich zwar selten zu dem Thema, aber sie schien die Meinung ihrer Töchter zu teilen. Vitas, der Hofherr, blieb von diesen Spannungen zumeist unberührt. In seiner von Grund auf positiven Einstellung der Welt gegenüber hielt er die Aggressivität seiner Schwestern vermutlich für bedeutungslos. Allenfalls knurrte er »Weiberkram«, wenn sie ihm wieder einmal mit ihren Beschwerden in den Ohren gelegen hatten. Nachdem Luisa ihn eines Tages in meinem Beisein wieder einmal temperamentvoll mit einer Flut von Worten überschüttet hatte, aus denen ich wiederholt den Name Thekla heraushören konnte, ließ Vitas sich doch einmal zu einer Bemerkung hinreißen, nämlich daß man leider an seinen Schwestern auch einiges auszusetzen haben könne, besonders wenn man so boshaft sei wie diese. Vermutlich mußte Vitas den Ärger, den ihm seine Schwester bereitet hatte, abreagieren, denn sonst sprach er nicht über seine Familie.

Luisa war verheiratet, aber sie lebte hier auf dem Hof, weil ihr Mann ein Parteifunktionär war, der in Alytus wohnte. Auf dem Lande wäre er wegen der Partisanen seines Lebens nicht sicher gewesen. Er kam nie nach Basorus. Vermutlich hatte er längst eine andere. Dana war seit drei Jahren mit einem Schmied verlobt, der manchmal am Abend hereinschaute. Drei Jahre Verlobungszeit galten in Litauen einfach als zu lang und beinahe schon aussichtslos für eine glückliche Ehe. Dazu war Danas Verlobter wohl auch mehr ein Lebenskünstler als ein fleißiger Schmied. Seinen Unterhalt bestritt er überwiegend damit, daß er eine Anlage zur Herstellung von *Samagonas* verborgte, die er sich aus dem doppelwandigen Kessel einer Gulaschkanone der deutschen Wehrmacht und einigen Röhren zusammengebastelt hatte. Das brachte ihm neben Geld auch Flaschen des gebrannten Korns ein, die er zusätzlich versilberte, da er selbst kaum trank. Auf diese Weise erwarb er sich zwar keine Reichtümer, aber er als Einzelperson konnte davon gut leben – allerdings: Um Frau und Kinder zu unterhalten, dafür war sein Einkommen doch recht gering. Die sparsame und sehr aufs Geld bedachte zukünftige Schwiegermutter betrachtete ihn jedenfalls mit Blicken, in denen man das Mißtrauen beinahe schon riechen konnte. Glücklicherweise betraf mich das alles nicht, es störte allenfalls mein Harmoniebedürfnis. Ich hatte hier Arbeit, und Vitas war ein netter Kerl; mit den Zwistigkeiten der Frauen wollte ich nichts zu tun haben.

Während das restliche Getreide noch in Hocken auf den Feldern stand, waren wir zur Untätigkeit verurteilt. Untätigkeit haßte der lebhafte Vitas jedoch wie die Pest. Da fiel ihm ein, daß er ja Balken und Bretter brauche, um am Stall einige Reparaturen vorzunehmen. Der Forst von Basorus war Gemeindewald, daß heißt, jedem Bauern des Dorfes gehörte ein Teil davon. Auch Galacvicius besaß eine Parzelle. So nahm er mich mit, mehrere schön gerade gewachsene Eichen zu fällen. Zunächst sägten wir sie von beiden Seiten an, dann brachten wir sie mit Äxten und Keilen soweit, daß sie ihr Gleichgewicht verloren und krachend zu Boden stürzten, wobei starke Äste, die an anderen Bäumen hängenblieben, splitternd abbrachen. Nachdem wir die Stämme von allen Ästen befreit hatten, holte ich das Pferd, das die Zuschnitte an einer Kette auf den Weg zog. Als das geschafft war, lächelte Vitas verschmitzt und meinte: »Nun nehmen wir noch die beiden Tannen da drüben.«

Ich wußte nicht, was ich davon halten sollte. Da hatte der Mann ein ganzes Stück eigenen Wald für sich und stahl doch zwei Bäume beim Nachbarn. Vitas indes freute sich offensichtlich. Sorgfältig deckte er die hell schimmernden Stümpfe mit Moos ab, um seine Schandtat zu tarnen. Am nächsten Vormittag holten wir das Holz in mehreren Fuhren auf den Hof.

Der Sommer des Jahres 1947 war sehr warm und trocken. Das Korn trocknete schnell und konnte früh eingefahren werden. An einem dieser Tage, da die Sonne von einem wolkenlosen Himmel strahlte, begannen wir damit. Es war keine Eile geboten, das Wetter sollte sich halten. Darum durfte ich auf dem

Wagen stehen und lernen, wie man die Garben bei jeder Schicht etwas weiter nach außen legt, dem Wagen dadurch mehr Fassungsvermögen verleiht und zusätzlich einen inneren Halt schafft, der bei Unebenheiten auf dem Acker und Schlaglöchern im Weg das Kippen der Ladung verhindert: eine echte Kunst, fand ich. Sofort nach der Ernte pflügte Vitas die einzelnen Felder. Das machte er selber. Aber dann mußte ich das Eggen erlernen. Das erste Feld lag hinter dem Stall auf der anderen Seite des Weges. Vitas erklärte mir, daß alle seine Nachbarn über diesen Weg nach Alytus zum Markt fahren würden. Es gehöre sich für einen Bauern, der als tüchtig angesehen werden wolle, daß alle Reihen schön gleichmäßig und parallel auf den Weg stießen. Obwohl das Pferd gutmütig war, wollte mir das nicht gelingen. Mal zog der Gaul nach links, wodurch die Egge eine unnötige Kurve in eine schon gelungene gerade Furche zeichnete, mal nach rechts, dann blieb ein Stück ausgespart. Als Vitas kam, um meine Arbeit zu begutachten, schwitzte ich, als ob ich die Egge selber gezogen hätte. Er amüsierte sich über meine Bemühungen. Dann übernahm er die Zügel. Jedesmal wenn das Pferd aus unbekannten Gründen vom rechten Pfad abweichen wollte, ließ er die Peitsche kreisen, daß die Schnur gerade eben eine Hinterhand berührte: »*As tavo ne Jurgis*«, sagte er dann zu seinem Roß, was bedeuten sollte: »Ich bin für dich nicht der Erich.«

Und siehe da, die Reihen wirkten wie mit dem Lineal gezogen. Natürlich habe ich dieses beinahe graphisch anmutende Muster mit den parallel zum Weg abschließenden Querrillen nie erreicht. Aber meine späteren Felder sahen schon recht ordentlich aus. Außerdem lagen sie nicht am Weg. *»As tavo ne gaspodorus«*, sagte ich übermütig, wenn er kam, um zu erkunden, wie es bei mir voranging, und tippte dem Pferd mit der Peitschenschnur auf den Hintern. Vitas Galacvicius lachte schallend.

Eines Tages, als ich mit dem Pferd auf den Hof zurückkehrte, standen dort der Hausherr und zwei kräftige junge Männer im Gespräch zusammen. Irgendwie schien Vitas für einen ganz kleinen Moment ärgerlich oder verlegen, als er mich bemerkte. War ich zur unrechten Zeit gekommen? Doch dann stellte er mich den beiden Fremden in gewohnter Fröhlichkeit als seinen fleißigen deutschen Arbeiter vor. Und zu mir gewandt: »Es ist gut für dich, wenn sie dich kennen.«

Ich konnte mir zunächst keinen Reim darauf machen, doch als sie mir die Hand schüttelten, öffnete sich bei dem einen jungen Mann für einen Augenblick die Jacke. Ich hätte schwören können, daß er eine alte deutsche Wehrmachtspistole im Hosenbund stecken hatte. Vitas ging mit den beiden ins Haus, ich versorgte das Pferd. Als ich später ins Zimmer trat, waren die Männer fort. Meine Neugier ließ mir keine Ruhe. Ich sprach den Bauern auf die beiden an und erwähnte die Pistole. Er zuckte zusammen und erklärte mir dann weitschweifig, es seien Vettern von ihm, die ins Priesterseminar gehen wollten und gekommen wären, um sich von der

Familie zu verabschieden. Der eine Priesteranwärter hatte aber eine Waffe im Gürtel, da war ich ganz sicher. Und daß mein *Gaspodorus* im Gegensatz zu seiner sonstigen Art sehr zögernd und holperig sprach, verstärkte nur noch meine Annahme, daß ich zum ersten Mal richtige Partisanen gesehen hatte.

Die Tage vergingen. Sie waren angefüllt mit Arbeit und Muße. Ihr Ablauf wurde bestimmt durch die Sonne, der Abend noch ein wenig gestreckt durch die Petroleumlampe. Die Hühner wußten am besten, wann es an der Zeit war, Feierabend zu machen. Zunächst hüpfte eine einzelne vorwitzige Henne auf die Schwelle der Eingangstür und stieß einige an die Verwandtschaft gerichtete auffordernde »tuktuktuks« hervor. Einige Schwestern folgten ihr. Dadurch ermutigt, sprang sie in den dunklen Mittelflur und erklomm als nächstes Ziel die Schwelle zur Wohnküche. Das nun folgende »tuktuktuk«, im Ton deutlich variiert, galt uns und besagte, »wir gehen jetzt schlafen, und für euch wird es auch langsam Zeit.« Ein Huhn nach dem anderen verschwand in der Höhle unter dem Backofen. Und dieser Ablauf vollzog sich auf allen Bauernhöfen in Litauen ungefähr zur gleichen Zeit
Im Eingangsflur stand eine einfache Getreidemühle. Sie bestand aus einem feststehenden Stein mit einer Einkerbung zum Auslaß des Mahlguts als Fuß und einem daraufliegenden Stein, der in

der Mitte eine etwa zahnputzbechergroße Öffnung zum Einfüllen der Körner aufwies. Direkt darüber war ein beweglicher Stock angebracht, mit dem man den Stein drehte, und zwar mit der rechten Hand, während mit der linken regelmäßig Korn nachgefüllt werden mußte. Es war eine einfache Arbeit, die nur etwas Kraft erforderte, um den Stein am Rotieren zu halten. Ich hatte schon öfter an der Mühle gestanden, wenn Thekla Brot backen wollte, und Luisa und Dana wie sooft mit persönlichen Dingen beschäftigt waren und keine Zeit hatten. So war ich nicht überrascht, als ich wieder einmal Korn mahlen sollte. Ich mochte diese Arbeit. Der rhythmische Bewegungsablauf im Halbdunkel des Flurs gab mir eine schöne Gelegenheit, meinen Gedanken nachzuhängen und zu träumen. Ich dachte an die Schule, an die Fahrten nach Cranz, an den wunderschönen Strand von Danzig in Brösen, aber auch daran, wie sich das Leben gegen Ende des Krieges und vor allem danach verschlechtert hatte. Es war ein Wunder, daß ich noch lebte. Plötzlich bemerkte ich, daß die Steine enger gestellt waren, und es fiel mir auf, daß es dicke gelbe Weizenkörner waren, die ich mahlen sollte. Weizenmehl hatte es noch nie gegeben, seit ich im Hause war. Was ging hier vor? Hatte jemand Geburtstag? Auf jeden Fall war es ungewöhnlich, aber ich würde schon noch erfahren, was das zu bedeuten hatte. Dana kam, nahm das Mehl und schüttelte es durch ein grob gewebtes Leinentuch, was die Menge erheblich schmälerte, weil mehr als die Hälfte im

Tuch hängenblieb. Wenn das Mehl so fein sein sollte, dann stand ein Festtag bevor, vielleicht der Geburtstag der Altbäuerin, das schien mir sonnenklar.

Als ich anderntags von der Feldarbeit heimkehrte, duftete es im ganzen Haus nach Kuchen. Doch nirgendwo war welcher zu entdecken. Rätselhaft! Selbst als ich unauffällig in alle Ecken lugte, fand ich kein Feingebäck. Dagegen beauftragte mich Vitas Galacvicius fröhlich wie immer, noch vor dem Abendbrot ganz schnell das Pferd zu striegeln. Kopfschüttelnd ging ich hinüber in den Stall: Kuchen backen und Pferd striegeln, das war noch nie dagewesen!

Am nächsten Morgen die nächste Überraschung. Es war noch nicht einmal hell, als ich vom *Gaspodorus* wachgerüttelt wurde: »Hol den Wagen aus der Scheune und spann an, wir machen eine Wallfahrt nach Prienai.«

Schon kamen Dana und Luisa und schmückten das Zaumzeug, hängten dem Pferd auch einen Kranz aus Stroh um den Hals, in den Dahlien eingeflochten waren. Wann sie den wohl gefertigt hatten? Vitas wiederum holte geschäftig einige Garben, um den Wagen auszupolstern. Thekla erschien mit zwei großen Körben, gefolgt von Dana mit zwei weiteren. Luisa brachte noch ein paar Decken. Schließlich stieg die alte Frau Galacvicius als erste auf den Wagen und setzte sich auf die vordere Bank, während es sich die drei jungen Frauen mit den Kindern hinten im Stroh gemütlich machten.

Ich hörte nur noch von Thekla: »Mach dir was zu essen, Jurgis, du weißt ja, wo alles steht.«

Und Vitas, auf dem Bock stehend, rief: »Paß gut auf das Haus auf. Gegen Abend sind wir zurück.« Dann gab er dem erschreckten Pferd die Peitsche, und schon waren sie fort.

Nachdem sie wie die wilde Jagd verschwunden waren, eilte ich ins Zimmer. Nun wollte ich aber wissen, ob sie mir wenigstens ein Stück Kuchen dagelassen hatten, was sie nicht getan hatten und was mich sehr empörte.

Erst spät in der Nacht kam die Familie zurück. Etwas angetrunken, die Frauen mit rosigen Wangen.

Anderntags klärte mich Vitas über die enorme Bedeutung einer solchen Wallfahrt auf. Die ganze Verwandtschaft trifft sich, und jede Familie versucht die anderen hinsichtlich Menge, Vielfalt und Qualität der mitgebrachten Speisen zu übertreffen. Der Gottesdienst als solcher ist dabei eigentlich von untergeordneter Bedeutung. Er selber, so Vitas abschließend, könne gut und gerne auf den ganzen Zirkus, wie er sich ausdrückte, verzichten, doch für die Frauen wäre eine solche Wallfahrt ein ganz großes Ereignis, das zu versäumen den Weltuntergang für sie bedeuten würde.

September. Die Obsternte stand bevor, und damit tauchte ein neues Problem auf. Nachdem nun die Felder abgeerntet waren, waren die schwer behangenen Apfelbäume frei zugänglich, unter anderem auch für ungeliebte »Miternter«. Dem wollte Vitas Galacvicius vorbeugen. Da im strengen Winter 1946/1947 viele Obstbäume erfroren waren, fiel das Angebot an Obst in diesem Jahr allgemein dürftig aus, so daß Äpfel auf dem Markt in Alytus einen guten Preis erzielten. Zwei Stück kosteten einen Rubel, so erklärte mir Vitas, somit entsprächen zehn Äpfel dem Wert eines Zentners Roggen, der für fünf Rubel gehandelt würde. Ich staunte. Ein Zentner Roggen kostete in Litauen fünf Rubel, während man in Königsberg für eine einzige, überdies dünne Scheibe Brot zehn Rubel zahlen mußte. Und den Preis für Äpfel konnte man ja überhaupt nicht umrechnen! Aber um zurückzukommen auf Vitas' Problem: Nun, da das schützende Getreide nicht mehr vorhanden war, mußten die Apfelbäume bewacht werden. Also schliefen der Bauer und ich in den warmen Nächten im Garten unter einem Baum, dessen Äste fast bis auf die Erde herunterhingen. Als Decken dienten uns zusammengenähte Schaffelle, als Waffe zwei Eisenstangen. Vitas empfahl mir, für den Winter einen Vorrat an Äpfeln anzulegen: Sobald seine Mutter das Obst erst auf dem Spitzboden eingelagert hätte, gäbe es für uns nichts mehr zu holen. Dann zeigte er mir, wie man das festgepreßte Heu aushöhlte, um dort in kleinen Nestern die Früchte einzeln zu verstecken. Ich war dankbar für diesen Rat, nicht allein wegen des Mundvorrats, sondern vor allem weil ich ihm den Hinweis entnahm, daß ich über den Winter auf dem Hof bleiben könne.

Eines Nachts erwachte ich durch ungewohnte Geräusche. Ein Pferdegespann schien sich zu nähern – ein ungewöhnliches Ereignis! Doch Vitas zeigte keinerlei Verwunderung, als sein zukünftiger Schwager, der Schmied, mit einem leisen Gruß aus der Dunkelheit auftauchte. Er hatte einen großen Sack bei sich. Flüsternd erklärte mir Vitas die Situation. Normalerweise käme er kaum an Geld heran, seine Mutter führe ein strenges Regiment. Nun müsse er eben mal ein paar Äpfel aus dem eigenen Garten stehlen, die der Schwager auf einem entfernteren Markt, in Balbieriskis nämlich, für ihn verkaufen würde. Auf diese Weise bekäme er ein paar Rubel in die Tasche. Das war ihm ja auch zu gönnen, und ich pflückte voller Begeisterung mit.

Vitas und ich schliefen nun schon mehr als zwei Wochen im Garten. Außer der nächtlichen »Eigenernte« war nichts geschehen. Doch eines Nachts schreckten uns prasselnde Geräusche auf. Vorsichtshalber lief der Bauer zum Haus und holte die Frauen. Schemenhaft ahnte ich in der mondlosen Nacht Bewegung an einem großen Baum jenseits des Weges. Ich hatte Angst. Schon kehrte Vitas mit Thekla, Dana und Luisa zurück. Nun waren wir zu fünft und mutig. Wir stürmten hinab zum Weg. Es war niemand mehr da. Lediglich zwei Harken zeugten davon, daß wir uns nicht getäuscht hatten. Damit hatten die Diebe das Obst von den niedrigeren Zweigen gerissen. Der Boden war von Äpfeln übersät. Wohin waren die Diebe so schnell verschwunden? Wir suchten das Gelände ab, ohne Erfolg. Wir gingen sogar durch das kleine, übermannshohe und süßlich duftende Feld mit Hanf, der zur Herstellung von Seilen und Bindfaden vorgesehen war. Nutzlos zertraten wir die Pflanzen, ohne jemand zu finden. Schließlich trösteten wir uns mit dem Gefühl, die Apfeldiebe zumindest verscheucht zu haben. Die alte Bäuerin aber kündigte an, daß die Äpfel nunmehr geerntet werden sollten, sie könnten auch auf dem Dachboden ausreifen. Der pfiffige Vitas warf mir einen bedeutungsvollen Blick zu: letzte Gelegenheit, um einige Früchte in Sicherheit zu bringen. Für mich sollte sich jedoch herausstellen, daß die Hamsteraktion nicht sehr erfolgreich war. Bis auf einige wenige Ausnahmen fand ich die versteckten Äpfel im Heu nicht wieder.

Als mich Siegfried eines Sonntags wie üblich besuchte, humpelte er und wirkte bedrückt. Er erzählte, daß er im Gurkenbeet auf eine Wespe getreten sei, die sich das nicht hatte gefallen lassen. Aber viel schlimmer war, daß sein Ausweis weg war. Die Hausfrau hatte ihm gebeichtet, daß sie das Dokument vernichtet hatte, als kommunistische Funktionäre im Dorf gewesen waren, um das Erntesoll einzutreiben. Siegfried selbst hatte sich gut in der Scheune versteckt, aber sie hatte Angst gehabt, daß einer der Kommunisten die Tischschublade aufziehen würde und ihm dabei der Ausweis in die Hände fiele. Das war eine schlimme Nachricht! Wir wußten beide, daß ein »Dokument« – die Betonung kann man im Deutschen einfach nicht nachahmen –

eine der wichtigsten Lebensgrundlagen in Rußland war. Ohne Dokument war man eine Unperson. Wir konnten nichts tun. Weg war weg. Gegenseitig sprachen wir uns Mut zu. Schließlich hatten wir die Ausweise in den letzten sechs Monaten gerade ein einziges Mal vorzeigen müssen. Damals bei Butrimonys. Und wir wollten – ob mit oder ohne Paß – den Behörden sowieso nicht wieder unter die Augen kommen.

Es wurde Herbst. Die Kartoffelernte war für mich die bislang körperlich schwerste Arbeit. Der Bauer pflügte die Erdäpfel aus dem Boden, die Frauen sammelten sie auf, und ich schleppte die schweren, unhandlichen Säcke zum Wagen, fuhr damit zum Hof und schüttete die Kartoffeln in die vorbereitete Miete. Das ging so über mehrere Tage. Danach wurde es ruhiger. Jeden Morgen sägten wir in einem feuchten Grund mehrere Erlen um, die ich dann in handliche Abschnitte teilte, bevor ich sie in Scheite hackte. Ich mochte das Erlenholz, weil es meinem Gefühl nach lebte. Nach dem Durchsägen war es noch fast weiß. Dann nahm es durch die Lichteinwirkung eine kräftige rote Farbe an, die später in ein trübes Gelborange überging. Ich war den ganzen Tag allein und hatte Zeit, meinen Gedanken nachzuhängen. Wie würde das Leben weitergehen? Mußten Siegfried und ich für immer in Litauen bleiben, obwohl wir doch Deutsche waren und nach Deutschland gehörten? Aber wer sollte uns hier finden und dorthin bringen? Einmal war unser Versuch, nach Königsberg zurückzukehren, schon gescheitert; und nun, da es auf den Winter zuging, war auch nicht die richtige Zeit für Experimente.

Mit dieser Arbeit verging Woche für Woche. Auf dem Hof schichtete Vitas die Scheite zu schönen runden Türmen auf und erzählte mir, wie gut wir es doch haben würden, wenn wir im Winter auf der warmen Ofenbank säßen. Das gab mir neue Hoffnung, daß mein Leben wenigstens für das nächste halbe Jahr gesichert war.

Vor dem Winter misteten wir noch einmal den Stall aus. Das war keine große Mühe, denn das Vieh hatte im Sommer und bis weit in den Herbst hinein im Freien gelebt. So war nicht viel zu reinigen. Wir erhöhten den Mittelstreifen mit einer Kiesaufschüttung und brachten zu beiden Seiten eine dicke Lage Stroh auf. Das Loch im Dach reparierten wir eigenartigerweise nicht.

Morgens wurde es schon empfindlich kalt. Erster Rauhreif bedeckte das Gras. In der Frühe schlurfte ich noch im Halbschlaf mit einer Raufe Heu in den Stall, um die Tiere zu versorgen. Dann ging ich ins Haus und wartete auf das Frühstück. Gutgemeinte Angebote, aus der kalten Scheune nunmehr doch ins Haus überzusiedeln, lehnte ich standhaft ab. Vielleicht war ja die Familie gegen Wanzen schon immun. Ich jedenfalls mochte mich nicht noch einmal ihrem Angriff aussetzen. Ich machte mein Kleinholz, schlief in der Scheune und war zufrieden.

Eines Abends, als wir mit der täglichen Ladung Holz auf den Hof kamen und ich das Pferd ausspannen wollte, sagte Vitas: »Laß sein, wir müssen gleich noch einmal weg.«

Ich wunderte mich, das war doch ganz gegen jede Gewohnheit. Es war schon fast dunkel. Wir stiegen auf den Wagen und fuhren zu einem Gehöft, das etwa eine halbe Stunde entfernt lag. Dort erwartete uns der Schmied. Er hatte seine Brauerei schon bereitgestellt. Wir luden sie auf und machten uns auf den Heimweg. Aber jetzt fuhren wir nicht auf der Landstraße, sondern querfeldein. Vitas ging vorweg und erkundete das Gelände, um Gräben und andere Hindernisse zu vermeiden. Ich folgte mit dem Wagen. Der Boden war schon gefroren und mit feinem weißen Schnee bedeckt, den der Wind schleierartig über die Felder trieb. Die Gerätschaften schepperten. Hunde bellten, wenn wir in die Nähe von Anwesen kamen. Ich machte mir Sorgen: Den Lärm müßte man doch bis zur Polizeistation in Alytus hören! Was sollte ich tun, wenn tatsächlich Polizisten auftauchen würden. Vitas war zu Fuß, der könnte sich schnell irgendwo verbergen. Aber ich auf dem Wagen war im Mondlicht weithin sichtbar. Endlich waren wir wieder in Basorus. Mir fiel ein Stein vom Herzen. Und müde war ich auch.

An Feierabend jedoch war noch nicht zu denken, denn in der Wohnküche bastelte Vitas sofort den Brennapparat zusammen, und ich assistierte ihm dabei. Die Frauen ließen sich nicht blicken,

Schnapsbrennen war reine Männersache. Er nahm einen Ziegelstein aus dem Schornstein und paßte mit einer Manschette das Abzugsrohr ein. Dann gingen wir zusammen zur Scheune, wo der Bauer stolz auf ein großes Faß Maische wies: »Das ist von einem Zentner Roggen, wir müssen in zwei Partien brennen. In den Kessel geht nur die Hälfte.«

Wir füllten den süßsäuerlich schmeckenden Brei in Eimer und schleppten ihn ins Haus, wo wir ihn in den Kessel umgossen und danach den Deckel fest verschraubten. Auf einer Metallplatte, die unter dem Kessel lag, entfachten wir ein kräftiges Feuer. Lange Zeit passierte gar nichts, aber dann konnten wir hören, wie die Maische zu brodeln anfing, und viel, viel später begann der *Samagonas* langsam, aber stetig zu tropfen.

Wir unterhielten das Feuer die ganze Nacht hindurch, erzählten uns Geschichten, dösten mitunter ein und erwachten vom Knacken der brennenden Scheite. Ab und zu tranken wir etwas von dem *Samagonas,* im Laufe der Stunden sogar eine ganze Menge, ohne jedoch betrunken zu werden. Vitas nahm in gewissen Abständen einen Schluck und spuckte ihn ins Feuer. Zischend verbrannte der Alkohol. Solange die Flamme dabei eine blaue, später bläuliche Färbung zeigte, war Vitas zufrieden. Als die Farbe jedoch gegen Morgen in Rot überging, meinte er: »Wir machen Schluß, jetzt kommt nichts Gutes mehr.«

Nach einem kurzen Schlaf ging es weiter. Noch vor dem Frühstück nahmen Vitas und ich die Anlage auseinander und bauten sie im Stall wieder auf. Diesmal allerdings ohne Rauchfang. Der Qualm verschwand an dem trüben Novembertag durch das Loch im Dach. Nun wußte ich, warum wir das Dach nicht repariert hatten. Plötzlich hörte ich einen Pferdewagen auf dem Weg. Beunruhigt blickte ich durch eine kleine Aussparung zwischen den Balken, die ein Stallfenster darstellen sollte, und erschrak zutiefst: drei Wagen voller Miliz und Zivilisten! Nun würden sich meine schlimmen Befürchtungen bewahrheiten. Illegal in Litauen, dazu erwischt beim Schnapsbrennen, das bedeutete ein paar Jahre Sibirien. Aber Vitas Galacvicius beruhigte mich: »Die kommen nicht zu uns. Heute ist ein mohammedanischer Feiertag. Da gibt es bei den Tataren besonders gutes Essen. Das wissen diese Parasiten und wollen ihren Anteil davon abhaben. Gleichzeitig zeigen sie mit ihrem Besuch, daß die Staatsmacht allgegenwärtig ist, sogar beim Feiern. Das macht den Leuten Angst.«

Vitas behielt recht. Die Wagen rollten vorbei. Wir konnten in aller Ruhe unser Schnapsbrennen beenden.

Die Kleidung, mit der ich aus Königsberg aufgebrochen war – wie lange war das nun schon her! – war bis auf die kurze Jacke aus Zeltbahnstoff längst verschlissen. Vitas hatte mich inzwischen neu eingekleidet. Ich trug eine ausgemusterte russische Soldatenhose, ein Hemd aus Leinen, das Thekla ursprünglich für ihren Mann gefertigt hatte, und eine rötlich gefärbte Schaflederjacke. Statt der zerrissenen Strümpfe hatte ich nunmehr Fußlappen, gleichfalls aus Leinen. Mein schlimmstes Problem, die vollkommen durchgelaufenen Schuhe, hatte er auf eine einfache, aber sehr wirkungsvolle Weise gelöst. Er hatte Holzsohlen geschnitzt, wie sie für Pantinen verwandt wurden. Auf diese hatte er das Oberleder meiner Schuhe aufgenagelt und den Rand mit einem Lederstreifen abgedeckt. Ich konnte sehr gut in meinen »neuen« Schuhen laufen. Als es kälter wurde, überließ mir Vitas zudem eine seiner Mützen, die sogar einen Ohrenschutz besaß – der allerdings, wie sich im Winter herausstellen sollte, bei wirklich kaltem Wetter nicht viel nützte.

Anfang November begann Vitas, wenn er montags vom Markt kam, in seinem Bericht über Verlauf und Erfolg des Geschäfts nebenher ganz beiläufig zu erwähnen, daß die Behörden dabei wären, Deutsche aufzugreifen und nach Königsberg abzuschieben. Doch das möge mich nicht beunruhigen, so pflegte er seine Mitteilung abzuschwächen, Basorus läge recht abgeschieden; es sei kaum anzunehmen, daß man ausgerechnet hier nach Deutschen suchen würde. Doch im Laufe der Wochen steigerte sich die Dramatik seiner Berichte. Endlich war sogar ein gebrechlicher alter deutscher Mann, der seit vielen Monaten in Alytus lebte und sozusagen schon zum Stadtbild gehörte, verschwunden. Zunächst hatte ich mir bei diesen Hiobsbotschaften nicht viel gedacht, doch diese Geschichte stimmte mich sehr bedenklich. Aber noch ehe ich mich mit Siegfried beraten konnte, überschlugen sich die Ereignisse.

Am ersten Dezember ließ mich Vitas wissen, daß er von Luisas Mann einen vertraulichen Hinweis erhalten habe, daß nunmehr mit ganzer Schärfe gegen die Deutschen vorgegangen würde. Auch die Litauer, die Deutsche beherbergten, hätten mit Strafverfolgung zu rechnen. »So leid es mir tut, aber das Hemd ist näher als der Rock. Unter diesen Umständen kann ich dich nicht mehr behalten. Das siehst du doch ein, Jurgis, nicht wahr? Jonas Basarauzkas habe ich wegen der neuen Situation schon verständigt.«

Das war Siegfrieds *Gaspodorus.*

Ich konnte Vitas verstehen und nickte stumm. Innerhalb einer Sekunde hatte sich meine scheinbar gesicherte Welt in einen Scherbenhaufen verwandelt. Wohin sollten wir uns wenden in diesem Land, in dem plötzlich Jagd auf Deutsche gemacht wurde?

Wer würde es noch wagen, uns aufzunehmen?

Fragen, Fragen – aber keine Antwort.

Die Angst geht um: Deportationen litauischer Bauern nach Sibirien

Am nächsten Morgen kam Siegfried. Ich bemerkte sofort, daß er seinen Rucksack wieder trug. Ach Gott ja, der Rucksack, den hätte ich beinahe vergessen. Er stempelte uns wieder zu Bettlern, falls es noch etwas zu betteln gab. Ich holte ihn aus der Scheune. Bevor wir uns von der Familie verabschiedeten, erläuterte mir Vitas noch kurz, warum ich auf Lohn keinen Anspruch erheben könne: schließlich habe er mir alle Arbeiten erst mühsam beibringen müssen, und die erworbenen Fähigkeiten kämen mir ja vielleicht noch einmal zugute. Aber die Garderobe, die dürfe ich behalten. Auch gut! Siegfried und ich sagten Lebewohl und gingen hinaus in eine, wie wir annehmen mußten, feindselige Welt.

Vorbei an meinem Holzplatz, an den Erlen, die das Glück gehabt hatten, stehenbleiben zu dürfen, wanderten wir langsam durch das Tal. Zunächst einmal ziellos. Nachdem wir uns ein gutes Stück von Basorus entfernt hatten, setzten wir uns auf einen vom Wind umgestürzten Baum, der mit seinem Wurzelgeäst anklagend gen Himmel wies. Wir hatten ja noch keine Zeit gehabt, in Ruhe zu überlegen, was wir denn nun um alles in der Welt anfangen sollten. Wir debattierten hin und her, ohne eine Lösung zu finden. Zwischendurch erzählte Siegfried, daß er von seinem Bauern Jonas nicht nur die Kleidung, sondern als Anerkennung auch noch ein paar Rubel bekommen habe. Aber was bedeutete das schon, angesichts unserer hoffnungslosen Situation. Wir beschlossen erst einmal nach Butrimonys zu laufen, und die gute Frau Krasnauzkas um Rat zu fragen. Wenn überhaupt jemand, so würde sie uns helfen. Unterwegs bekamen wir Hunger. Das war eine inzwischen vollkommen ungewohnte Situation. Kurz entschlossen steuerten wir auf den nächstgelegenen Bauernhof zu.

Obwohl uns anstandslos Brot und Milch vorgesetzt wurde, konnte der Hofbesitzer seine Kritik nicht zurückhalten: »Ihr solltet arbeiten, dann brauchtet ihr nicht zu betteln«, erklärte er sichtlich empört.

Wir erzählten ihm, daß wir über ein Vierteljahr in Basorus gearbeitet hätten, nunmehr aber aufgrund der neuen Vorschrift, die eine Beschäftigung von Deutschen verbot, entlassen worden wären.

Der Bauer schüttelte den Kopf, davon habe er noch nichts gehört. Gerade erst vor ein paar Tagen wäre eine junge deutsche Frau mit einem Kind vorbeigekommen, die habe auch nichts Derartiges erwähnt. Eher sei es wahrscheinlich, daß uns unsere Arbeitgeber loswerden wollten, um uns nicht den Winter über durchfüttern zu müssen.

Wir waren fassungslos, vor allem Siegfried. Ihn

hatte seine Familie so aufgenommen wie ein eigenes Kind. Aber auch ich war bitter enttäuscht: Alles Lug und Trug, das Gerede vom warmen Ofen im Winter und der tolle Tip, die Äpfel im Heu zu verstecken. Während Siegfried und ich uns nach Kräften abmühten und fleißig arbeiteten, hatte Vitas Galacvicius von Anfang an nicht vorgehabt, uns über den Winter zu behalten. Wenn er gesagt hätte: »Paß mal auf, Jurgis, jetzt im Winter habe ich keine Arbeit mehr für dich«, dann hätte ich das verstanden. Aber die über Wochen aufgebaute Geschichte von der Verfolgung der Deutschen, die Siegfried und mir soviel Angst einjagte, war eine unnötige Gemeinheit. Schlitzohrig hatte er uns abserviert und zurück auf die Landstraße geworfen, von der wir gekommen waren.

Wir änderten unsere Marschrichtung. Nach den Aussagen des Bauern hatten wir keine Verfolgung zu befürchten. Die Höfe um Butrimonys herum kannten wir schon zur Genüge, auch wenn inzwischen über ein Vierteljahr vergangen war. Außerdem konnten wir uns noch an die Ohrfeigen der verärgerten Polizisten erinnern. Aber im Verwaltungsbezirk Alove, wo die Partisanen am neunten November, dem dritten Feiertag der großen Oktoberrevolution, eine Handgranate in die Polizeistation geworfen hatten, waren wir noch gar nicht gewesen. Dort wollten wir uns einmal umsehen. Es schneite. Während wir uns gegen den Wind stemmten und langsam voranarbeiteten, ging es mir durch den Kopf, daß die Nationalsozialisten doch einiges mit den Kommunisten gemeinsam hatten. Konzentrationslager, Zwangsarbeit, Denunziation und Gestapo, auch wenn diese bei den Russen NKWD genannt wurde. Und sogar einen Staatsfeiertag feierten sie gleichzeitig, den neunten November. Die Nazis inzwischen allerdings nicht mehr.

Siegfried und ich gewöhnten uns schnell wieder an das Umherziehen. Inzwischen sprachen wir schon recht gut litauisch und konnten sogar mehrere Partisanenlieder vortragen, was uns Sympathien einbrachte. Die neue Ausstattung ließ uns auch nicht mehr so abgerissen ausschauen wie »damals« im Frühjahr. Außerdem konnten wir dreschen, und das war im Winter die Hauptbeschäftigung der Bauern. Insofern hatte Vitas recht behalten! Alles zusammen erleichterte uns das Leben wesentlich. Die Tage verliefen häufig sehr geruhsam. Bei der klirrenden Kälte mochten die Leute niemandem die Tür weisen. So baten wir jeweils am frühen Nachmittag darum, uns etwas aufwärmen zu dürfen, was uns anstandslos gewährt wurde. Wenn es dann dunkel geworden war, hatten wir uns mit der Familie schon viel und nett unterhalten, zuweilen auch in Haus und Stall ausgeholfen, so daß sie nie so unhöflich waren, unsere beiläufig vorgebrachte Bitte, ob wir vielleicht auch über Nacht bleiben dürften, abzulehnen. Damit waren zugleich Abendbrot und Frühstück gesichert. Jetzt im Winter schliefen wir nicht mehr in der Scheune, sondern auf einer Lage Stroh im Zimmer, die wir am Morgen fachmännisch banden und wieder zurück in die Scheune brachten. Da unser Schlafplatz mitten im Raum bereitet wurde, lagen wir der Bäuerin, die gewöhnlich als erste aufstand, um das Frühstück zu bereiten, im Wege. Infolgedessen mußten wir zwangsläufig auch aufstehen, um ihre Arbeit nicht zu behindern. Während wir müßig dasaßen und sie beobachteten, wurde mir bewußt, welch langen und schweren Arbeitstag solch eine Bauersfrau doch hatte. Zunächst heizte sie den großen Backofen an, dann begann sie eine Menge Kartoffeln für die *Bandas* zu schälen und sie anschließend in einen hölzernen Trog zu reiben. Die Zeit, die die rohe Kartoffelmasse ruhen mußte, damit sich die Stärke absetzte, die später abgeschöpft wurde, nutzte die Bäuerin, um die Sauerkrautsuppe in den Backofen zu schieben. Da das Sauerkraut lange kochen mußte, hatte sie nun Zeit, das Vieh zu versorgen und zu melken. War die Suppe gar, kamen die *Bandas* in den Ofen, zum Schluß dann die Haferflockensuppe. Alles in allem hatte sie schon zwei Stunden emsige Arbeit hinter sich, bevor die übrigen Familienmitglieder aufstanden.

Nach dem Frühstück saßen wir fast immer noch zusammen und erzählten von Königsberg und unserem früheren Leben. Mitunter holten die Bauern Fotoalben aus der Truhe und zeigten uns Bilder aus der Zeit, da Litauen ein selbständiger Staat gewesen war, und berichteten von ihrer Dienstzeit beim Militär. Währenddessen bereitete die Hausfrau den *suris* genannten Käse, indem sie die saure Milch abkochte und diese zum Abtropfen in einen keilförmigen Leinensack füllte. Oder sie webte. Im Winter waren in den meisten Haushaltungen Webstühle aufgestellt. Stunden vergingen. Weil wir noch da waren, bekamen wir auch noch das Mittagessen. Diese Mahlzeit spielte nur eine untergeordnete Rolle. In der Regel wurde aufgewärmt, was vom Frühstück übriggeblieben war, denn der bäuerliche Arbeitsrhythmus ließ keinen größeren Aufwand zu. Die Hausfrau mußte noch einmal das Vieh versorgen, sich zudem um den Käse vom Vortag kümmern. Sie legte ihn zur Festigung zwischen zwei Bretter, die durch ein Lederscharnier verbunden waren, und beschwerte diese mit einem Stein. Dann endlich machte auch sie eine Pause und beteiligte sich an dem Gespräch, das sie zuvor nur mit halbem Ohr verfolgen konnte. Wir aber blieben noch ein Weilchen, bedankten uns und gingen ein Anwesen weiter. Dort fragten wir wiederum, ob wir uns wohl etwas aufwärmen dürften, was uns wiederum gestattet wurde. Hier saß die Hausfrau inzwischen am Spinnrad. An diese Tätigkeit machte sie sich abends, weil sie dafür nicht soviel Licht benötigte wie zum Weben. Ein Wintertag ist kurz, wenn eine Petroleumlampe die einzige Lichtquelle ist. Schließlich war es wieder Zeit, die Kartoffeln für das Abendessen zu schälen. Der Ablauf war Tag für Tag der gleiche, in jedem Bauernhaus in Litauen.

Wenn man für Siegfried und mich Arbeit hatte, bekamen wir fünf Rubel am Tag, dazu Kost und

Logis. Fünf Rubel waren nicht viel, aber es mangelte uns ja auch an Gelegenheiten, sie auszugeben. Etwa zwei Wochen vor Weihnachten sägten wir auf dem Hof der Brüder Schleinotas in Kruziunai drei Tage lang Holz. Die alte Großmutter der beiden, eine kleine, schmale Frau, führte den Haushalt. Eine Magd besorgte das Vieh und erledigte die Arbeiten, die die alte Dame nicht mehr ausführen konnte. Die großen und kräftigen jungen Männer verschwanden jeden Abend kurz nach dem Abendbrot und verbrachten die Nacht nicht im Hause, sondern vermutlich bei ihren Freundinnen. Wenn sie am Morgen wiederkamen, verbreiteten sie eine laute Fröhlichkeit im ganzen Hause. Als es keinen Stamm mehr zu sägen gab und wir somit unsere Aufgabe erfüllt hatten, meinte Juosas, der Ältere, wir würden kein Geld bekommen. Statt dessen, so hätte er sich mit seinem Bruder überlegt, sollten wir das Weihnachtsfest bei ihnen verbringen. Es wäre eine Schande, wenn Christenmenschen in der Heiligen Nacht obdachlos umherziehen müßten wie damals Maria und Joseph. Anfangs waren wir überrascht, doch dann freuten wir uns sehr über diese gute Idee.

In Lelionys, einem kleinen Dorf in der Nähe von Alove, lernten Siegfried und ich die Familie Rudnizkas kennen, die uns mit einer Herzlichkeit aufnahm, wie wir sie selten erlebt hatten. Vielleicht kam es daher, daß der Sohn Algirdas und die Tochter Anele ungefähr in unserem Alter waren, vielleicht aber waren die Menschen in dieser Familie auch ganz einfach so herzensgut. Algirdas studierte Agronomie in Alytus, in die dunkelhaarige, schlanke Anele waren wir beide hoffnungslos verliebt. Zwei Tage lang arbeiteten wir bei klirrender Kälte im Wald und fällten Bäume, die für ein neues Haus vorgesehen waren.

In dieser Zeit wurde eine Aktion durchgeführt, die sicher vielen Menschen das Leben gekostet hat. Militär aus ganz Weißrußland wurde zusammengezogen. Die Litauer, aus Sicht der Obrigkeit widerspenstig und nicht bereit, in die angestrebten Kolchosen einzutreten, sollten diszipliniert werden. Willkürlich – vielleicht aber auch nach einem speziellen Plan, wer weiß das schon – drangen die Soldaten in Häuser und Gehöfte ein und verschleppten die dort Wohnenden. Mitnehmen durfte jeder nur, was er zu tragen vermochte. Davon versprachen sich die Kreisleiter als zusätzlichen Nebeneffekt eine Übererfüllung der Norm. Schließlich waren die Scheunen ja voller Getreide, das man abholen konnte, und die Ställe voller Vieh. Auf diese Weise verschwanden aus jedem Dorf mehrere Familien – man deportierte sie nach Sibirien. Bauern, die über mehr als zehn Hektar Land verfügten, galten als Großbauern und wurden mit dem abwertenden, ja geradezu diffamierenden russischen Begriff *Kulaken* belegt. Sie waren besonders gefährdet und betroffen. An Lelionys ging dieser Großeinsatz glücklicherweise vorbei. Anscheinend gab es hier keine Großbauern, denn niemand war von der sogenannten Zwangsumsiedlung betroffen. Das war ein Glück, auch für uns, denn wir wären dem dichten Netz, das man über das Land gelegt hatte, sicher nicht entkommen. Und vielleicht hätte man uns, wenn wir denn schon erwischt waren, auch gleich mitgeschickt.

Am Heiligen Abend brannten die Scheunen

Für die Tage um Weihnachten herum hatten sich Siegfried und ich eine Wegstrecke zurechtgelegt, die zwar ein erhebliches Laufpensum erforderte, uns dafür jedoch nur zu Bauern führte, von denen wir wußten, daß es bei ihnen immer eine gute Verpflegung gegeben hatte. Für die Festtage selbst waren wir ja bei den Brüdern Schleinotas eingeladen. Wir erinnerten uns der Weihnachtsessen zu Hause in Königsberg, an »Karpfen blau« zum Heiligabend und den Gänsebraten zu den Festtagen, an das von der Mutter liebevoll selbstgemachte Marzipan, an köstliche Pfefferkuchen und Mürbchen, und wir überlegten, welches traditionelle Weihnachtsgericht wohl die Litauer auf den Tisch bringen würden. Rechtzeitig und voll Vorfreude machten wir uns auf den Weg und erreichten am Vormittag des Heiligabends den Hof, wo man uns schon erwartete.

Im Kreis der Familie nahmen wir am Tisch Platz – und waren zunächst etwas enttäuscht. Die Speise beschränkte sich auf gelben Erbsbrei und eine Art Milch, die aus Mohn gepreßt und mit Wasser gestreckt wurde. Es war Fastentag! Am Abend fuhren die Enkel ihre Großmutter in die

Kirche, während die Magd Galina mit Vorbereitungen für das Abendbrot beschäftigt war. Erst gegen neun Uhr kamen die Kirchgänger zurück. Sie waren sehr fröhlich und sagten immer wieder: »Jesus Christus ist uns geboren.« Dann reichten sie uns Daheimgebliebenen hauchdünne, vom Priester geweihte Oblaten, extra für uns mitgebracht. Siegfrieds klebte unglücklicherweise oben am Gaumen fest. Flüsternd fragte er, was er nun machen solle, könne man etwas Heiliges mit dem Fingernagel wieder aus dem Mund holen? Ich wußte auch keinen Rat. Juosas, der ältere Bruder, wurde aufmerksam und erkundigte sich, was denn los sei. Als er von Siegfrieds Dilemma hörte, konnte er sich gar nicht wieder beruhigen. Prustend vor Lachen erzählte er den anderen von Siegfrieds Mißgeschick, woraufhin natürlich ein allgemeines Gelächter einsetzte. Siegfried erhielt sofort eine andere Oblate; inzwischen war die erste aber von alleine aufgeweicht.

Es wurde ein sehr schöner Abend, wir aßen und tranken, redeten viel und manchmal sogar alle gleichzeitig – bis auf die zierliche, alte Großmutter, die ruhig auf der Bank saß. Petras erzählte, daß die Bauern nach der Kirche am Heiligabend mit den Schlitten wie die Wilden nach Hause jagten; jeder wollte erster sein. Klar, daß es nie einen Sieger gab, denn jeder war ja auch sein eigener Schiedsrichter. Wir kamen vom Hundertsten ins Tausendste. Ungeachtet der Jahreszeit schilderte Siegfried begeistert, wie schön es wäre, bei Brandung in der Ostsee zu baden. Doch dafür waren die Binnenländer und notorischen Nichtschwimmer einfach nicht zu begeistern. Das könne gar nicht gesund sein, meinten sie kopfschüttelnd. Die Stunden vergingen wie im Fluge, und ich spürte sogar schon einen kleinen Schwips. Da stürmte plötzlich Galina, die Magd, ins Haus, wir hatten gar nicht bemerkt, daß sie die Tischrunde verlassen hatte.

»Kommt schnell«, rief sie, »es brennt, überall am Horizont brennt es.«

Wie war das möglich, jetzt im Winter, die Dächer trugen doch alle eine dicke Schneelast? Alle stürzten hinaus. Tatsächlich! Sieben oder gar acht Feuer erhellten in der Ferne an verschiedensten Stellen den stockdunklen Himmel. Dabei war es totenstill. Die eisige Kälte durchdrang die Kleidung und ließ uns auch physisch fast erstarren. Fassungslos blickten wir umher. Das konnte kein Zufall sein! Wessen Häuser brannten? Wer hatte sie angesteckt? Lange standen wir draußen in dieser rätselhaften, unheimlichen Weihnachtsnacht und tauschten leise unsere Mutmaßungen aus. Warum eigentlich leise? Niemand konnte uns hören, und dennoch flüsterten wir. Neugier, wie das geschehen konnte, mischten sich mit Mitleid und Sorge um die von dem Unheil betroffenen Menschen. Schließlich kehrten wir ins Haus zurück und gingen auch bald zu Bett. Keiner von uns hatte mehr das Bedürfnis, Weihnachten zu feiern, noch nicht einmal, indem er sich betrank.

Am Weihnachtsmorgen ritt Juosas noch vor dem Frühstück vom Hof. Er wollte herausbekommen, was geschehen war. Schon nach kurzer Zeit war er zurück und konnte seine Neuigkeiten nicht schnell genug an den Mann bringen.

»Die Partisanen haben das getan. Sie haben den Russen und Kommunisten die vollen Scheunen gerade noch rechtzeitig weggenommen. Nach Neujahr sollte das Getreide von den Gehöften abgeholt werden, deren Besitzer man vor acht Tagen nach Sibirien geschickt hat. Zu spät. Es gibt keine Scheunen mehr, die man ausplündern kann.« Er fügte hinzu, daß durch den hohen Schnee und die grimmige Kälte fast überall nur die Scheunen abgebrannt seien. Falls die Leute einmal wiederkehren sollten, fänden sie Stall und Haus wenigstens noch vor.

Wir schauten uns an. Nicht einer äußerte etwas über den Wert oder Unwert dieser Aktion, aber im stillen waren sich alle einig: Sie war gerecht! Nach der Ernte war soviel Getreide verfault, weil die Funktionäre auf einer frühen Ablieferung bestanden hatten, obwohl das Korn noch nicht genügend getrocknet war. Jetzt sollten sie die Differenz zwischen bejubelter Ablieferungsmenge und tatsächlich vorhandenem Getreide, das der Ernährung der Bevölkerung diente, nicht noch kaschieren können, indem sie Leute nach Sibirien schickten und sich beutegierig auf deren Eigentum stürzten.

Es wurde ein stilles Weihnachten, zu erkennen eigentlich nur an den Spezialitäten aus der Speisekammer, die extra für solche festlichen Gelegenheiten gehütet wurden. Juosas und sein Bruder Petras waren kaum zu Hause, nachts schon gar nicht. Wir saßen herum, plauderten mit Galina, während die Großmutter, ohne uns zu beachten, leise vor sich hinmurmelte. Den *Samagonas*, den uns Juosas hingestellt hatte, ließen wir unberührt. Zu diesem Getränk gehörten unbedingt litauische Mädchen, die Partisanenlieder sangen, dazu Burschen, die sich die Köpfe heißredeten – mit anderen Worten: Stassi und ihre Freunde. Oder zumindest eine laute Runde, in der man fröhlich das Glas kreisen ließ. Statt dessen stibitzten wir aus einem Sack mit Dörrobst einige Äpfel und Birnen – als Mundvorrat für harte Zeiten. Die allgegenwärtige Großmutter bemerkte es sicher, aber sie sagte nichts.

Nach dem Aufenthalt bei den Schleinotas-Brüdern fanden Siegfried und ich Arbeit und Unterkunft bei einer Tatarenfamilie, wo wir drei Tage lang Korn droschen. Der Bauer Milkamanavicius lud uns ein, im April wiederkommen, dann müsse er den Stall ausmisten und den Mist unterpflügen, das wäre harte Arbeit, da könne er Hilfe gut gebrauchen. Wir sagten zu. Danach wanderten wir zu unseren neugewonnenen Freunden Rudnizkas in Lelionys, wo wir wieder einen Tag beim Holzeinschlag halfen. Danach erreichten wir ein Gehöft, wo der Bauer noch im Dunkeln auf dem Hof herumhantierte.

»Nachtquartier?« sagte er, »Deutsche seid ihr? Geht nur hinein, ihr werdet ein Wunder erleben.«

Siegfried und ich fanden seine Rede sehr absonderlich, taten aber wie geheißen. In der Stube wirtschaftete eine stämmige, blonde Bäuerin, am Tisch saß ein kräftiger Bursche, etwa in unserem Alter, der unseren Gruß wortkarg erwiderte. Während des Essens schmunzelte der Bauer unentwegt über einen Witz, den wir nicht kannten. Nach dem Essen hatten wir uns schon mehr als eine halbe Stunde unterhalten, bis sich der Junge als Königsberger namens Günter zu erkennen gab. Er lebte schon seit dem Sommer auf dem Hof und sprach inzwischen so gut litauisch, daß wir ihn nicht als Landsmann erkannt hatten. Der Bauer hatte zugesagt, ihn über den Winter zu behalten.

Am nächsten Tag zogen wir weiter und kamen auf einen Hof, wo man gerade dabei war, ein großes Schwein zu schlachten. Es war schon mit einem Bein an einen starken Pflock gebunden. Eilig stellten die Frauen Wannen und Tröge bereit, während die Männer die Messer wetzten. Helle Aufregung herrschte, von der wir natürlich sofort angesteckt wurden: Schweineschlachten, das hatten wir beiden Städter noch nicht erlebt! Der Vorgang, das merkten wir schnell, war äußerst arbeitsintensiv und viel prosaischer, als wir gedacht hatten. Das Aufteilen – teils mit der Axt, teils mit langen scharfen Messern – dauerte bis zum späten Abend. Siegfried und ich halfen, so gut wir konnten. Schließlich gingen alle todmüde ins Bett.

»Morgen feiern wir Schlachtfest«, sagte der Bauer noch und strahlte, »ihr seid natürlich eingeladen.«

Voller Vorfreude schliefen Siegfried und ich ein. Doch es kam anders.

Nachts schreckten uns mehrere Schüsse hoch, die ganz in der Nähe abgefeuert worden waren. Danach war es totenstill. An Schlaf war kaum noch zu denken. Nicht nur uns erging es so. Als wir uns gewaschen hatten, kam der Hausherr schon von seinem Erkundungsgang zurück: Partisanen hatten einen Nachbarn erschossen, einen Kommunisten. Früher war er ein guter Nationallitauer, der sich 1920 bei Alytus im Kampf gegen die Polen hervorgetan und viele Auszeichnungen erhalten hatte. Die Partisanen achteten ihn und ließen ihn in Frieden. Unbehelligt bewirtschaftete er seinen Hof. Doch jetzt sei ein Papier aufgetaucht, demzufolge die vor Weihnachten verschleppten Litauer auf eigenen Wunsch nach Sibirien umgesiedelt worden seien. Das Dokument trug neben anderen auch die Unterschrift dieses Mannes. Damit hatte er sein eigenes Todesurteil unterschrieben.

Wir jedoch mußten verschwinden, sofort, das war klar. In Kürze würde es hier von Miliz und Russen nur so wimmeln. Würden wir ihnen in die Hände fallen, hätte nicht nur der Hofbesitzer mit erheblichen Schwierigkeiten zu rechnen: Wie sollte er begründen, daß er ausgerechnet für die Nacht, in der der gute Kommunist und Vaterlandsfreund umgebracht wurde, zwei Fremde aufgenommen hatte? Auch für uns wäre es schlecht, unter solchen Umständen erwischt zu werden. Wir bekamen noch ein Stück Brot in die Hand gedrückt und Schinkenspeck vom letzten Schwein. Ein kurzer Gruß, dann verschwanden wir, so schnell wir konnten, in Richtung Butrimonys. Das war eine andere Gemeinde, mit anderen Polizisten. Selbst wenn die uns erwischten, würden sie uns nicht mit dem Mord bei Alove in Verbindung bringen.

Eine beängstigende Begegnung mit Partisanen

Wir besuchten zunächst die Familie Krasnauzkas und wanderten dann weiter Richtung Memel. Dabei gerieten wir auf den Hof der Familie Jorgenis, die wir schon vom vergangenen Jahr her kannten. Es handelte sich um die Eltern der Lehrerin aus Zadiskiai. Sie lebten hier mit einer weiteren großen Tochter und zwei Söhnen. Der Mann war schon älter. Auch er hatte das Geld für seinen Hof in Amerika verdient. Stolz wies er auf ein großes buntes Plakat der Hamburg-Amerika-Linie, und erzählte lebhaft und mit vielen Gesten, wie er in den Staaten gutes Geld als Bauarbeiter verdient hatte. Da flog die Tür auf. Zwei Uniformierte mit Maschinenpistolen standen plötzlich im Raum.

Als erstes fragte der größere scharf: »Was sind das für Männer?«

Mir fiel sofort auf, daß er litauisch gesprochen hatte. Außerdem war Miliz oder gar russisches Militär nachts nicht unterwegs. Leise sprach ich mit Siegfried darüber, während der Bauer über uns Auskunft gab. Siegfried hatte längst bemerkt, daß die Uniformen deutlich von den uns bekannten sowjetischen aller Arten und Waffengattungen abwichen. Der eine Mann trug eine ehemalige Wehrmachtsuniform, der andere eine aus braunem Tuch, deren Zuschnitt wir schon auf Photos aus der Vorkriegszeit gesehen hatten, es war eine litauische. An den Ärmeln war das litauische Wappen mit dem Reiter aufgenäht. Das mußten Partisanen sein.

Der Sprecher kam auf uns zu. »So, Deutsche seid ihr, ich bin von der Polizei in Alytus und hätte Arbeit für euch. Habt ihr Lust?«

Ich versicherte ihm, daß wir immer bereit wären, Arbeit anzunehmen, und fragte, was wir denn machen sollten.

Er antwortete mit der Gegenfrage, ob wir schon einmal Banditen gesehen hätten oder wenigstens wüßten, wie die aussähen.

Ich verneinte.

Nun wußte er nicht recht weiter. Würde er uns deren Aussehen erklären, würde er sich ja selbst beschreiben. »Ja also, wenn ihr seht, wie irgendwelche bösen Menschen andere überfallen, ausrauben und erschießen, dann treiben Banditen ihr schändliches Werk. Dann lauft ihr so schnell ihr könnt zu diesem Bauern und meldet das. Er ist ein Vertrauensmann der Polizei in Alytus.« Dabei blickte er scharf zum alten Jorgenis hinüber. Dieser nickte mit dem Kopf, ohne uns anzusehen. »Der wird uns Polizisten rufen, und schon können wir die Banditen fangen.«

Forschend schaute er mich an.

»Nein, das ist keine Arbeit für uns. Wenn wir sehen, daß irgendwelche Männer jemanden überfallen, dann laufen wir weg, so schnell es geht. Holzhacken, Dreschen, im Sommer auch Erntearbeiten: das können wir, und das machen wir, wenn es verlangt wird. Aber dies nicht. Dazu haben wir viel zuviel Angst, daß man uns auch noch totschlägt«, lautete meine Antwort.

Plötzlich verlor der Partisan anscheinend jegliches Interesse an uns und wandte sich erneut Jorgenis zu, der mit dem Rücken zum Tisch auf einer Bank saß und das Gespräch verfolgte.

Siegfried und ich saßen wie auf glühenden Kohlen: Mit Partisanen unter einem Dach! Wenn jetzt die Russen kämen, wäre das auch unser Untergang.

Die Bäuerin wies besorgt auf das Gebell hin, daß die Hunde draußen veranstalteten, der Lärm könne doch ungebetene Gäste anlocken.

Der zweite Partisan indes, der bislang geschwiegen hatte, beruhigte sie, die wüßten schon, warum sie bellten.

Inzwischen machte der Wortführer dem Hausherrn zornig ernsthafte Vorhaltungen. »Warum hast du unterschrieben, daß die Dorfgemeinschaft mit 99,2 % für den neuen Obersten Sowjet gestimmt hat?« Dabei streichelte er dem Bauern die schüttere Halbglatze mit beiden Händen.

»Du mußt mich verstehen, mich haben sie sowieso im Visier, ich bin der größte Bauer im Dorf. Ich wollte nicht, aber am Ende konnte ich mich einfach nicht länger gegen die Unterschrift sträuben.«

»Und warum hat deine Tochter in der Schule die Stalinbilder versteckt, als unsere Männer kamen, um sie zu zerstören?«

»Als Tochter eines *Kulaken* ist sie sowieso allen möglichen Schikanen ausgesetzt, wenn die Bilder weggewesen wären, hätte sie von ihrem eigenen Geld neue kaufen müssen.«

Aber mit dieser Antwort war Jorgenis erst richtig ins Fettnäpfchen getreten.

»Und das hätte sie gemacht?«

Es folgten noch weitere Vorwürfe. Die Verteidigung des Hausherrn beschränkte sich mehr oder weniger auf die Aussage, als *Kulak* müsse er mehr Rücksichten auf die Staatsmacht nehmen als die kleineren Bauern, das müsse der Partisan einsehen. Vielleicht könne er dadurch bei den Behörden für die Gemeinde auch einmal etwas Gutes durchsetzen.

»Was hast du denn bis jetzt durchgesetzt?«

»Noch nichts.«

Wir saßen da mit roten Ohren und ließen uns kein Wort entgehen. Es war fast wie im Kino, wenn uns nicht die Angst vor einer Militärstreife im Nacken gesessen hätte.

Mit einem Achselzucken ging der Mann nun auf den jüngsten Sohn des Bauern zu. »Und du gibst sofort die Maschinenpistole her!«

»Ich habe keine!«

Unvermittelt gab ihm der Partisan eine Ohrfeige, die den jungen Burschen regelrecht von der Bank fegte. Für einen Augenblick erstarrten alle. Dann überschlugen sich die Ereignisse.

Die Schwester fiel dem Partisan in die Arme, um ihn an weiteren Tätlichkeiten gegenüber dem Bruder zu hindern, und schrie: »Er ist doch nur ein Angeber und hat wirklich keine.«

Der Vater schrie ebenfalls: »Er ist noch so jung und weiß nicht, was er redet.«

Die Mutter stürzte sich auf den Boden, um dem Partisan die Stiefel zu küssen, und schluchzte: »Tu ihm nichts, er ist mein Jüngster und war als Kind oft krank.« Dann erhob sie sich auf die Knie, wollte dem Mann die Hand küssen.

Dieser schob ihren Kopf jedoch mit einer beinahe zärtlichen Geste beiseite. Dann zog er den Sohn, der wimmernd am Boden lag, an beiden Schultern hoch und setzte ihn auf die Bank. Er kam zum nächsten Punkt der Tagesordnung. Dabei blieb offen, wie die Sache mit der Maschinenpistole ausgehen würde. »Wir haben dir schon öfter gesagt, du sollst nachts nicht bei anderen Leuten in die Fenster schauen. Wenn wir letztes Mal nicht zu faul gewesen wären, dich zur Memel zu schleppen, wärst du heute schon nicht mehr am Leben.«

Den Einwand der Mutter, er schaue doch nur nach den Mädchen, wischte der Partisan beiseite; dann könne er ja hineingehen. Seinen Bruder hätten sie auch oft getroffen, wenn dieser nachts zu seiner Freundin ging. Mit dem hätten sie nie Schwierigkeiten gehabt. Anscheinend, so schloß er, wäre der überhaupt der einzig Vernünftige in dieser Großbauernfamilie.

Die ganze Zeit hindurch hatte der andere Partisan

ungerührt an der Tür gelehnt und die turbulente Szene stumm beobachtet.

Während die Hausfrau einen Schinken aus der Truhe holte und die Tochter mehrere große runde Brote vom Boden, kam der Anführer noch einmal zu uns. »Ihr wißt ja nun, wer wir sind. Aber hütet euch. Sprecht zu niemand je ein Wort von dem, was ihr hier erlebt und gehört habt. Wir haben unsere Verbindungen überall und sind überall. Es wäre euer Tod.«

Schließlich fragte er noch, was wir von Stalin hielten. Natürlich schimpfte ich fürchterlich.

Er meinte nur: »Hitler war auch nicht besser.«

Und ebenso plötzlich, wie sie im Zimmer gestanden hatten, waren die beiden Männer wieder fort. Die Hunde beruhigten sich, im Raum blieb eine lähmende Stille zurück. Niemand sagte etwas. Es war bestimmt schlimm für die ganze Familie, daß man sie vor Fremden so bloßgestellt hatte. Das konnten sie uns nicht verzeihen. Die Leute gingen schlafen, ohne ein Wort, und wiesen uns auch kein Nachtlager an. Wir legten uns auf Bänke und deckten uns mit unseren Jacken zu. In der Frühe, der Bauer war schon grußlos an uns vorbeigegangen, um das Vieh zu versorgen, verließen wir das Haus, das wir am Vorabend so fröhlich betreten hatten, ohne uns zu verabschieden. Es war uns peinlich, noch einmal die Scham in ihren Augen zu sehen.

Zahnschmerzen und Läuseplage

Wir gingen hinunter zur Memel. Die Morgendämmerung hing grau über den bizarren Gebilden, zu denen Strömung und Frost die Eisschollen aufgetürmt hatten. Ein Weg war nicht zu erkennen, und wir kamen nur mühsam voran. Öfter versperrte uns eine glatte, steile Barriere von anderthalb Meter Höhe den Weg, und wir mußten ein Stück zurück, um einer anderen Abzweigung zwischen den Schollen zu folgen. Als wir das Westufer erreichten, waren wir in Schweiß gebadet, vor allem aber hungrig. Bis Panemuninkai konnte es nicht weit sein. Bei unserem Bekannten Kiselas oder seinem Nachbarn würden wir bestimmt Frühstück bekommen. Wir bogen nach links ab. Nach einigen hundert Metern machte eine vollkommen zugewehte Schlucht, die sich bis an die Memel herunterzog, ein Weiterkommen unmöglich. Auf das Eis zurückkehren wollten wir auch nicht. Wir schwenkten nach rechts, dort mußte es unserer Erinnerung nach ebenfalls freundliche Höfe geben. Doch ständig zwangen uns Schneeverwehungen zu Umwegen. Schließlich gelangten wir zu einem kleinen Gehöft, das völlig eingeschneit in der

Landschaft lag. Nur zum Brunnen und zu Stall und Scheune waren schmale Pfade ausgetreten. Die Leute waren bitterarm, das erkannten wir sofort an dem pechschwarzen Haferbrot. Und sie machten auch keinen Hehl daraus.

»Mehr kann ich euch nicht geben. Geht in die Richtung«, sagte die Hausfrau und wies dabei mit dem Arm unbestimmt nach links hinüber.

Siegfried und ich schauten uns an. Das war die Richtung, die wir angestrebt, aber wegen der widrigen Umstände nicht erreicht hatten. Wir stapften weiter durch den weglosen hohen Schnee, hatten Hunger und schimpften miteinander aufeinander. Wer bloß hatte die blöde Idee, an die Memel zu gehen! In Raiziai bei dem Tataren Milkamanavicius war es doch auch schön gewesen. Und außerdem war es dort nicht so waldig und die Hügel lagen weiter auseinander. Deshalb hatten wir dort auch solche Verwehungen nicht angetroffen. Indes: Alle Vorwürfe kamen zu spät; wir waren hier, hungrig, im tiefen Schnee. Auf dem nächsten Hof konnten wir uns zwar endlich satt essen, aber die Hausfrau bedeutete uns, übernachten dürften wir hier nicht. Ihr Mann wäre nach Kaunas gefahren. Sie wäre mit den Kindern allein im Hause.

Das war ein Tag. Nur umhergelaufen und gefroren und an den Füßen fast Frostbeulen geholt. Es war nie richtig hell geworden und doch schon Zeit, sich nach einem Quartier umzusehen. Wir erinnerten uns eines Hofes in der Gegend, wo wir bei einem jungen Ehepaar schon einmal übernachtet hatten. Da war es richtig nett gewesen. Wir hatten viel gesungen und gelacht. Also los! Auf der verglasten Veranda am Hauseingang standen wir und bettelten um ein Nachtlager.

Aber das Paar blieb hart. »Es geht nicht, wir haben geschlachtet«, sagte der Mann, »und euch haben wir mindestens ein halbes Jahr nicht gesehen. Wir haben keine Ahnung, was aus euch geworden sein könnte. Vielleicht habt ihr inzwischen Kumpane, die draußen schon auf Beute warten. Sonst wäre uns das egal, wir haben nicht viel, aber mit dem frisch geschlachteten Schwein im Hause, nein, es geht wirklich nicht. Kommt ein andermal wieder.«

Schließlich empfahl er uns, es auf einem Hof ganz in der Nähe zu versuchen. Dort lebten zwei deutsche Frauen allein, nachdem die litauischen Besitzer vor Weihnachten abgeholt worden waren.

Das schien uns unmöglich: Übernachtung bei Deutschen bedeutete, daß man anstandshalber eigene Vorräte in die Verpflegung einbrachte. Aber wir hatten keine. Schließlich ließ sich die Bauersfrau erweichen, gab uns einen Beutel mit Roggen und ein paar Kartoffeln, und wir beeilten uns, den besagten Hof zu finden. Elsie und Gerda, zwei Deutsche in den Dreißigern, nahmen uns endlich auf und das Säckchen Roggen in Empfang. Die Kartoffeln wollten sie nicht, die wären bestimmt schon erfroren. Wir mochten nicht sagen, daß sie noch nicht erfroren sein konnten, weil sie direkt von ihrem Nachbarn stammten, der uns damit hierhergeschickt hatte.

Einige Tage später, wir arbeiteten gerade beim Bauern Simoneitis, der im ersten Weltkrieg in deutscher Kriegsgefangenschaft das Schuhmacherhandwerk gelernt hatte, bekam ich unerträgliche Zahnschmerzen. Zunächst versuchte die Hausfrau mir mit einem Kräuterbeutel, den sie mir an der Wange festband, Linderung zu verschaffen. Als das nichts half, mußte ich auf den Rat ihres Mannes hin regelmäßig mit einem Schluck *Samagonas* den Zahn spülen. Auch diese Methode brachte keinen Erfolg. Jetzt blieb nichts anderes übrig, ich mußte nach Alytus zum Zahnarzt – die Schmerzen waren stärker als die Angst vor der Tortur, die mich dort erwartete, ja selbst stärker als die Furcht vor der Polizei. Sie trieben mich in die Stadt.

Als ich dort ans Memelufer kam. lehnte ein Milizionär an einem Tragbalken der Fähre. Er kaute Sonnenblumenkerne, spuckte gekonnt die Schalen aus und hatte mich längst bemerkt. »*Isch kur velnias tave atnescha?*« wollte er wissen. Zu deutsch: »Wo hat dich denn der Teufel hergetragen?«

Ich atmete auf. Er sprach litauisch, war also guter Dinge, wie auch die launige Anrede erkennen ließ. Sonst sprachen sie im Dienst sogar mit ihren eigenen Landsleuten nur russisch. Ich klagte ihm mein Leid.

Er meinte, das wäre nur die gerechte Strafe dafür, daß ich nicht in Karalaucius – auch hier gebrauchte er die litauische Bezeichnung für Königsberg – geblieben wäre.

Darauf wurde ich übermütig und meinte, bei der

Rückkehr vom Zahnarzt würde ich ihm den Zahn schenken, ihn sozusagen gegen das Bleiberecht eintauschen.

Er lachte und beschrieb mir den Weg zum Krankenhaus, wo sich auch die Zahnklinik befand. Dort mußte ich lange warten: Russen, Litauer, Deutsche, so war die Rangordnung, und es warteten viele Russen und viele Litauer. Einige Jahre zuvor mochte es umgekehrt gewesen sein. So war das Leben. Dann untersuchte ein langer schmaler Arzt mein Gebiß und murmelte dabei vor sich hin, ohne mir das Ergebnis seiner Diagnose bekanntzugeben. Aber er erkannte den Bösewicht und griff zur Zange. Für einen Moment übertraf der Schmerz alles, was ich in den letzten Tagen hatte aushalten müssen, aber dann empfand ich eine gewisse Erleichterung. Die Extraktion war kostenlos. So trabte ich ein wenig mitgenommen, aber zufrieden zu dem Treffpunkt, den Siegfried und ich ausgemacht hatten: ein kleines Häuschen in der Nähe der Stadt, mit einem nicht viel größeren Garten, das zwei jungen Litauerinnen gehörte. Sie arbeiteten in Alytus in einer Fabrik in Zwölfstundenschicht und hatten dadurch mitunter in der Woche frei. Wir hatten sie kennengelernt, als wir dort einmal nach Nachtquartier gefragt hatten.

Im Laufe des Winters verlausten Siegfried und ich langsam, aber sicher und lagen in ständigem Kampf mit den Quälgeistern. Den Grund kannten wir: Verständlicherweise gaben die Bäuerinnen den deutschen Prachern stets dieselben Wolldecken. Den Bauern wiederum war ihr gutes Stroh zu schade, also holten sie das Bund, das nun einmal für solche Gäste vorgesehen war, bis es zerschlissen war.

Dazu kam, daß wir in dem strengen Winter keine Möglichkeit hatten, unsere Wäsche zu waschen. Auf Höfen, wo wir schon gut bekannt waren und uns nicht genieren mußten, baten wir die Hausfrau, unsere Kleidung über Nacht in den Backofen zu packen.

Dann heizte sie mehr ein, als zum Kochen der Abendkartoffeln nötig war. Danach hatten wir für einige Tage Linderung. Aber meine Pelzjacke und Siegfrieds wattierte Jacke durften nicht in den Herd. Und die waren auch schon bewohnt. So setzten wir uns auf unseren Wanderungen täglich ein- bis zweimal in den Schnee und veranstalteten eine Razzia.

Zunächst untersuchte jeder seine Jacke; danach zogen wir die übrige Garderobe aus, die Jacken wieder an und setzten unsere mühselige Tätigkeit fort: Angesichts der Vielzahl unserer Feinde, es waren bis zu 120 pro Aktion, sahen wir uns außerstande, alle einzeln zu töten. Wir knickten nur die Nissen, die vorwiegend in den Nähten angesiedelt waren. Die Läuse warfen wir einfach in den Schnee. Doch einige entgingen unseren Maßnahmen jedesmal, sie auszurotten schafften wir nie. Eigenartigerweise hat uns die Kälte von 15 bis 20 Grad minus dabei weder gestört noch geschadet.

Mitunter warnte mich Siegfried, wenn wir uns in einem Hause aufhielten: »Panzerkreuzer hinter dem linken Ohr.«

Dann wischte ich mit der Hand möglichst diskret am Kopf entlang und zerdrückte die vorwitzige Laus, die versucht hatte, wegen Übervölkerung am Körper in die Haare auszuweichen. Einen Unterschied zwischen Kopf- und Kleiderläusen hatten wir ohnehin nie feststellen können. Wir fanden alle überall. Als es dann endlich wärmer wurde, veranstalteten wir die Entlausungsaktion mehrmals am Tag und wurden der Plage allmählich wieder Herr. Hinzu kam, daß die Bäuerinnen die Decken wieder waschen konnten und wir unsere Unterwäsche. Im Frühjahr waren wir Gott sei Dank die Plage los.

Der Januar mit seinem grimmigen Frost ging zu Ende. Er hatte Arbeits-, Wander- und Ruhetage gebracht. Nun, im Februar, stieg die Sonne schon etwas höher und gewann an Kraft, auch wenn es weiterhin kalt war.

Es blieb länger hell. Das merkten wir auch daran, daß wir beim Dreschen zunächst eine, dann sogar zwei komplette Lagen mehr schafften als in der Zeit um den Jahreswechsel.

Fast überall nahm man Siegfried und mich nett auf; wir vermuteten, weil wir uns immer im selben Gebiet zwischen Alytus, Punia, Butrimonys und Alove bewegten und vorwiegend Höfe aufsuchten, wo wir schon einmal waren.

Als wir einmal bei Rudnizkas in Lelionys darüber sprachen, lachte Anele laut und herzlich: »Natürlich, ihr seid bekannt wie ein bunter Hund, auch wenn es Höfe gibt, auf denen ihr noch nicht gewesen seid. Ihr zieht ständig zwischen verwandten Familien hin und her. Gesprächsstoff im Winter ist knapp, und so spricht man eben auch über euch und wo ihr gerade seid. Man könnte fast sagen, ihr steht unter Aufsicht.«

Dieser Hintergrund war Siegfried und mir völlig neu, leuchtete uns aber ein. Natürlich heirateten die Leute in die Nachbarschaft oder auch in entferntere Dörfer. Neue verwandtschaftliche Beziehungen entstanden, die Kommunikationswege weiteten sich aus. Bisher war es nur die Lehrerin in Zadiskiai gewesen, bei der wir eine solche Verbindung kennengelernt hatten. Gedanken, wie die Menschen in diesem relativ kleinen Gebiet verwandtschaftlich zueinander standen, ob sie miteinander befreundet waren oder sich zumindest gut kannten, hatten wir uns nie gemacht. Die Familien, die uns etwas vertrauter waren und deren Namen uns geläufig waren, konnten wir an den Händen abzählen. Nun wurde uns klar, was dahintersteckte, wenn wir in letzter Zeit häufig die Information erhielten: »Geht bald mal in das Dorf, auf den Hof, dort gibt es Arbeit für euch.« Es hatte immer gestimmt, wir hatten uns gewundert und den Vorhersagen einen gewissen siebenten Sinn zugrunde gelegt.

Auf dem Wege nach Einoriai, wo wir unseren neugewonnenen Freund Günter, den jungen Mann aus Königsberg, besuchen wollten, trafen wir auf einem Hof eine jüngere deutsche Frau mit ihrem vierjährigen Jungen an. Sie lebte dort mit dem Hofbesitzer, einem Witwer, zusammen. Jetzt im Winter wäre er viel unterwegs, erzählte sie uns, weil er mit allen möglichen Dingen Handel trieb und die Märkte besuchte. Wenn er zu weit entfernt war, bliebe er auch häufig über Nacht weg. Sie freute sich, wieder einmal deutsch sprechen zu können, und bat uns herein. Als sie uns etwas zu essen anbot, merkten wir sofort, daß sie vom Bauern wohl nur mit dem Nötigsten ausgestattet worden war. Sie tat uns leid. Daher lehnten wir auch ihre Einladung ab, dort zu übernachten, denn das hätte in ihre geringen Lebensmittelvorräte ein gewaltiges Loch gerissen: Abendbrot und Frühstück für jeweils zwei Personen; danach hätten sie und ihr Sohn hungern müssen.

Im Gegensatz zu unserem ersten rein zufälligen Besuch in Einoriai, als uns Günters Brotherr freundlich aufgenommen hatte, war er diesmal kurz angebunden und murmelte etwas von Schnorrern und hungriger Sippschaft. Aber wir durften wenigstens über Nacht bleiben. Wie der Herr, so das Gescherr: Auch Günter schaute verdrossen drein, beantwortete unsere Fragen mürrisch und desinteressiert und verfiel ansonsten in ein brütendes Schweigen. Die Minuten dehnten sich zu Stunden, die Atmosphäre wurde immer drückender. Langsam baute sich ein Wall aus gegenseitiger Abneigung auf, denn nun wurden auch wir ärgerlich. Aus freien

Stücken wären wir sicher nicht noch einmal in diese entfernteste Ecke unseres Einzugsgebietes gezogen, zumal die ganze Gegend nicht sehr ergiebig war. Doch der Bauer hatte uns gebeten, wiederzukommen, damit sein Günter etwas Abwechslung hätte. Wir glaubten, wir wären willkommen, und nun dieser Empfang! Da hätten wir ja doch lieber bei der Deutschen bleiben sollen, die war wenigstens lebhaft und dazu noch nett anzusehen!

Gleich nach dem Frühstück machten Siegfried und ich uns auf den Weg zur Familie Rudnizkas. Wir mußten diese Geschichte unbedingt so bald wie möglich Freunden erzählen, damit wir unseren Ärger loswurden. Noch einmal zu Günter nach Einoriai? Nie.

Sollen wir seßhaft werden?

Die Brandnacht am Heiligabend gewann für Siegfried und mich nachträglich eine besondere Bedeutung. Wenn wir auf ein Grundstück kamen, das keine Scheune hatte, wußten wir sofort: Die Bewohner wurden nach Sibirien verschleppt. Wir drehten um und verließen den leeren Hof. Doch inzwischen hatte sich langsam eine Wandlung angebahnt, die uns in unserem Wanderarbeiterleben bislang entgangen war. In solchen leerstehenden Gehöften wohnten immer häufiger deutsche Frauen. Als wir seinerzeit in Panemuninkai Elsie und Gerda getroffen hatten, hatten wir gar nicht darüber nachgedacht, daß sie allein auf einem Anwesen lebten. Zwar war uns durch die Berichte der Bauern deutlich geworden, daß wir nicht die einzigen Deutschen waren, die in diesem Gebiet umherzogen. Es gab auch viele Frauen mit Kindern. Oft gingen sie zu zweit, weil sie sich dann sicherer fühlten. Allerdings hatten wir nur selten jemanden wie Günter getroffen oder die Frau, die mit dem litauischen Witwer zusammenlebte. Eines Tages jedoch kamen wir in der Nähe von Strielciai auf ein Grundstück ohne Scheune und wurden, als wir dem Hof schon wieder den Rücken kehren wollten, hineingerufen, noch dazu auf deutsch. Es stellte sich heraus, daß in dem Haus schon seit einiger Zeit zwei deutsche Frauen mit ihren Kindern lebten, Frau Lorenz und Frau Hartung. Frau Lorenz' 14jährige Tochter hieß Eleonore, genannt Ellie, ihr 10jähriger Sohn Wolfgang. Frau Hartung hatte eine 12jährige Tochter, Dora. Von ihrem neuen »Zuhause« aus unternahmen sie längere oder kürzere Betteltouren. Gerade weil sie seit mehr als acht Monaten von den geduldigen und gastfreundlichen Litauern immer wieder aufgenommen worden waren, empfanden sie es nun als große Erleichterung, nicht mehr täglich um ein Quartier für fünf Personen bitten zu müssen. Das Anwesen, so erzählten sie uns, gehörte der nach Sibirien deportierten Familie Bollinas. Deren Nachbarn hätten ihnen geraten, in das Haus zu ziehen, denn auch unter den Litauern gäbe es schwarze Schafe. Mitunter würden leerstehende Häuser regelrecht ausgeschlachtet. Begehrt sei vor allem der gemauerte Sommerkochherd, weil man dessen Ziegel für den eigenen verwenden konnte, erklärte Frau Lorenz, aber auch Teller, Töpfe und andere Gerätschaften des täglichen Lebens ließen die Langfinger mitgehen, ebenso Fensterscheiben, denn Glas war Mangelware. Damit war der Verfall des Hauses eingeleitet. Wäre es jedoch bewohnt, und sei es von Deutschen, wüde niemand eine Demontage wagen. Nun würden sie das Anwesen der Familie Bollinas »bewachen« und dafür ein Dach über dem Kopf haben. Sie wären nicht die einzigen, so schloß Frau Lorenz ihren Bericht, es gäbe noch zwei oder drei weitere Höfe in der Umgebung, auf denen deutsche Frauen wohnten.

Anfangs konnten Siegfried und ich uns dieses Leben überhaupt nicht vorstellen. Insgeheim rechneten wir: Wenn wir bei einem Bauern übernachteten, erhielten wir Abendbrot und Frühstück, die Hauptmahlzeit. Tagsüber mußte uns es im Grunde nur gelingen, ein Stück Brot zu ergattern, das reichte aus; in der Regel bekamen wir aber mehr. Allein in einem Haus zu leben bedeutete, auf diese sicheren Mahlzeiten und damit auf mehr als die Grundversorgung zu verzichten. War das klug? Doch im Verlauf des Gesprächs wurden uns beiden auch die Vorteile deutlich, mit anderen Deutschen zusammenzuwohnen: ein eigenes Bett, keine Läuse, Gespräche über Königsberg, Kochrezepte und alles mögliche. Wir waren irritiert.

Hier erfuhren Siegfried und ich zum erstenmal ausführlich und anschaulich, wie es anderen Landsleuten ergangen war. Auch diese beiden Frauen hatte ein einziges Ziel nach Litauen getrieben: zu überleben. Aber sie waren zwei Mütter mit insgesamt drei Kindern, dazu aus der Großstadt, und so war ihre Odyssee ganz anders verlaufen als unsere. Man hatte ihnen nie Arbeit angeboten, außer einmal bei der Kartoffelernte. Sie hatten sich ihr Essen nie verdient und auch nie ein paar Rubel in die Hände bekommen. Sie waren von Kaunas aus immer nur gewandert, zunächst nach Osten, dann in einem Bogen zurück nach Südwesten, bis sie schließlich nach Strielciai kamen, wo ihnen das unwahrscheinliche Glück mit dem Haus widerfuhr. Frau Lorenz und Frau Hartung wunderten sich, daß wir schon ein Dreivierteljahr in einem so eng begrenzten Gebiet umherzigeunerten und immer wieder dieselben Leute aufsuchten. Sie hätten nicht im Traum daran gedacht, zweimal auf denselben Hof zu gehen, fünf Personen, die sie waren! Wir erzählten und erzählten, es wurde später und später, und schließlich übernachteten wir dort.

Frau Lorenz und Frau Hartung waren bereit, Siegfried und mich in ihre Hausgemeinschaft aufzunehmen. Das erklärten sie uns beim Frühstück. Beide Seiten würden davon profitieren. Sie würden sich mit zwei Männern im Hause sicherer fühlen, uns dagegen erwarteten geregelte Mahlzeiten, wenn möglich sogar deutsche Kost. Außerdem würden sie unsere Wäsche in Ordnung halten. Das Angebot war verlockend, kam jedoch für uns völlig überraschend. Wir überlegten lange. Gab es in der näheren Umgebung überhaupt genug Arbeit für uns? Mehr als eine halbe, höchstens eine Stunde dürfte der Anmarsch nicht betragen. Wichtiger indes war die Entscheidung, ob wir unser Wanderleben überhaupt aufgeben, unseren Verdienst mit anderen teilen wollten. Bisher hatten wir alles nur durch zwei geteilt. Damit hatten wir nie Probleme gehabt. Natürlich hatte sich jeder schon hin und wieder über den anderen kräftig geärgert, und es hatte Streit gegeben. Doch stets hatten wir das Kriegsbeil wieder begraben. Ein Grund dafür war die – wenn auch unbewußte – Tatsache, daß es zu dem Freund keine Alternative gab; ein zweiter, noch bedeutungsvollerer, daß wir auf derselben Wellenlänge dachten. Eine hingeworfene Bemerkung reichte aus, daß wir uns vor Lachen eine halbe Stunde lang nicht beruhigen konnten. Würde das alles so bleiben, oder würde das Leben in einer Gruppe unsere Freundschaft beeinträchtigen? Andererseits – das sahen wir wohl – brachte uns dieses Zusammenleben viele Annehmlichkeiten: immer saubere Wäsche, deutsche Kartoffelsuppe. Das klang schon verlockend! Erotische Interessen spielten keine Rolle. Auf uns als gerade 18jährige Burschen wirkten die Mitdreißigerinnen fraulich, und das war gleichbedeutend mit mütterlich. Sie hatten ja auch Kinder. Die Älteste war vier Jahre jünger als wir. Achtzehn zu vierzehn. Die war nun wieder viel zu jung für uns.

Siegfried und ich zogen uns unter einem Vorwand hinter den Stall zurück, um Für und Wider des Vorschlags zu besprechen. Gott sei Dank war eine sofortige Entscheidung nicht erforderlich, denn wir hatten für die nächsten Tage eine Arbeit angenommen, und der Arbeitsplatz lag eine Tageswanderung von hier entfernt. Danach, das hatten wir uns schon seit längerem fest vorgenommen, wollten wir unsere erfolgreiche Weihnachtsrunde jetzt zu Ostern wiederholen. Anschließend konnten wir immer noch überlegen, was wir machen sollten! Erleichtert ob des einmütig gefaßten Entschlusses, in dieser lebenswichtigen Frage keine übereilte Entscheidung zu treffen, kehrten wir in das Haus zurück, wo wir uns für den Vorschlag bedankten und erklärten, daß wir ihn wirklich gut fänden – was nur die halbe Wahrheit war –, wir aber zunächst einmal zur Arbeit müßten – was stimmte. Bloß erst einmal weg, um in Ruhe zu überlegen! Andererseits war es immer vorteilhaft, sich ein Hintertürchen offen zu halten, man konnte ja nie wissen. Also versprachen wir, so bald wie möglich erneut vorbeizukommen und uns dann verbindlich zu dem Thema zu äußern. Wie bald das geschehen sollte, konnten wir zu dem Zeitpunkt noch nicht ahnen!

Drei Tage brauchte uns eine ältere Bäuerin, eine Witwe, zum Dreschen ihres Korns. Wir arbeiteten allein und hatten somit genügend Muße, unser Problem von allen Seiten zu beleuchten. Am Ende kamen wir zu dem Ergebnis, das Angebot zu verwerfen. Wir hatten das unbestimmte Gefühl, daß wir gleichzeitig eine gewisse Verantwortung für die fünf Personen zu übernehmen hätten, wenn wir auf den Bollinas-Hof einzögen. Und das erschreckte uns.

Ein enttäuschender Osterspaziergang

Doch nun kam erst einmal der Osterspaziergang, so hatten Siegfried und ich die geplante Rundreise getauft. Die ersten drei Besuche verliefen so, wie wir uns das vorgestellt hatten: ein Tag – eine Familie, am Nachmittag eine kurze Wanderung zum nächsten Bauern und wieder ein Tag. Aber ab Gründonnerstag war es damit vorbei. Von nun an ging einiges schief. Die Familie, zu der wir wollten, kannten wir gut, wir hatten dort schon gearbeitet und waren lange nicht dagewesen. Also machten wir uns auch erst spät auf den Weg. Angekommen, traf es uns wie ein Schlag: Der Hof hatte keine Scheune mehr! Auch diese nette Familie hatte man abgeholt und nach Sibirien deportiert! Also weiter, zum nächsten Gehöft. Dort war der Mann nach Kaunas gefahren, und die Frau wollte uns, weil sie allein war, trotz aller Bitten nicht aufnehmen. Es wurde dunkel. Wir verzichteten auf unseren Plan und fragten auf dem anliegenden Gehöft nach Quartier. Dort lebten Tataren. Die erklärten uns wiederum, morgen sei ein großer christlicher Feiertag. Wir wären doch dumm, wenn wir nicht bei Litauern übernachten würden. Sie wollten uns auch nicht haben. So etwas war uns lange nicht passiert. Doch was nun? Wir setzten alles auf eine Karte und wanderten zu den Schleinotas-Brüdern. Fast zwei Stunden stolperten wir bei völliger Dunkelheit querfeldein über Wiesen und schneefreie, aber steinhart gefrorene Acker- schollen, um den Weg abzukürzen. Gegen neun Uhr klopften wir dort an die schon versperrte Tür. Die Großmutter öffnete eine Luke und erkannte uns.

Siegfried und ich stammelten unser Sprüchlein: »*Praschau, agalosch na quod.*«

Die Oma nörgelte: »Ihr seid ja fast wie Verwand- te. Weihnachten wart ihr da, und nun zu Ostern kommt ihr schon wieder.« Aber sie ließ uns ein und gab uns noch ein Stück Brot und ein Glas Milch.

Als uns am Morgen die Brüder begrüßten, meinte Juosa trocken: »Ach, ihr seid ja auch mal wieder da.«

Dieser Gruß beruhigte uns. Die Großmutter hingegen drückte ihre Mißbilligung weiterhin durch eine frostige Miene aus, die sie den ganzen Tag bei- behielt. Am Nachmittag verschwanden die Brüder – wie gewohnt – zu ihren Freundinnen. Wir fühlten uns zwar sehr unbehaglich, aber wir blieben sitzen: Frechheit siegt! Wir durften sogar eine zweite Nacht dort verbringen, aber dann trieb uns die eisige Atmosphäre, die die Oma verbreitete, aus dem Hause. Galina gab uns noch ein paar bunt gefärbte Eier mit auf den Weg.

Die Sonne schien und wärmte schon recht ange- nehm – eine gute Gelegenheit, eine Rast einzulegen, um zu beratschlagen, was wir machen sollten. Die Vorfälle der letzten Tage hatten Siegfried und mich tief verunsichert. Wie sollten wir den bösen Bann brechen? Da besannen wir uns auf einen abgelegenen Hof in Pievagaliai. Die Familie hatte einen Sohn in unserem Alter, er hatte uns im vergangenen Sommer zweimal fotografiert. In der Gegend waren wir lange nicht mehr gewesen. Wir wurden freundlich empfangen, wenngleich Vater, Mutter und Sohn verwundert waren, uns zu sehen. Sie hatten gehört, daß seit einiger Zeit von Königsberg Transporte ins Reich abgingen, und da sie uns seit längerem nicht mehr gesehen hatten, vermuteten sie, wir seien schon nach Deutschland gefahren. Das war uns nun wiederum ganz neu.

Am Ostersonntag versammelte sich die ganze Familie, um – einem alten Brauch gemäß – Ostereier einen kleinen Abhang hinunterrollen zu lassen. Jeder versuchte seinem Ei eine besonders große Geschwindigkeit zu verleihen, denn derjenige, dessen Ei am weitesten rollte, durfte es behalten. Danach aber machte sich die Familie zum Kirchgang fertig, wir mußten weiter. Das störte uns nicht, waren wir doch zuversichtlich, daß das Pech uns endlich verlassen hatte. Und in Zagariai, darauf freuten wir uns schon, würden wir eine Familie wiedersehen, bei der wir schon des öfteren übernachtet hatten. Dort jedoch stellte sich heraus, daß auch diese Familie vor Weihnachten verschleppt worden war. Ein Verwandter bewirtschaftete nun den Hof, der uns recht mürrisch abwies. Wir konnten seinem

Schimpfen jedoch nicht entnehmen, ob er die Deutschen allgemein oder speziell uns beide nicht leiden konnte oder ob er ein Kommunist war. Vielleicht von allem etwas.

Wohin nun? Wir erinnerten uns an einen großen, allerdings weit entfernt liegenden Hof mit einer Schule. Dorthin wollten wir. Jedoch erlebten wir erneut eine böse Überraschung: Die Stube war voller angetrunkener Männer. Es waren keine Frauen dabei. Ich war zuerst hineingegangen und wurde gleich in die Mitte des Raumes dirigiert. Siegfried konnte glücklicherweise an der Tür stehenbleiben. Mir war mulmig zumute: Das sah nicht gerade nach einem Nachtquartier aus! Ich brachte dennoch unser Anliegen vor, woraufhin sich eine lautstarke Diskussion entspann: über uns beide, unser Aussehen und unsere Identität. Einer versicherte, wir seien litauische Tagediebe, die er vom Markt in Alytus her kenne. Ein anderer glaubte zwar, daß wir Deutsche seien, aber Tagediebe seien wir trotzdem. Ein dritter bot mir einen *Samagonas* an, den ich sofort austrinken mußte. Siegfried und ich verstanden die Welt nicht mehr. Mehrere dieser Männer kannten wir vom Sehen. Hier, auf diesem Hof, sowie bei zwei weiteren Familien des Dorfes hatten wir schon übernachtet: Man mußte uns doch kennen! Als sich die Männer dann dem Thema zuwandten, was man mit uns Strauchrittern anfangen solle, und einer der Angetrunkenen Siegfried grob an der Jacke packte, gab mir mein anscheinend etwas besonnenerer Nachbar einen so kräftigen

Stoß, daß ich zur Tür taumelte. Siegfried reagierte blitzschnell, riß sich mit einer abrupten Bewegung los, und wir stürzten mehr, als daß wir liefen, die Treppe hinunter und vom Grundstück. Hinter uns erscholl das Wutgeschrei der Männer: Wir sollten es ja nicht wagen, im Dorf zu übernachten, sonst...

Was war nur geschehen? Nun liefen wir schon zum zweitenmal innerhalb weniger Tage durch die Nacht und fanden kein Quartier. In der Ferne heulten Hunde. Unsere Phantasie gaukelte uns vor, es wären Wölfe. Kein erbaulicher Gedanke! Langsam beruhigten wir uns etwas. Siegfried fiel der alte Schuhmacher Simoneitis in Strielciai ein. Mit dieser Familie waren wir ja wirklich gut bekannt!

Aber wir hatten uns zu früh gefreut. Seine Frau fing uns schon im Flur ab. Aus dem Zimmer hörten wir lautes Reden. »Jungens, ich kann euch heute nicht beherbergen«, sagte sie, »ich habe das Haus voll betrunkener Männer, man weiß nie im voraus, was die anstellen. Manche werden auch gewalttätig. Das gibt heute bestimmt noch eine Schlägerei, da möchte ich euch nicht dabei haben.«

Nach dem gerade überstandenen Erlebnis leuchtete uns das ein; aber dennoch, wir waren hundemüde und fragten, ob wir uns nicht in der Scheune verkriechen dürften, dort käme doch gewiß niemand hin.

Frau Simoneitis lachte ärgerlich: »Da bleibt ihr nicht allein, manche sind schon so betrunken, die kommen gar nicht mehr bis daheim. Die schlafen auch in unserer Scheune. Es tut mir leid, aber es geht nicht. Kommt morgen, übermorgen oder wann ihr wollt, heute geht's wirklich nicht.«

Niedergeschlagen trotteten Siegfried und ich vom Hof. Jetzt kannten wir in dieser Gegend niemand mehr, der uns so spät noch aufnehmen würde. Da fielen Siegfried die beiden deutschen Frauen auf dem Bollinas-Hof ein. Er lag höchstens eine halbe Stunde entfernt. Noch einmal machten wir uns auf den Weg. Das Haus war dunkel, aber durch ein Fenster konnten wir erkennen, daß im Herd noch ein Feuer brannte und sich Gestalten im Raum bewegten. Allerdings mußten wir eine ganze Weile bitten, ehe man uns einließ. Wir erzählten von unserem mißglückten Osterspaziergang. Dann war Schlafenszeit, endlich!

Ein erstes Zuhause auf dem Bollinas-Hof. Der Tatar Milkamanavicius, ein stolzer Hengst und Sahnebonbons für fünf Rubel

Nach diesen bitteren Erfahrungen stand für Siegfried und mich fest: Wir würden auf dem Bollinas-Hof bleiben. Wenngleich wir diese Entscheidung aus einer gewissen Panik heraus trafen, sollten wir sie nicht bereuen. Zunächst einmal legten wir vier Erwachsenen die Regeln des Zusammenlebens fest: Siegfried und ich verpflichteten uns, nach bestem Können und Gewissen zum Unterhalt beizutragen und auch etwas Geld einzubringen. Wir behielten uns vor, Tage oder auch ein bis zwei Wochen wegzubleiben, sollten wir eine weiter entfernt liegende Arbeitsstelle finden, die eine tägliche Heimkehr ausschloß oder erschwerte. In dieser Zeit allerdings lief unsere Verpflichtung weiter, und wir brachten bei der Rückkehr einen entsprechend größeren Anteil mit. Wir hatten also keinesfalls den Status zahlender Gäste, die nur dann etwas beisteuerten, wenn sie zufällig einmal vorbeikamen. Der hätte uns beiden auch ganz gut gefallen. Waren wir auf Tour, so würden wir die Dörfer meiden, in denen die Frauen inzwischen bekannt waren. Wir wollten uns nicht gegenseitig behindern. So besprachen und regelten wir alle Eventualitäten, die uns oder den Frauen momentan einfielen. Später auftauchende Probleme sollten von Fall zu Fall geklärt werden. Erst einmal wollten wir es auf diese Art versuchen. Dabei gab es weder Versprechungen noch Handschlag oder sonst irgend etwas. Gesagt war gesagt und galt. Im Laufe der Zeit sollten wir merken, daß manche Absprachen sogar überflüssig waren. Sie fielen stillschweigend unter den Tisch. Gegenseitige Achtung und das Bestreben, einander nicht ausnutzen zu wollen, ergab die tragfähige Basis.

Wenige Tage später wanderten Siegfried und ich nach Raiziai zum Tataren Milkamanavicius, mit dem wir uns im Winter zum Stallausmisten und Pflügen verabredet hatten. Anfangs arbeitete er mit, aber dann meinte er, wir seien nun genügend eingewiesen. Er stellte uns zwei Pferdewagen zur Verfügung und seinen vierjährigen braunen Hengst mit hellblonder Mähne. Wir waren nicht sicher, wer stolzer war: das Pferd an sich oder der Besitzer auf dasselbe. Der Arbeitsablauf war einfach und gut organisiert. Während der eine seinen Wagen mit dem Mist belud, war der andere mit dem zweiten Wagen unterwegs und verteilte seine Ladung auf dem Feld. Zurückgekehrt, wurde das Pferd umgespannt, und es ging weiter. Zunächst kamen wir gut voran. Doch als wir schon einigen Mist abgetragen hatten, stießen wir auf ineinander verfilzte Lagen aus Stengeln von Tabakpflanzen. Diese hatte der Bauer, wie allgemein üblich, im Winter von Zeit zu Zeit eingebracht, um wieder Halt in seinen abflußlosen

Sumpf zu bringen. Eine dicke Schicht Stroh auf dieser Einlage gab den Tieren wieder einen festen Standplatz. Weiter unten bestand die Einlage aus Kartoffelkraut. Aber egal, ob Tabakstrünke oder Kartoffelkraut, diese Zwischenlagen aus dem festgetretenen Mist zu lösen war echte Schwerarbeit. Ab und zu kam Milkamanavicius, schaute nach unseren Fortschritten, nickte und verschwand wieder. Zwei Tage hatte er für das Ausmisten veranschlagt und den dritten für das Ausstreuen und Unterpflügen. Am Nachmittag, als ich gerade meinen Wagen beladen hatte und wir zu zweit damit beschäftigt waren, das Pferd umzuspannen, ritt ein Freund oder Bekannter auf den Hof. Er schaute kurz zu uns hinüber und band seine Stute an einen Haken in der Scheunenwand. Dann ging er ins Haus. Als ich mit meinem Mistwagen dort vorbeikam, schnupperte unser Hengst, und plötzlich wurde er von unwiderstehlicher Liebeslust erfüllt. Er besprang die Stute – wobei er sich weder vom Gewicht des vollen Wagens stören ließ noch dadurch, daß ich mit all meinen Kräften an den Zügeln zog und ihm dadurch den Kopf nach oben riß. Schließlich wollte er die Stute ja auch nicht küssen. Schimpfend und lauthals gute Ratschläge erteilend, ließen sich nun auch die beiden Bauern blicken, aber auch sie waren machtlos. Es siegte das Recht des Stärkeren. Und das war in diesem Fall der Hengst.

Beim Frühstück meinte Milkamanavicius, er habe eine Mitfahrgelegenheit nach Kaunas, ob er uns etwas mitbringen solle. Wir rechneten. Jeder von uns besaß noch ein paar Rubel, dazu kam der Lohn, den wir hier zu erwarten hatten: Wir entschieden uns für Sahnebonbons, braune, harte, annähernd rundgepreßte Sahnebonbons. Davon hätten wir gern zweimal ein Kilogramm zu fünf Rubel. Er nickte und schrieb die Bonbons auf seinen Einkaufszettel. Als auf der Landstraße ein Lastauto hupte, sprang er auf, schnappte seine Sachen und lief hinaus.

»Die warten nicht lange«, sagte seine Frau, »und bezahlen muß er dafür auch noch. Dabei fährt der Lkw sowieso in die Stadt.«

Siegfried und ich machten uns wieder an die Arbeit. Je tiefer wir kamen, desto fester war der Mist zusammengepreßt.

Jeder freute sich, wenn er mit seinem Wagen auf den Acker fahren konnte, während der andere schuften mußte. Aber man brauchte diese Erholungsphase auch, um die Muskeln etwas zu entspannen. Das bißchen Abharken vom Wagen fiel nicht ins Gewicht.

Langsam näherten wir uns dem Grund, und plötzlich, ehe wir uns versahen, waren wir fertig. Nach einem abschließenden Blick machten wir erleichtert Feierabend.

Kaum hatten wir uns gewaschen und wieder unsere eigenen Sachen angezogen, kam auch schon der Bauer nach Hause. Er hatte längst gesehen, daß wir mit dem Stall fertig waren. Verschmitzt lächelnd zog er ein Päckchen aus seinem Rucksack: »Das ist für euch, weil ihr so gut gearbeitet habt«, meinte er und drückte Siegfried sein Mitbringsel in die Hand.

Der wickelte das braune Packpapier auseinander, und zum Vorschein kam ein Stück durchwachsener Speck, bestimmt ein Pfund, wenn nicht gar noch mehr. Wir waren gerührt: Nicht nur war der Tatar, ein Mohammedaner, mit Schweinefleisch in Berührung gekommen, denn das dünne Packpapier hatte wenig geschützt; er hatte es zudem auf dem Markt vor aller Augen gekauft und sich damit bestimmt Mißdeutungen über seine Motive und seine Festigkeit im Glauben ausgesetzt. Wir waren uns seiner Situation in Kaunas recht wohl bewußt und bedankten uns entsprechend herzlich. Er dagegen tat so, als ob das gar nichts sei, aber stolz war er doch. Das konnte man ihm anmerken.

Nachdem Milkamanavicius seiner Frau verschiedene Einkäufe übergeben hatte, stieß er auf unsere Bonbons. Eine Tüte legten wir gleich beiseite: für unsere »Familie Bollinas«, wie wir die Damen mit ihren Kindern zur Vereinfachung nannten. Die andere Tüte war für uns. Zwei zu fünf war vielleicht nicht die gerechteste Aufteilung, aber aller Anfang ist schwer, und für die fünf Rubel, die die Bonbons kosteten, hatte einer von uns einen ganzen Tag kräftig gearbeitet. Wir kannten diese Sahnebonbons noch von unseren besseren Zeiten in Königsberg her. Obwohl sie ganz offensichtlich maschinell hergestellt wurden, waren sie nicht gleich groß. Wir schütteten die Hartkaramellen auf den Tisch, und dann teilten wir, wie wir es gewöhnt waren.

Fasziniert schaute der Hausherr zu, wie jeder abwechselnd in Windeseile drei der größten aus der Menge auf seine Seite hinüberzog. Der Haufen wurde immer kleiner, die einzelnen Bonbons auch. Schon waren wir fertig.

»Jetzt möchte ich doch sehen, was ihr da gemacht habt«, erklärte der Bauer und holte seine Waage. Als er feststellte, daß jede Teilmenge exakt das gleiche Gewicht aufwies, konnte er sich gar nicht beruhigen und meinte immer wieder, daß ihm ein derartiges Verfahren noch nicht unter die Augen gekommen wäre.

Am dritten Tag sollten Siegfried und ich den Mist ausstreuen, also auf dem Feld verteilen und ihn anschließend unterpflügen. Dabei stellte sich heraus, daß auch der Hengst bei seiner Arbeit Vorlieben und Abneigungen kannte. Während er anstandslos die Ackerwagen gezogen hatte und sich auch ohne große Mühe umspannen ließ, konnte er das Pflügen überhaupt nicht leiden. Mit ihm brachte ein Mann allein keine gerade Furche zustande, weil der Gaul immer wieder versuchte, in Richtung Hof abzubiegen. Da man beide Hände für den Pflug brauchte, hing man sich die Zügel nur lose um den Hals. Für ein normales Pferd eine vollkommen ausreichende Maßnahme, da ein solches wußte, was es sollte, und geradeaus ging, nicht jedoch für diesen stolzen Hengst. Er ging nicht geradeaus. Deshalb also hatte der Hausherr so vorsichtig angedeutet, es sei besser, wenn wir zu zweit pflügen würden!

Es wurde eine Himmelfahrtspartie. Eine Furche begann. Noch hatte Siegfried den Pflug nicht in die Erde gedrückt. Das war der Moment, auf den unser Hengst gewartet hatte – in diesem Augenblick fühlte er sich frei, und schon versuchte er mich, der ich einige Schritte vor ihm ging und ihn führte, einzuholen, mich vielleicht sogar zu beißen. Da drückte Siegfried den Pflug in die Erde – der Hengst hatte es nicht geschafft, nun wurde er durch die Last des Pfluges für den Rest der Furche zu einer ruhigen Gangart gezwungen, und ich blieb ungebissen, vermochte ihn zudem ohne Mühe zu dirigieren. Doch kaum war der Ackerstreifen zu Ende und der Pflug herausgehoben, begann der Tanz von neuem: Der Hengst verfolgte mich, der ich wiederum vorweglief, dabei mühsam die erforderliche Richtung einhaltend und hoffend, Siegfried möge es gelingen, den Pflug möglichst schnell und natürlich an der richtigen Stelle in das Erdreich zu versenken. Nach sechs, sieben Furchen wechselten wir uns ab. Den Pflug zu führen war beliebter: Zwar merkte man die Anstrengung in den Armen, doch blieb man wenigstens ungebissen. Im Laufe des Tages verfeinerten wir unsere Technik, zudem wurde auch der stolze Hengst allmählich müde, so daß wir schließlich einigermaßen miteinander zurechtkamen. Der Acker sah, von den ersten Bahnen einmal abgesehen, auch recht ordentlich aus. Nach getaner Arbeit waren wir zufrieden und der Bauer auch.

Später im Sommer hörten wir, daß der Hengst

seinen Herrn im Stall während des Fütterns ange-
griffen hätte. Milkamanavicius mußte mit Rippen-
brüchen, inneren Verletzungen und starken Prellun-
gen fast zwei Monate im Krankenhaus liegen. Als
er nach Hause entlassen wurde, ließ er als erstes den
stolzen Hengst kastrieren und nannte von da an ein
liebes, friedliches Pferd sein eigen.

Siegfried und ich gewöhnten uns schnell an das
neue »ordentliche« Leben mit »unserer Familie«
auf dem Bollinas-Hof. Nachdem die Arbeit nun
im Frühjahr für uns weniger wurde, gingen wir
wieder auf Betteltour. Meistens waren wir zwei,
drei Tage unterwegs, um den Frauen das nähere
Umfeld zu überlassen. Aber wir freuten uns, wenn
wir »nach Hause« kamen, und waren enttäuscht,
wenn niemand da war, um uns zu begrüßen.
    Bei einer unserer Wanderungen hatten wir uns
hinsichtlich der Entfernung etwas verschätzt und
wollten daher in der Nähe von Alytus noch einmal
übernachten. Am Waldrand von Panemuninkeliai
stießen wir auf ein kleines Häuschen, in dem zu
unserer Überraschung drei jüngere deutsche Frauen
wohnten. Sie stellten sich als Helga, Ilse und
Frieda vor und entpuppten sich als sehr musikalisch
und sangesfreudig. So brachten sie uns nach dem
Abendbrot als erstes den, wie sie sagten, neuesten
und berühmtesten deutschen Nachkriegsschlager
bei »Wenn bei Capri die rote Sonne im Meer
versinkt«, wir staunten nur so. Wie das, woher
kannten sie den? Ganz einfach. Helga, Ilse und

Frieda besuchten des öfteren einen Bauern, der ein leistungsfähiges Radiogerät besaß, das aus den Beständen der sich 1944 zurückziehenden deutschen Wehrmacht stammte; dazu gehörten ein paar Autobatterien, die der Bauer von Zeit zu Zeit über einen Windmotor aufladen konnte. Die Adresse nannten uns die Frauen nicht und meinten, sie dürften dem Mann auch nicht zu oft mit ihren Wünschen nach Musik und deutschen Nachrichten kommen. Auch Frieda, Helga und Ilse hatten davon gehört – allerdings nicht im Rundfunk, sondern von anderen Prachern –, daß alle noch in Königsberg lebenden Deutschen ins »Reich« gebracht würden. Es mochte wohl etwas Wahres daran sein.

Der Abend verging mit Erzählen und Singen, überwiegend mit Singen. Wir lernten das traurige Lied der Fremdenlegionäre von der kleinen Schwalbe kennen, die der Liebsten Grüße bringen sollte, und ein noch traurigeres, welches das Schicksal der Deutschen in Königsberg beschrieb und nach der Melodie »Wo die Nordseewellen rauschen« gesungen wurde. Am eindrucksvollsten war die dritte Strophe:

Schon drei Jahr vergingen,
nicht nach unserm Sinn
immer noch sitzt steif und fest
der Russe drin
ausgehungert sind wir
und so geisterbleich
und ein jeder flüstert,
wann geht's heim ins Reich.

Und dann sangen wir noch alle die Volkslieder, die wir in der Schule oder beim Jungvolk gelernt hatten. Es war ein schöner Abend, und es wurde eine lange Nacht. Wir luden die Sangesschwestern ein, uns und die Familie Bollinas doch zu besuchen. Sie hatten die Frauen schon einmal unterwegs getroffen und wollten sich gelegentlich ansehen, wie wir uns in unseren Räumlichkeiten eingerichtet hatten.

Frau Lorenz und Frau Hartung waren sehr überrascht, als wir schon am Vormittag erschienen. Nachdem wir nicht, wie verabredet, am Abend zuvor eingetroffen waren, hatten sie uns noch nicht erwartet. Wir berichteten von dem Zusammentreffen, von den Gerüchten über Transporte und von den Caprifischern. Ja, das waren Neuigkeiten, Siegfried und ich, wir waren richtig stolz! Gemeinsam mit den Frauen überlegten wir hin und her, was zu tun sei. Fest stand: Wenn die Information über die Transporte zutraf, mußten alle zurück nach Königsberg, sonst blieben wir hier, in diesem versteckten Stückchen Litauen, für immer zurück. Denn wenn erst einmal alle Deutschen Königsberg verlassen hätten, gäbe es ganz sicherlich keine Transporte mehr. Dann könnten wir nur noch in litauische Familien einheiraten und langsam zu Litauern werden. Aber wie konnten wir Klarheit gewinnen? Wir, damit waren Siegfried und ich gemeint, denn den Frauen mit ihren Kindern war eine so gefährliche Reise nicht zuzumuten. Das war selbstverständlich. Andererseits hatten wir auch keine große Lust, nach Königsberg zurückzukehren. Aber es mußte wohl sein, trotz aller damit verbundenen Risiken.

Also wenn schon, dann wollten wir gleich los, damit wir es hinter uns brachten. Wir versprachen, auf jeden Fall wiederzukommen. Doch nun erwies sich die Vernunft der Älteren dem Überschwang der Jugend deutlich überlegen. Wir müßten alle zusammen erst einmal Vorräte anlegen, meinte die resolute Frau Lorenz.

Bisher hätten wir mehr oder weniger von der Hand in den Mund gelebt, was ausreichte, da wir mit ständigem Nachschub an Lebensmitteln rechnen konnten. Aber wer wußte, wie lange wir in Königsberg warten müßten, bis der nächste Transport zusammengestellt würde? Wir dürften nicht damit rechnen, daß wir von den Russen etwas erhielten, und müßten uns daher für zwei bis drei Wochen selbst verpflegen können. Außerdem wäre es ratsam, wenn Siegfried und ich etwas Getreide, Brot und Speck mitnehmen würden, damit wir etwas zu essen hätten, falls man uns schnappte oder wir aus einem anderen Grund nicht gleich zurückkehren könnten.

Frau Hartung fügte hinzu, ihrer Meinung nach könnte man den Litauern ruhig erzählen, daß wir nunmehr Vorräte für die Heimreise anlegen müßten. Sie hätten bestimmt Verständnis dafür. Wir sprachen lange hin und her und setzten schließlich den Dienstag nach Pfingsten als Tag für den Aufbruch fest. Bis dahin war etwa noch vier Wochen Zeit. Das mußte reichen.

Zwei Tage später, es war ein Sonnabend, bekamen wir Besuch. Ein kräftiger, hochgewachsener Mann, Anfang dreißig, und eine hübsche, zierliche junge Frau klopften bei uns an und baten um Essen. Die Überraschung war groß, als wir uns gegenseitig als Landsleute erkannten. Sie stellten sich als Ehepaar Gerlach vor. Später erzählte Heinz Gerlach, daß er als Feinmechaniker in der Forschungsabteilung eines Industrieunternehmens tätig gewesen und darum nicht Soldat geworden sei. Derzeit verdiene er sich sein Geld als Uhrmacher. Es ginge ihnen beiden gut, sehr gut. Wie zum Beweis stellte er eine Flasche *Samagonas* auf den Tisch. Das waren wir allesamt nun gar nicht gewöhnt.

Seine Erklärung, warum er nicht Soldat war, konnte stimmen. Allerdings glaubten wir eher, daß Gerlach ein entflohener Kriegsgefangener war, der es geschafft hatte, hier unterzutauchen. Nun gut, wir waren ja schließlich auch illegal in Litauen. Durch den Alkohol wurde es ein recht lauter Abend. Siegfried und ich bewunderten den Mann und lauschten andachtsvoll den Geschichten, wie er die Russen, aber auch die Litauer übers Ohr zu hauen pflegte, während die Frauen eher skeptisch dreinblickten. Die Kinder schliefen schon lange. Wir schließlich auch, jedoch mit einem arg umnebelten Kopf.

Vor der Veranda unseres Wohnhauses führte eine kleine Treppe auf eine Wiese, die von einem Blumen- und Gemüsegarten eingerahmt wurde. Von hier aus hatte man einen wunderschönen Blick auf das zur Memel hin langsam abfallende Gelände. Wir saßen am Abend gern dort, um den Sonnenuntergang zu genießen. Mitunter lag auch etwas Nebel über dem Tal. Auf dieser Wiese lagen Siegfried und ich mit dem Ehepaar Gerlach am Sonntagmorgen nach dem Frühstück. Wir plauderten. Frau Lorenz und Frau Hartung waren anscheinend mit den Vorbereitungen für das Mittagessen beschäftigt. Die Kinder spielten irgendwo in der Nachbarschaft. Gegen halb zwölf Uhr, also etwa um die Zeit nach dem Kirchgang, sahen wir zwei ältere Litauerinnen in ihrem typischen dunklen Sonntagsgewand den Pfad zu unserem Haus heraufsteigen. Gerlach, keinem Scherz abgeneigt, animierte uns zu so wilden Liedern wie »Negeraufstand ist in Kuba« und »Heiß brennt die Äquatorsonne auf die öde Steppe nieder«. Wir waren gerade mit großer Lautstärke bei dem chaotischen Refrain »kalischka kauka zulima« angekommen, als uns die alten Damen erreichten und uns mit allen Anzeichen der Mißbilligung und Verärgerung musterten. Es stellte sich heraus, daß es sich um Verwandte der Familie Bollinas handelte, die einmal nach dem Rechten sehen wollten. Während Siegfried und ich betreten dreinschauten, fanden die Gerlachs die Situation höchst amüsant. Zum Glück erschienen in diesem Moment Anna Lorenz und Irene Hartung mit den Kindern. Wo sie die bloß so schnell hergeholt hatten! Sie wandten sich an die beiden Damen und stellten sich als die Bewohner des Hauses vor. Wir vier seien an diesem Wochenende Gott weiß woher hereingeschneit. Weil wir ebenfalls Deutsche seien, hätten sie uns nicht wegschicken mögen, aber wir würden spätestens am Montagmorgen weiterziehen. Damit war die Empörung zunächst einmal neutralisiert. Alle bis auf uns vier Bösewichte verschwanden im Haus. Nun konnte eigentlich nicht mehr viel passieren. Da drinnen sah es immer ordentlich aus; auch wenn das nicht unbedingt Siegfrieds und mein Verdienst war.

Als die beiden alten Litauerinnen nach etwa einer Stunde den Heimweg antraten, betrachteten sie uns zum Abschied auf die gleiche Art, mit der wir im Winter die Läuse angesehen hatten, bevor wir sie in den Schnee warfen. Kaum waren sie ein Stück entfernt, kam Irene Hartung zu uns. Es wäre am besten, wandte sie sich zornig an die Gerlachs, wenn sie aufbrechen würden, solange die Damen Bollinas das noch beobachten könnten. Anna und sie müßten auch an ihre Kinder denken und seien sehr froh, das Haus zu haben. Wegen dieses unnötigen Spektakels hätten sie es beinahe verloren.

Gerlachs holten ihr Gepäck. »Ihr seid ein borniertes Pack, das keinen Spaß versteht«, mit diesen Worten verabschiedeten sie sich und machten sich verärgert auf den Weg.

Anschließend bekamen Siegfried und ich unser Fett weg. »Was habt ihr euch bloß dabei gedacht?«

»Gar nichts, wir konnten doch nicht wissen, daß denen jetzt das Haus gehört.«

»Es gibt überhaupt keinen Grund, sich gegenüber irgendwem so kindisch aufzuführen, wie ihr das gemacht habt. Hausbesitzer oder nicht – das hat damit nichts zu tun.«

Der Rest des Tages verlief ungewohnt disharmonisch. Wir verharrten in bockigem Schweigen. Frau Lorenz und Frau Hartung, die uns eigentlich schon verziehen hatten, traktierten uns gerade deswegen mit spitzen Bemerkungen.

Für die folgenden Tage hatten sich Siegfried und ich viel vorgenommen. Von unseren besseren Bekannten wollten wir uns persönlich verabschieden und dabei natürlich möglichst noch einige Lebensmittel für die neuangelegte Vorratskammer ergattern. Das klappte ganz gut. Unsere Gefühle auf dieser »Abschiedstour« waren sehr zwiespältig. In das Bedauern und die Wehmut, neugewonnene Bekannte, ja Freunde zurückzulassen, mischte sich Vorfreude auf die Fahrt nach Deutschland. Alle gaben uns etwas mit auf den Weg, oft mehr, als wir erwartet hatten. Ein Wochenende wanderten wir noch nach Panemuninkai zu Stassi und ihren Freunden. Bei dieser Gelegenheit badeten wir zum erstenmal nach dem Winter wieder in der Memel. Das Wasser war zwar noch kalt, aber es war schön, sich mit der Strömung treiben zu lassen, und die strahlende Sonne trocknete und erwärmte uns schnell.

Für Mitte Mai hatten Siegfried und ich eine Einladung zu Rudnizkas. Es gäbe ein Fest, hatten sie angedeutet, mehr aber nicht verraten. Als wir dort ankamen, war das Haus schon voller Gäste.

Schmunzelnd empfing uns Algirdas, der Sohn des Hauses: »Meine Schwester muß jetzt Handtücher weben. Wir feiern heute ihre Verlobung.«

Zunächst waren Siegfried und ich etwas traurig, denn wir hatten für Anele geschwärmt und eifersüchtig beobachtet, zu wem sie freundlicher war, zu Siegfried oder zu mir. Und nun verlobte sie sich mit jemand anderem! Ihr Verlobter war ein fröhlicher junger Mann namens Bernardas, er machte auf uns einen sehr sympathischen Eindruck. Wir sahen ein, daß sie von uns beiden sowieso keinen geheiratet hätte, und schließlich wollten wir ja auch nach Deutschland fahren und waren gekommen, um uns zu verabschieden. Es wurde ein fröhliches Fest, zu dessen Gelingen wir mit unserem Repertoire an Partisanen- und deutschen Volksliedern nach Kräften beitrugen. Aus unserer Sicht war das der schönste Abschluß unserer Zeit in Litauen, den wir uns vorstellen konnten.

Am anderen Morgen wanderten wir zurück zum Hause Bollinas. Die Frauen gaben uns gute Ratschläge, packten uns nach unserer Meinung viel zu viel ein und ließen sich auch durch unsere Proteste, wir würden schon irgendwie durchkommen und soviel bräuchten wir nicht, nicht davon abhalten. Siegfried und ich rechneten mit zwei bis drei Tagen Wanderung zur Eisenbahn; in der Zeit konnten wir uns noch auf die gewohnte Art und Weise versorgen. Für die Fahrt selbst veranschlagten wir vier Tage, einen für die Hinfahrt, einen zum Auskundschaften und einen, um wieder nach Litauen zu gelangen. Einen Tag ließen wir uns als Reserve. Lebensmittel brauchten wir also nur für vier Tage, und nach zehn Tagen müßten wir spätestens zurück sein. Sollte man uns wider Erwarten festnehmen, wären unsere Vorräte sowieso futsch, denn behalten dürften wir sie sicher nicht. Bis spät in die Nacht hinein besprachen wir alle möglichen Eventualitäten. Ich schlief sehr schlecht und träumte wirres Zeug von der Miliz, die uns unentwegt verfolgte, bis nach Königsberg.

Nach dem Frühstück, das wir so lange wie möglich ausgedehnt hatten, um noch ein Weilchen das Gefühl der Geborgenheit zu genießen, brachen Siegfried und ich auf. Zum Abschied nahmen wir alle nacheinander in den Arm – das hatten wir bislang noch nie gemacht. Auf beiden Seiten gab es gute Wünsche und ein paar Tränen. Fast fluchtartig verließen wir das Haus, das uns in der kurzen Zeit zum Zuhause geworden war, und die liebenswerten Menschen, und wanderten hinab zur Memel, um möglichst schnell überzusetzen, ehe wir es uns anders überlegten.

Der Terror geht weiter:
In den Fängen der Miliz

Durch das Umherwandern hatten wir einen guten Orientierungssinn entwickelt und wußten, daß wir uns generell nach Nordwesten wenden mußten, wenn wir wieder nach Jure gelangen wollten. Pausen machten wir nur, wenn wir Hunger hatten. Am ersten Tag kamen wir über Dubenai hinaus bis kurz vor Balbieriskis. Dort übernachteten wir. In Balbieriskis suchten wir wieder jenen Steilhang, den wir vor einem Jahr so mühselig erklommen hatten. Wir konnten es uns fast nicht vorstellen: Ein Jahr war das nun schon her! Was hatten wir alles erlebt und erfahren in dieser Zeit, wie viele freundliche Menschen hatten wir kennengelernt, und wie hatten wir selbst uns verändert: Aus nahezu verhungerten Königsbergern waren kräftige Burschen geworden, die sich in der Landessprache verständlich machen konnten und auch die häufigsten landwirtschaftlichen Arbeiten einigermaßen beherrschten. Doch das wichtigste war: Ein Jahr war vergangen, und wir lebten noch! Wir setzten uns erst einmal in halber Höhe auf einen entwurzelten Baumstamm und machten eine Pause: »Weißt du noch?«

Als wir unten am Bach nach dem sinnenfrohen

Zigeuner Ausschau hielten, wurden wir schnell wieder in die Gegenwart zurückgeholt. In seinem Haus tagten die *Stribiteli,* wie die kommunistischen Aktivisten genannt wurden, zu deutsch »Zerstörer« oder »Vernichter«. Ausgerechnet wir platzten nun mitten in die Versammlung. Nach einem barschen Verhör ließen sie uns laufen, weil wir ihnen glaubhaft versicherten, daß wir auf dem direkten Weg nach Königsberg seien. Allerdings beschlagnahmten sie den Schinken aus Siegfrieds Rucksack. Brot und Getreide ließen sie uns, und unsere Rubel fanden sie nicht. Das war eben noch gutgegangen, aber an weiteren solcher Begegnungen waren wir nicht interessiert!

Das zweite Nachtquartier erhielten Siegfried und ich bei dem Bauern in Jiestrakies, dessen Anwesen wir vor einem Jahr »Speckhof« getauft hatten und der sich gut an uns erinnerte. Seine Frau fragte nach unserem bisherigen Ergehen und unseren Plänen. Wir erzählten ausführlich von unseren Erlebnissen und erläuterten unsere Absicht, nach Königsberg zu fahren. Die Familie hatte nichts von den Transporten gehört, doch der Bauer meinte, das Gerücht könne schon wahr sein, denn in letzter Zeit seien kaum noch Deutsche vorbeigekommen. Er empfahl uns, nicht nach Jure, sondern zur nächsten Station nach Kazlu Ruda zu laufen. Das wären zwar fünf Kilometer weiter, aber dafür hielten dort alle Züge, was in Jure nicht der Fall wäre.

Seine Frau war ganz aufgeregt, daß uns die *Stribiteli* den Schinken gestohlen hatten, und packte uns als Ausgleich ein schönes Stück Schinkenspeck in den Rucksack. Siegfried und ich grinsten uns an: Speckhof – siehste! Der Name gilt immer noch! Wir freuten uns und dankten der Bäuerin herzlich. Dann zogen wir munter weiter, durchquerten ein Wäldchen und erreichten wiederum freies Land – wo wir uns plötzlich in einer anderen Welt befanden: Überall sahen wir Gruppen von Menschen, die von Soldaten abgeführt wurden. Was ging hier vor? Besorgt eilten wir auf den nächsten Bauernhof. Frauen liefen weinend umher, niemand beachtete uns. In der Stube stand ein offener Sarg, in dem ein alter Mann aufgebahrt lag. War das der Grund für die Trauer? Wir wußten es nicht. Wir liefen zum nächsten Gehöft. Es war verlassen. Auch auf dem Nachbargrundstück regte sich niemand. Schließlich kamen wir auf einen Hof, wo wiederum verstörte Frauen weinten und wehklagten, ohne von uns Notiz zu nehmen. Auf unsere Fragen erhielten wir keine Antwort. Es schien, als ob wir unsichtbar wären. Uns wurde unheimlich zumute. Diesem Chaos mußten wir entrinnen und auf dem schnellsten Wege die Bahnstation erreichen, um von dort aus mit dem nächsten Zug nach Königsberg zu verschwinden. Wir mieden die Straße, stolperten über Felder und Wiesen, sorgsam darauf achtend, hinter Sträuchern und Gebüsch etwas Deckung zu finden.

Endlich erreichten wir das Bahnhofsgelände. In einem mit Stacheldraht abgeteilten Teil drängten sich Litauer, Männer, Frauen und Kinder, es mochten mehrere hundert sein, bewacht von Militär mit schußbereiten Maschinenpistolen. Auf einem Nebengleis rangierte ein Güterzug, eine lange Reihe geschlossener Waggons.

Hier durften wir auf keinen Fall länger bleiben, das war Siegfried und mir sofort klar. Doch es war schon zu spät. Ein Soldat hatte uns bemerkt. Mit einem lässigen, dennoch unmißverständlichen Wink mit der MP sowie einem Kopfnicken Richtung Bahnhofsgebäude gab er uns zu verstehen, wohin wir ihm zu folgen hätten. Im Wartesaal zusammengepfercht weinende, klagende oder auch nur wortlos vor sich hinstarrende Menschen. Dahin sollten wir nicht, uns führte man in ein Büro im ersten Stock, wo uns ein älterer Oberleutnant zu verhören begann. Anfangs war er sehr mißtrauisch und kam immer wieder darauf zurück, warum wir ausgerechnet zu dieser Zeit auf dem Bahnhof herumlungerten. Doch allmählich schien er uns abzunehmen, daß wir tatsächlich nach Königsberg wollten. Daß wir Deutsche waren, hatte er durch einige Fragen in deutscher Sprache geklärt. Dann wurden wir abgetastet und unser Gepäck durchsucht. Schließlich kam er zu dem Ergebnis, daß wir wohl harmlos seien. Aber er holte erst noch einen Major, um sich sein Urteil bestätigen zu lassen. Sie unterhielten sich so schnell, daß ich kaum etwas verstehen konnte. Ich hörte nur, wie der Major mehrmals ärgerlich wiederholte: »Bring sie weg.«

Auf meine Frage, ob denn nun wirklich von Königsberg aus Transporte ins Reich geleitet wurden, ging keiner der beiden Offiziere ein. Der Oberleutnant meinte nur kurz angebunden, wir könnten jetzt nicht nach Königsberg fahren. Er winkte einem Posten und erklärte ihm, was zu tun sei. Siegfried und ich wurden zu einem Lkw gebracht. Ein Soldat setzte sich ans Lenkrad, zwei weitere kletterten zu uns auf die Pritsche. Dann fuhren wir in den Wald und bogen auf einen Seitenweg ab. Die Soldaten blickten zwar freundlich, aber sie spielten auch mit ihren Maschinenpistolen. Ich fühlte mich einem Wechselbad der Gefühle zwischen Hoffnung und tiefster Verzweiflung ausgesetzt. Siegfried erging es ebenso, das erkannte ich an seinem Gesichtsausdruck. Der Wagen hielt. Zunächst inspizierten nun auch die Soldaten unsere Rucksäcke. Wieder verschwand der Speck. Sosehr ich auch Angst hatte, ging mir doch der Gedanke durch den Kopf, daß wir auf dieser Reise mit Schinken kein Glück hatten. Ich klammerte mich nur noch an diesen einen Gedanken.

»Runter mit euch und verschwindet, bevor wir es uns anders überlegen«, ließ sich der Anführer vernehmen. Das mochte immer noch eine freundliche Täuschung sein, doch gaben sie uns unsere Rucksäcke zurück. Wir sprangen vom Studebaker und liefen wie die Hasen, verfolgt vom Gelächter der Soldaten. Dann hörten wir einige Feuerstöße und warfen uns zu Boden. Aber sie hatten sich nur einen Spaß gemacht und in die Baumkronen geschossen. Der Lastwagen wendete und fuhr zurück zum Bahnhof. Wir lagen auf dem Boden und lachten, als ob wir verrückt geworden wären, bis das Motorengeräusch langsam verklang.

Eilig machten wir uns auf den Rückweg. Schon nach einigen Kilometern hatten wir uns etwas beruhigt und diskutierten darüber, ob die Soldaten geschossen hätten, um uns Angst zu machen, oder aber um den Litauern zu demonstrieren: »Ihr kommt ja nur nach Sibirien, die Deutschen jedoch werden gleich erschossen.« Wir kamen zu keinem Ergebnis, aber beides war denkbar.

Der Tag ging langsam zur Neige – Zeit, ein Nachtquartier zu suchen. Aber wir hatten lange kein Glück. Man sagte uns: »In diesen Zeiten können wir keine Fremden beherbergen.« Oder: »Ich weiß selbst nicht, ob ich morgen noch ein Dach über dem Kopf habe.« Manche warfen die Tür wortlos wieder zu. Nach dem, was wir gesehen und erlebt hatten, hatten wir Verständnis dafür.

Siegfried und ich überlegten schon, ob wir nicht einfach in einem der leerstehenden Häuser unterkriechen sollten, aber das kam uns vor wie Leichenfledderei.

Endlich zeigte uns ein Mann ein Gehöft direkt an der Straße: »Dort solltet ihr hingehen, da leben zwei deutsche Frauen, die nehmen euch bestimmt.«

Ilse und Vera waren noch sehr jung, kaum älter als wir. Übernachten dürften wir, aber nur unter der Bedingung, daß wir sie in Frieden ließen.

Natürlich, Ehrenwort! Aber wir wunderten uns doch ein wenig. Hatten die denn von der Verschleppung der Litauer durch die Miliz gar nichts bemerkt? Wir waren froh, daß wir noch lebten, unser Sinn war ganz gewiß nicht auf Abenteuer gerichtet. Außerdem kannten wir die Mädchen ja gar nicht!

Ilse sagte nicht viel, dafür sprach Vera um so mehr. Ausführlich erzählte sie uns, welchen Angriffen auf ihre Tugend sie beide schon ausgesetzt gewesen seien und wie sie sich hätten verteidigen müssen!

Ihr Wortschwall rauschte an mir vorbei als ein endloser Strom von Tönen. Nun, da ich etwas zur Ruhe kam, wurde mir erst so richtig bewußt, wie knapp Siegfried und ich am Tod vorbeigeschrammt waren! Die Soldaten hätten uns ohne weiteres – mit oder ohne Befehl – erschießen können. Kein Huhn und kein Hahn hätte nach uns gekräht.

Am Morgen beratschlagten Siegfried und ich, was am besten zu tun sei. Sollten wir es vielleicht noch einmal von Kaunas aus versuchen? Oder sollten wir angesichts der Deportationen, von denen wir nicht wußten, wie lange sie noch andauern würden, lieber zurückkehren auf den Bollinas-Hof, der Sicherheit versprach? Ein Aufenthalt in der Nähe der Eisenbahnstrecke war derzeit auf jeden Fall zu riskant. Allzuleicht konnten wir für litauische Flüchtlinge gehalten oder zur Auffüllung der Stückzahl inhaftiert werden. Wir könnten auch hierbleiben und bei den jungen Frauen abwarten, wie sich die Situation entwickelte. Dann würden uns Hin- und Hermarsch erspart. Vielleicht war das mit der Tugend gar nicht so toll, und sie sahen ja auch ganz gut aus! Doch durch die Nähe zum Bahnhof bestand jederzeit die Gefahr, daß wir im Zuge einer Razzia oder sonstwie noch einmal dem Oberleutnant in die Arme liefen, und das wollten wir auf gar keinen Fall. Also: Rückkehr zum Bollinas-Hof. Wenn wir keine großen Schnörkel machten und höchstens zwei Pausen, so müßten wir die Strecke an einem Tag schaffen; allerdings dürften wir auf keine Soldaten stoßen, so daß wir uns verstecken oder Umwege machen müßten. Blitzschnell packten wir unsere Sachen zusammen – was den beiden Mädchen anscheinend auch wieder nicht recht war. Doch egal! Wir versprachen, bei unserem nächsten Versuch, nach Königsberg zu gelangen, auf jeden Fall wieder vorbeizuschauen. Das sollte im Sommer sein, in ein paar Wochen also. Wir glaubten sogar daran!

Siegfried und ich stürmten von dannen. Gegen Abend erreichten wir Dubenai. Noch anderthalb Stunden bis zur Memel und eine knappe Stunde auf der anderen Seite, dann hatten wir es geschafft! Nun packte uns der Ehrgeiz. Die restliche Strecke wollten wir jetzt auch noch hinter uns bringen. Frau Hartung und Frau Lorenz würden staunen! Bei völliger Dunkelheit borgten wir uns, wenn auch ohne zu fragen, in der Nähe von Rumbonis einen Kahn und setzten über. Wenigstens vertäuten wir ihn am Ostufer so gut, daß er nicht abtreiben konnte. Der letzte Gewaltmarsch begann, und wir schafften die Strecke, für die wir auf unserer

Wanderung 1947 mehr als sechs Wochen gebraucht hatten, an einem Tag.

Tief in der Nacht standen wir vor der Tür. »Genau wie damals«, dachte ich plötzlich. Die auf einem Auge blinde Katze der Familie Bollinas, die nach der Deportation der Familie im Hause zurückgeblieben und sozusagen unser gemeinsames Eigentum geworden war, strich vorbei, rieb sich kurz an meinem rechten Bein und ging ihrer mäusefängerischen Wege.

Das Haus lag in völliger Dunkelheit. Wir waren in Hochstimmung: Alles hatte geklappt. Uns packte der Übermut. Wir holten uns Stöcke, die wir so hinter unserem Rücken hielten, daß ihre Silhouetten wie Karabinerläufe wirkten. Dann klopften wir kräftig an die Fensterscheibe und begehrten lautstark auf russisch Einlaß.

Nichts rührte sich.

Der Scherz war wohl doch ein wenig grob. Nun meldete sich Siegfried auf deutsch und verkündete, es wäre alles in Ordnung, wir wären es nur und von unserer Reise zurückgekehrt. Noch immer war nichts zu vernehmen. Dann wurde die Tür zögernd geöffnet, und unsere Verwunderung wich einem plötzlichen Erschrecken. Wir sahen kein vertrautes Gesicht. Vor uns stand eine verängstigte alte Litauerin, die sich eine dunkle Decke über ihr Nachthemd geworfen hatte. Die weißen Haare hingen ihr in Strähnen ins Gesicht. »Wer seid ihr, was wollt ihr?« rief sie.

Hinter ihr tauchte schemenhaft eine weitere

Gestalt auf, die einen Ofenschieber in der Hand hatte.

Wir fragten nach den deutschen Frauen, mit denen wir hier zusammengelebt hatten.

»Die mußten ausziehen. Jetzt wohnen wir hier, wir sind Verwandte von Bollinas«, und damit wollte sie die Tür wieder schließen.

Doch wir gaben nicht auf, redeten und redeten, bis wir uns schließlich im Stall ein provisorisches Lager bereiten durften. Als sich die Litauerinnen am Morgen nicht sehen ließen, verließen wir, unausgeschlafen und müde von der langen Wanderung, ratlos den Hof.

Ein zweites Zuhause auf dem Bannis-Hof

Bevor wir uns richtige Sorgen machen konnten, hatten wir erst einmal richtigen Hunger. Siegfried und ich suchten daher einen Nachbarn auf, bei dem wir schon gearbeitet hatten, und baten um Brot und Milch. Von der Bäuerin erfuhren wir, daß die neuen Bewohner des Hauses Bollinas die beiden alten Damen waren, die wir vor einigen Wochen so erschreckt hatten. Bei jenem Besuch hatten sie feststellen wollen, ob das Haus noch bewohnbar sei. Vor drei Tagen wären sie eingezogen. Wo die deutschen Frauen mit ihren Kindern geblieben wären? Sie zuckte die Achseln. Sie hätten erwähnt, daß sie in der Nähe von Punia einen leeren Bauernhof wüßten, zu dem sie nun wollten. Mit diesen Informationen und einem vollen Magen sah die Welt schon wieder ganz anders aus. Also auf nach Punia.

Punia, ein Dorf mit einer schönen weißen Kirche aus dem 14. Jahrhundert, lag an der Memel. Hier suchten Siegfried und ich unsere Familie. Es schien ein hoffnungsloses Unterfangen, unsere Nachfragen lösten nur ein Kopfschütteln oder ein bedauerndes Schulterzucken aus: Niemandem waren zwei deutsche Frauen mit drei Kindern begegnet. Wir überlegten, ob wir zur Familie Krasnauzkas wandern sollten. Ihr Anwesen lag nicht weit entfernt. Von dort aus könnten wir in Ruhe die ganze Gegend absuchen. Aber nein, wir wollten Gewißheit haben. Vielleicht waren Frau Hartung und Frau Lorenz ja ganz woanders. In der Ferne konnten wir einen von Birken gesäumten Weg erkennen. Dorthin wandten wir uns.

Zunächst hatten wir wiederum kein Glück. Schließlich stießen wir auf ein etwas abseits gelegenes Gehöft, das nur durch einen Stichweg mit der Landstraße verbunden war. Das Anwesen verriet einigen Wohlstand. Das Wohnhaus war mit gelbgestrichenen Latten verkleidet, an denen wilder Wein emporrankte, und besaß ein Blechdach. Ihm gegenüber lag die Scheune, neu erbaut und gleichfalls mit Brettern verschalt, links war der Stall und rechts noch ein kleines gemauertes Häuschen. Auf diesem wunderschönen Hof trafen wir Frau Lorenz, Frau Hartung und die Kinder wieder. Uns fiel ein Stein vom Herzen.

Anfangs sprachen alle gleichzeitig, soviel hatte sich inzwischen ereignet, obwohl nur fünf Tage vergangen waren.

Resolut sorgte Frau Lorenz für Ruhe: »Das Wichtigste zuerst, was ist mit Königsberg?« wollte sie wissen. Wir konnten nur sagen, daß wir nichts herausbekommen hätten, und schilderten unsere Erlebnisse.

Dann berichtete Frau Hartung über ihre Vertreibung. Einen Tag nach unserer Abreise erschienen die beiden alten Litauerinnen mit einem voll beladenen Pferdewagen auf dem Bollinas-Hof und forderten die beiden Deutschen höflich, aber bestimmt auf, das Grundstück zu verlassen, weil sie selbst dort leben wollten. Frau Hartung bat um einen Tag Aufschub, um vor dem Zug ins Ungewisse noch waschen zu können, hatte jedoch keinen Erfolg.

»Da ist uns das abseits gelegene Anwesen hinter Aleksanarava, links von der Straße Alytus – Punia, eingefallen«, erzählte Frau Lorenz weiter. »Wir hatten es auf einer früheren Betteltour entdeckt. Die einsame Lage war ideal, und trotzdem war Punia nur eine gute halbe Stunde entfernt.«

Es war aber doch zu abgelegen, das merkten die beiden Frauen sehr schnell. »Wenn man von den Nachbarn eben einmal etwas Milch oder ein paar Eier brauchte, mußte man schon fast eine Viertelstunde laufen«, schilderte Frau Hartung die Lage.

So versteckten die beiden Frauen einen Teil ihrer Habe dort, nahmen ihre Kinder und zogen erneut los, um vielleicht noch etwas Besseres zu finden. Dabei stießen sie schon nach ein paar Stunden auf dieses schöne Anwesen. Es war noch vollkommen intakt, die Familie mußte erst vor kurzem abgeholt worden sein.

Voller Stolz führten sie uns ins Zimmer. Da gab es sogar richtige Dielen. Das war sehr ungewöhnlich. Die Besitzer mußten wirklich Geld gehabt haben! Vielleicht waren sie gerade wegen ihres schönen

Grundstücks abtransportiert worden. Ich erinnerte mich an die Inhaftierten auf dem Bahnhofsgelände von Kazlu Ruda: Ob sich wohl die Familie unter ihnen befunden hatte? Wir kamen erneut auf die große Deportation zu sprechen. Auch im Kreis Alytus hatte das Militär in den frühen Morgenstunden des 22. Mai völlig überraschend zugeschlagen; gegen Mittag war schon alles vorbei. Die Freundinnen waren wiederholt auf Soldaten getroffen, aber man hatte sie nach flüchtiger Ausweiskontrolle weiterziehen lassen.

Inzwischen war es zu spät geworden, um die versteckten Sachen zu holen, wie es die beiden Mütter eigentlich geplant hatten. Das einsame Dorf mit den wenigen Gehöften hieß Stanevoi. Siegfried erinnerte sich dunkel, daß wir dort auch schon gewesen waren. Seiner Meinung nach war es der Hof, wo wir nur zwei Eier bekommen hatten. Es wurde langsam Zeit für das Abendessen, frische Milch und Brot. Frau Hartung hatte schon einen Rundgang zu den Nachbarn unternommen, sich dabei vorgestellt und bei jedem erwähnt, daß sie beabsichtige, mit ihren Verwandten in das leerstehende Haus zu ziehen. Die Leute hatten zustimmend genickt oder auch geschwiegen, Einspruch erhoben hatte niemand. Unsere Anwesenheit wurde also zumindest geduldet. Ach, was waren wir froh, daß alles so gut ausgegangen war!

Plötzlich wurde ich hundemüde. Nichts wie schlafen! Als Frau Lorenz das bemerkte, lächelte sie geheimnisvoll und meinte: »Komm mit, ich zeige dir etwas, das ist euer Schlafzimmer.« Sie führte mich in eine kleine Kammer, in der nichts weiter stand als ein großes breites Bett. Sie öffnete eine andere Tür: »Wir haben auch eins, aber natürlich ein größeres.«

Ich staunte: Mehrere Schlafzimmer und Dielen als Fußboden, nicht zu glauben. Dieses Haus steckte wirklich voller Überraschungen. Morgen gab es auf dem Grundstück wahrscheinlich noch mehr zu entdecken, aber jetzt wollte ich nur noch schlafen. Ich war noch nicht ganz ausgezogen, da kam Siegfried auch schon nach. Endlich ein Bett und Ruhe, und im Nu waren wir eingeschlafen.

Nach einiger Zeit erwachten wir durch ein dröhnendes Trommeln, untermalt von anhaltendem Donnern. Siegfried und ich schreckten hoch: Was war das nun wieder? Langsam wurden wir uns unserer Umgebung bewußt. Regen prasselte wild auf das Blechdach. Wir hatten noch nie bei Regen unter einem Blechdach geschlafen, infolgedessen war uns diese eigenartige Klangfolge völlig fremd. Die Hintergrundmelodie wurde gespielt von einem kräftigen Gewitter. Dunkles Grollen wurde unterbrochen durch das knatternde Stakkato kurzer Schläge. Als wir wußten, worum es sich handelte, streckten wir uns aufatmend wieder aus und schliefen bis in den hellen Morgen.

Der brachte die nächste Überraschung. Plötzlich stand eine Litauerin in der Küche. Sie sei die Hausherrin auf diesem Hof und hieße Bannis, erklärte sie, musterte uns alle mit einer gewissen mißbilligenden Verwunderung und erkundigte sich, was wir hier zu suchen hätten. Sie war noch jung, höchstens Anfang zwanzig, was ihre Autorität keineswegs schmälerte. Schwarze Haare umrahmten ein hübsches, zorngerötetes Gesicht.

Frau Lorenz, unser heimliches Familienoberhaupt, ergriff das Wort; leider sprach sie nicht gut genug litauisch, um den doch etwas peinlichen Sachverhalt in einer Version zu erläutern, die für uns sprach. Ich schaltete mich als Dolmetscher ein. Gemeinsam konstruierten wir eine Geschichte von der Suche nach einer festen Bleibe und dem selbstverständlich nur vorübergehenden Aufenthalt in diesem Hause. Andeutungsweise flochten wir den Umstand ein, daß es für zwei Frauen mit drei Kindern sehr schwer sei, Tag für Tag eine Übernachtungsmöglichkeit zu finden.

Die junge Litauerin dachte nach. Wir konnten an ihrem Gesichtsausdruck erkennen, daß sie Mitleid verspürte. Trotz oder vielleicht sogar wegen des schweren Schicksals, das sie getroffen hatte – ihr Mann war drei Tage zuvor nach Sibirien verschleppt worden –, war sie in der Lage, schnell klare Entscheidungen zu treffen: »Ihr könnt auf meinem Grundstück bleiben, aber nicht hier im Haus. Ihr Frauen zieht in das Knechthaus, die Männer schlafen in der Scheune. Zur Ernte brauche ich Arbeitskräfte.« Bei diesen Worten konnte sie ihre Tränen nicht unterdrücken. »Bis dahin dauert es noch ein paar Wochen, ich will sehen, ob ich euch helfen kann die Zeit zu überbrücken, wenn nicht, nüßt ihr weiter betteln gehn. Verpflegen kann ich euch nur, wenn ihr für mich arbeitet, aber ihr könnt hier wohnen.« Sie fiel auf die Knie und betete weinend. Dann sprang sie auf, als ob sie sich schämte: »Vielleicht hilft auch irgend jemand meinem Mann«, stieß sie hervor und lief aus dem Zimmer.

Wir saßen da, wie vom Donner gerührt. Keiner wagte es, ein Wort zu sagen. Schließlich nahmen wir unser Gepäck und gingen betreten in das kleine Häuschen. Soviel Großmut hatten wir eigentlich gar nicht verdient.

Dann gewann die praktische Seite des Lebens wieder die Oberhand. Frau Hartung ging mit Ellie und Dora nach Stanevoi, Frau Lorenz machte das Knechthaus erst einmal gründlich sauber. Es hatte wohl schon lange leergestanden. Siegfried und ich sollten und wollten eigentlich auch helfen, aber irgendwie standen wir immer nur im Wege. Als Wohnung war das kleine Bauwerk vollkommen ausreichend. Es enthielt ein breites Bett, einen Backofen, auf dem zwei schlanke Personen schlafen konnten, einen Herd, einen Tisch, zwei Bänke, einen Schrank sowie mehrere Hocker. Nur freier Raum war knapp. Aber es war ja auch kein Tanzsaal. Die Anordnung, daß Siegfried und ich in der Scheune schlafen sollten, hatte also keine moralischen Gründe, wie wir zunächst angenommen hatten. Wir paßten da einfach nicht mehr hinein. Aber unsere Sachen konnten wir hier deponieren, und Platz am Tisch hatten wir auch.

Vinzas, der bienensuchende Holzfäller, ein geiziger Pfarrer, Onkel Babrauskas und seine Kühe

Mit Arbeit sah es schlecht aus. Die Frühjahrsbestellung war lange vorbei, bis zur Ernte dauerte es noch einige Zeit. Siegfried und ich wanderten im Raum Butrimonys umher, besuchten die Familie Krasnauzkas und den freundlichen Tataren Milkamanavicius in Raiziai, während Frau Hartung und Frau Lorenz mit den Kindern mehr die nähere Umgebung abklapperten. Die junge Frau Bannis stand zum Glück nicht ohne Hilfe da. Sie wurde von zwei, drei verwandten Familien, die auch in Punia lebten, beraten und unterstützt. Durch diese Kontakte gelang es ihr sogar, für Siegfried und mich schon vor der Ernte Arbeit zu beschaffen. Allerdings mußten wir uns trennen. Siegfried ging zu einer befreundeten Familie einige Kilometer stromabwärts nach Silenai, während ich bei einem Vetter namens Vinzas Virbizko in der Nähe von Punia untergebracht wurde. Das Anwesen lag direkt in einer schmalen Schlucht, dicht an der Memel. Allerdings gehörte es dem Vinzas noch nicht. Eigentümer war sein Onkel Babrauskas, ein 85jähriger kinderloser Witwer, der den Hof nicht mehr bewirtschaften konnte. Aber er hütete noch die Kühe, oben auf dem Plateau, auf dem sich auch die Äcker befanden.

Vinzas sollte das alles einmal erben und war dabei, das ganze Areal nach seinen Wünschen umzubauen und einzurichten. So gefiel es ihm nicht, daß ein öffentlicher Weg zur Memel das Grundstück teilte. Der Stall lag jenseits des Weges. Auch wenn selten jemand vorbeikam, Vinzas wollte ein abgeschlossenes Reich für sich. Daher hatte er als erstes den Rohbau eines neuen Wohnhauses erstellt. Nach dem Umzug sollte das alte zum Stall werden. Auf diese Weise lägen endlich alle Gebäude zusammen. Zwar war der Hof nun sehr klein, aber für einen Zaun und einen kleinen Blumengarten würde der Platz noch reichen. Die Zeit vor der Ernte wollte Vinzas nutzen, um Holz für den Hausbau zu schlagen. Die Stämme holte er aus einem Staatsforst auf der gegenüberliegenden Seite der Memel. Allein jedoch schaffte er das nicht, und seine kräftige junge Frau konnte ihm nicht mehr helfen, weil sie ein Kind erwartete. Also benötigte er eine Arbeitskraft, und das war ich. Morgens nach dem Frühstück setzten wir mit dem Kahn über, den Vinzas selbst gezimmert und schwarz geteert hatte. Dann erkundeten wir den Wald, bis wir Bäume fanden, deren Durchmesser dem jungen Bauern zusagte. Gemäß dem alten sozialistischen Sinnspruch – »Was allen gehört, gehört niemand. Was aber niemand gehört, kann man sich ruhig aneignen. Dann gehört es jemand. Warum soll ich nicht dieser Jemand sein?« – war

Vinzas nicht der einzige Nutznießer dieses Waldes. Bis wir also gutes Bauholz fanden, das dauerte schon ein Weilchen. Unterwegs erzählte Vinzas, ein fröhlicher junger Mann von 25 Jahren mit einem verwegenen blonden Haarschopf, daß dieser Wald voller Partisanen stecke, die sich hier ob der günstigen strategischen Lage sicher fühlen könnten. Während der Arbeit hielt ich heimlich Ausschau, ob ich diese Helden nicht auch einmal am Tage während meiner ehrlichen Arbeit erblicken könnte. Doch kein Partisan ließ sich sehen.

Drei Tage lang sägten wir hohe Kiefern um, deren Äste sozusagen erst in der dritten Etage begannen. Dann mußte ich das Pferd holen, was hieß, daß ich mit ihm durch die Memel schwimmen mußte. Wegen der starken Strömung wäre es zu umständlich und auch anstrengend gewesen, das Tier hinter dem Kahn herzuziehen. Bei dieser Gelegenheit fiel mir auf, daß die meisten jungen Litauer, die wir kannten, mitunter wahre Hünen und allesamt kräftig und gut gebaut, nicht schwimmen konnten. In ganz Punia gab es nur einen einzigen, den Petras, den ich gesehen hatte, wie er die Memel durchschwamm, allerdings in einem Stil, den man in Königsberg als »hundchepaddeln« zu bezeichnen pflegte, und der im Strom einen enormen Kraftaufwand erforderte. Auch Vinzas konnte nicht schwimmen. Darum also ich.

Der Wallach zog die Stämme erst auf den Weg und dann an den Fluß. Doch es waren noch nicht genug. Weitere Tage vergingen mit Holzschlagen und Abtransport zum Fluß. Die Arbeit machte Spaß und verschaffte mir das Gefühl, etwas geleistet zu haben, wenn ich am Ufer den Stapel schöner, gerade gewachsener Baumstämme betrachtete, der von Tag zu Tag höher wurde. Zudem liebte ich den würzigen Kiefernduft, während ich die vom Harz stets etwas klebrigen Hände als eine unvermeidbare Zugabe der Natur betrachtete.

Der alte Onkel Babrauskas war ein großer, magerer, wortkarger Mann. Manchmal schien es so, als ob er sich darüber ärgerte, daß Vinzas schon zu seinen Lebzeiten auf dem Hof schaltete und waltete, als ob er sein Eigentum sei. Inzwischen bereitete ihm auch die letzte selbsterwählte Aufgabe, das Kühehüten, zunehmend Schwierigkeiten. Wenn die Tiere mittags der gnadenlosen Hitze ausgesetzt waren und zusätzlich von Bremsen und Stechfliegen gequält wurden, brachen sie aus und liefen ihm weg. Und da der kürzeste Weg zum Stall durch den Gemüsegarten führte, litten Zwiebeln, Karotten, Tomaten und die Küchenkräuter besonders. Worüber wiederum Vinzas Frau Sofija, die sonst eher ruhig, freundlich und ausgeglichen wirkte, in Rage geriet, und wenn der Alte schließlich seinen Tieren folgte, schimpfte sie aus vollem Halse. Doch den berührte das kaum. Er hatte sich unterwegs einen kräftigen Stock geschnitten und verschwand damit im Stall, wo er ihn auf den Rücken der drei Kühe klatschen ließ, dabei immer den gleichen Kommentar wiederholend: »Ihr seid so dumm und denkt, ihr könnt mir weglaufen. Aber ihr könnt mir nicht entkommen. Ich kriege euch doch.« Und er kam erst wieder heraus, wenn er den Stock zerschlagen hatte.

Eines Tages war der Ablauf jedoch anders. Onkel Babrauskas war auf dem Heimweg gestürzt und kam erst lange nach den Kühen, mühsam auf einen Stab gestützt, angehumpelt. Der alte Mann hatte wohl ziemliche Schmerzen, denn er verzichtete auf die übliche Stockprozedur, legte sich gleich auf sein Bett, und Sofija mußte ihm kalte Umschläge um den Knöchel machen. Beim Essen beratschlagten Vinzenz, Sofija und ich, wer nun die Kühe hüten sollte. Vinzas und ich hatten unsere Arbeit, Sofija war schon im sechsten Monat. Sie konnte die Strapazen des täglichen mehrmaligen Anstiegs zur Weide nicht mehr bewältigen. Außerdem hatte sie mit dem Haushalt genug zu tun. Da kam mir eine Idee: Vinzas könnte vielleicht Dora, Frau Hartungs 12jährige Tochter, dafür anstellen. Vinzas und Sofija fanden die Idee gut, Onkel Babrauskas hingegen murmelte etwas von Verschwendung, gegen die er leider aufgrund seiner derzeitigen Verfassung machtlos wäre.

Am Abend lief ich hinüber zum Haus Bannis. Dort gab es zunächst ein großes Hallo. Die Frauen hatten sich inzwischen gut eingelebt. In der Umgebung waren sie bekannt. Mit Frau Bannis verstanden sie sich blendend. Ich erzählte von meiner Holzfällerarbeit, kam dann auf den alten Babrauskas und schließlich auf den Grund meines

Besuchs zu sprechen. Frau Hartung hatte keine Einwände, und Dora freute sich – nach meinen Erfahrungen mit Kühen vielleicht etwas zu überschwenglich – auf den Umgang mit Tieren. Sie kam am Morgen und war froh, daß sie eine Zeitlang nicht mehr umherziehen mußte. Ich berichtete ihr von den Problemen mit dem Gemüsegarten und empfahl ihr, die Kühe etwas früher heimzutreiben, dann wären die Tiere noch nicht so unruhig und ließen sich leichter auf dem richtigen Weg halten. Das klappte auch ganz gut.

Alle waren zufrieden, nur Onkel Babrauskas nicht. Bei jeder Mahlzeit stellte er laut und deutlich fest: »Das Mädchen ißt zuviel, die können wir nicht behalten.« Alle Vorhaltungen Sofijas, Dora mache ihre Arbeit doch recht gut und soviel äße sie ja auch gar nicht, wischte er mürrisch beiseite: »Die können wir nicht ernähren.«

Nach vier Tagen mußte ich Dora wieder zurückbringen. Schimpfend und immer noch humpelnd zog der alte Mann mit seinen Kühen wieder auf den Berg.

Inzwischen beherrschte ich die litauische Sprache in Wort und Schrift schon gut und konnte mich mit Vinzas über vieles unterhalten. Durch den geringen Altersunterschied von nur sieben Jahren herrschte zwischen uns ein echtes Vertrauensverhältnis. Das war vor einem Jahr bei Vitas Galacvicius anders gewesen. Bei aller Freundlichkeit blieb der für mich eine Respektsperson. Einmal kamen wir auch auf die Partisanen zu sprechen. Ich wunderte mich, daß sie der geballten Sowjetmacht trotzen konnten.

Der Bauer lachte und holte zu einer ausführlichen Erklärung aus: »Das kannst du als ordentlicher Deutscher auch nicht verstehen, die russische Denkweise funktioniert ganz anders. Ungefragt meldet niemand etwas nach oben, weil er nicht weiß, nicht wissen kann, was dann passiert. Nehmen wir zum Beispiel die Partisanen oder auch Banditen, wie sie von der Staatsmacht genannt werden. Was könnte geschehen, wenn der leitende Kreisfunktionär von Alytus seinen Vorgesetzten in Vilnius meldet, in seinem Bereich gäbe es Partisanen? Da gibt es zwei Möglichkeiten. Entweder schicken sie Soldaten aus Weißrußland, mindestens drei Regimenter, die kämmen den ganzen Bezirk durch, einschließlich der Wälder. Das ist eine Sache von drei Tagen, dann sind die Partisanen alle tot. Aber der Mann muß auch das allgegenwärtige Trägheitsmoment von Mütterchen Rußland bedenken. Und das ist die zweite, für ihn wichtigere Variante. Ehe so ein NKWD-General für seine Leute einen außerplanmäßigen Güterzug anfordert und die Gründe dafür womöglich sogar nach Moskau melden muß, wird er dem eifrigen Kreisleiter erklären, er sei ein miserabler Kommunist. Sonst hätten sich in seinem Kreis keine Banditen konzentrieren können. Und schon sitzt der Kreisfunktionär ohne Rückfahrkarte im Zug nach Sibirien. Diese kostensparende Methode ist allgemein bekannt. Also geht niemand ein Risiko ein. Auf den unteren Ebenen wissen alle, daß es Partisanen gibt, doch wer will sich den Pelz verbrennen? Und genauso ist es mit der Planerfüllung und den Wahlergebnissen. Ihr Deutsche könnt auch nur in Litauen leben, weil an der Spitze niemand weiß, daß ihr hier seid, sonst wärt ihr schon lange wieder in Königsberg. Und so hat das System auch wieder sein Gutes.«

Ein andermal wunderte ich mich, daß es in Litauen bis auf eine kurze Zeitspanne im Sommer täglich Sauerkrautsuppe gab. Auch dafür hatte Vinzas eine Begründung. »Wir Litauer sind im Grunde genommen arme Leute. Unsere Frauen haben keine großen Konservierungsmöglichkeiten, wie wir das aus Deutschland gehört haben. Brot und Kartoffeln haben wir immer. Aber das ist für den Körper zu wenig, und Sauerkraut ist gesund. Sauerkraut ist das gleiche wie Obst. Aber das Obst hält sich nicht so lange, und wir müssen es verkaufen. Sauerkraut ist haltbar, wenn die Hausfrau die Kunst des Einlegens richtig versteht. Die Fähigkeiten einer guten Hausfrau kannst du daran ermessen, wie lange sie im Frühjahr mit ihrem Sauerkraut reicht. Mit dem Fleisch ist es ähnlich. Wenn wir ein Schwein geschlachtet haben, können wir nur pökeln und räuchern. Für kurze Zeit haben wir auch Frischfleisch und frische Wurst, aber das Fleisch verkaufen wir auf dem Markt, und die Wurst ist schnell aufgegessen. So einfach ist das.«

Ich hatte wieder etwas dazugelernt.

Als wir mittags zum Essen gingen, entdeckte Vinzas, daß sich in etwa acht Meter Höhe an einem weit ausgreifenden Ast einer Kiefer ein Bienenschwarm angesiedelt hatte. Er war Feuer und Flamme. »Die holen wir uns«, sagte er begeistert.

Ich dagegen konnte mir nicht einmal vorstellen, wie er das machen wollte. In dieser Höhe, dazu noch so weit außen: da konnte er doch an den Schwarm gar nicht herankommen.

Doch Vinzas ließ sich von seiner Idee nicht abbringen. Hastig ruderte er über den Fluß. Seine Frau Sofija verstand auch nicht so recht, warum er bei der Wärme draußen plötzlich nach Handschuhen und dicken Wintersachen verlangte. Zudem brauchte er noch einen Sack, einen dicken Holzlöffel, ein Stück Seil und einen geflochtenen Kartoffelkorb. Und ich sollte, so ordnete er an, eine kleine Bügelsäge mitnehmen. Dann ging's sofort wieder zurück über die Memel.

Unterwegs schilderte mir Vinzas seinen Plan. Er wollte mit Hilfe des Seils am Stamm emporklettern und den Ast absägen. Ich hätte dann mit dem Holzlöffel die Bienen vom Ast abzukratzen und in den Kartoffelkorb zu tun. Das wichtigste sei dabei, daß ich die Königin erwischte, dann liefe alles andere wie von selbst.

Und so geschah es. Vinzas schlang das Seil um den Baum und zwängte sich in eine Schlaufe, schob das Seil ein Stückchen am Stamm hoch und fixierte es, indem er mit den Füßen am Stamm Halt suchte, dabei den Körper vom Stamm weg nach außen lehnte. Nun setzte er die Füße höher und trieb mit einer schwingenden Bewegung das Seil ein Stück nach oben. Diesen Bewegungsablauf wiederholte er, bis er den Ast erreichte. Das ging sehr schnell und sah dabei auch noch richtig elegant aus. Er griff zur Säge, und schon fiel der armdicke Ast zur Erde – die ausladenden Zweige konnten den Aufprall zwar etwas abfedern, dennoch lösten sich viele Bienen von ihrem Volk und kreisten aufgeregt umher. Doch brachten sie mich anscheinend nicht mit ihrer Katastrophe in Verbindung, denn ich blieb unbehelligt.

Eilig schaufelte ich ganze Klumpen von Bienen in den Kartoffelkorb, den ich jedesmal wieder mit dem Sack abdeckte, um ein Entkommen zu verhindern. Inzwischen war Vinzas auch schon wieder unten und half mir dabei.

Als ich mich bewundernd über seine Kletterkünste äußerte, winkte er lässig ab:

»Das war ein Sport, als wir Jungen waren, das kann hier jeder.«

Schließlich hatten wir den Bienenschwarm abgeschabt, banden den Sack fest um den Korb und machten uns auf den Weg nach Hause. Vinzas war ganz aufgeregt und schilderte in den glühendsten Farben, was er mit dem Honig alles anfangen wollte. Selber essen war gut, verkaufen wäre besser, und beides gleichzeitig am besten. Honig war knapp und teuer, denn die russischen Soldaten hatten 1944 bei ihrem Vormarsch viele Bienenkörbe aufgebrochen und den Honig aufgegessen, mitsamt den Waben. Infolgedessen waren im Winter 1944/45 sehr viele Völker eingegangen.

Doch zunächst brauchte er ein Haus für seine Bienen. Er wußte auch schon, woher er eins bekommen könnte.

Der Pfarrer hatte in seinem Garten zwölf oder gar fünfzehn leere Bienenkörbe stehen, die von den Russen ausgeschlachtet worden waren. Der würde ihm bestimmt einen schenken. Er zog also seinen guten Anzug an und stieg den Weg hinauf nach Punia. Eine halbe Stunde später war er wieder da, mit dem Fragment eines Bienenhauses.

Eigentlich war es nicht viel mehr als eine offene Kiste mit breiten Nuten an der Rückfront, in die man den Rahmen für die Waben einschieben konnte. Zornig schilderte Vinzas sein Zusammentreffen mit dem Geistlichen. Er hatte ihm voller Freude von seinem Fang erzählt und um einen Bienenkorb gebeten. Daraufhin war der 80jährige alte Herr mit ihm in den Garten gegangen. Von den vielen Häusern hatte er ihm das allerschlechteste gegeben.

Auf Vinzas Einwand, das wäre doch so beschädigt, ob er nicht ein etwas besseres bekommen könne, hatte der Pfarrer erwidert: »Heute hat es Gott dem Herrn gefallen, dir ein Bienenvolk zu geben. Vielleicht gibt er mir ja morgen zehn Völker oder mehr, und dann brauche ich meine Häuser alle selber.«

Vinzas konnte sich gar nicht beruhigen: »Dieser Pfarrer hat mich getauft, gefirmt, mir im Kindergottesdienst beigebracht ›Geben ist seliger denn nehmen!‹«

Und so schimpfte er noch, als er im Schuppen schon nach Brettern und Leisten suchte, um das Wrack wieder herzurichten. »Vier Haushälterinnen hat er, und dabei ist er schon so alt. Die ganze Gemeinde ist schlecht auf ihn zu sprechen, wegen seines sittenlosen Treibens. Und ich habe ihn immer noch in Schutz genommen, wenn über ihn geredet wurde. Das ist nun vorbei.«

Das war ja interessant. Ich fragte nach Details. Doch da mußte Vinzas eingestehen, daß zwar niemand etwas Genaues wüßte, aber jeder könne sich vorstellen, wie sittenlos es da zuginge und was dort alles passieren mochte, wenn ein Mann vier Frauen im Hause hätte. Das wäre ja ein Harem.

Alles Schimpfen nützte nichts, Vinzas hatte kein besseres Bienenhaus und mußte dieses reparieren. Am nächsten Morgen, als wir gerade dabei waren, die Bienen in ihre endgültige Behausung umzupacken, hörten wir plötzlich drei Explosionen, wie von Handgranaten, und anschließend mehrere Feuerstöße aus Maschinengewehren oder -pistolen ganz in der Nähe. Dann war wieder Ruhe. Das mußte Militär sein.

Was war zu tun? Sollte ich mich auf dem anderen Ufer im Wald verstecken?

Vinzas schüttelte den Kopf: Wenn man mich auf dem Fluß bemerkte, wäre alles noch schlimmer. So betrieben wir Vogel-Strauß-Politik und machten uns wieder an die Arbeit. Es geschah auch weiter nichts, fast als ob wir den kriegerischen Lärm nur geträumt hätten.

Nach dem Mittagessen hielt es Vinzas nicht mehr auf dem Hof aus. Er wollte sich bei den Nachbarn umhören, was wohl passiert war. Aufgeregt kehrte er zurück: Russische Soldaten hätten am Weg von Punia nach Alytus einen Partisanenbunker ausgehoben; drei Partisanen wären erschossen worden. Es wäre aber Verrat im Spiel gewesen, denn der Unterstand sei gut getarnt gewesen, zudem habe niemand von ihm gewußt; so hätten sich zumindest seine Bekannten geäußert. Sofija, Vinzas und ich blickten uns betroffen an. Während wir hier ruhig die Bienen zählten, waren noch nicht einmal zwei Kilometer entfernt drei Litauer gestorben. Und wer hatte sie verraten, wenn es denn Verrat gewesen war?

Unsere großangelegte Bienenaktion entpuppte sich als Reinfall. Zunächst unbemerkt, dann aber offensichtlich, verließen sie das Haus und flogen davon. Am dritten Tag waren alle wieder weg. Ob wir die Königin gar nicht erst erwischt hatten oder ob sie beim Umpacken vom Korb ins Bienenhaus geflohen war: wir wußten es nicht. Und dabei hatte sich Vinzas mit der Instandsetzung ihres Domizils soviel Mühe gegeben, er tat mir richtig leid in seinem Kummer.

Doch lange trauerte Vinzas dem entflohenen Völkchen nicht nach. Eines Nachts ruderte er in seinem Kahn auf die Memel hinaus und verankerte ihn dort im Strom. Seitlich vom stromabwärts gewandten Heck hatte er auf einem Drahtgestell eine flache Blechschüssel angebracht, in der er ein Holzfeuer entfachte. Mit einem Dreizack stach er nach den Fischen, die sich neugierig dem Lichtschein näherten. Mit guter Balance, einem sicheren Auge und ruhiger Hand fing er in kurzer Zeit einen Eimer voller Zander und Barsche sowie einen Hecht. Die Fische wurden aber nicht, wie ich es kannte, im Ganzen zubereitet. Sofija zerlegte einige und briet die Stücke bunt gemischt mit Speck in einer großen Bratpfanne. Dazu gab es Salzkartoffeln. Es schmeckte hervorragend.

Nachdem wir inzwischen genügend Holz eingeschlagen und an den Fluß transportiert hatten, mußte es hinübergeschafft werden. Dazu hatte Vinzas zwei Freunde zu Hilfe gerufen. Er meinte, daß wir zwei ein solch großes Floß nicht dirigieren könnten und zu weit abtreiben würden. Mit ihrer Hilfe banden wir die Stämme mit dicken Stricken in zwei Lagen übereinander, die erste längs, die zweite quer. Dann schoben wir das Floß ins tiefere Wasser, sprangen auf, stellten uns jeder an eine Ecke und ruderten aus Leibeskräften. Es war eine sehr wacklige Angelegenheit und nicht ganz ungefährlich, denn bei jeder Gewichtsverlagerung hob oder senkte sich das Floß und drohte, im Strom zu kreiseln. Ich hatte etwas Angst, tröstete mich aber damit, daß ich wenigstens schwimmen konnte und die anderen nicht. Doch was würde mir das nützen, falls ich unter das Floß geriete?

Doch alles ging gut aus. Und wir landeten auch dort an, wo wir es geplant hatten, an einer Waldwiese nämlich, von der aus sich ein schmaler Weg nach Punia hinaufwand. Ich schwamm wieder hinüber, holte den Kahn, und zu viert ging's erneut zurück. Die nächste Reise begann. Damit waren wir fast den ganzen Tag beschäftigt, bei jeder Fahrt ging es besser. Schließlich hatten wir das ganze Holz hinübergeschafft. Dort mußte es allerdings erst einmal liegenbleiben, denn es war schon später Abend. Am nächsten Tag fuhren Vinzas und ich das Holz ab: erst hinauf nach Punia, dann die folgende Schlucht hinunter zum Grundstück. Einige größere Zuschnitte blieben gleich bei einem Verwandten im Dorf: Sie sollten zum Sägewerk transportiert werden. Doch das war nicht mehr meine Aufgabe, denn inzwischen rückte die Erntezeit heran.

Eine »talka«,
die Tücken einer Pferdeschwemme
und Lachsfischen in der Memel

Ich kehrte zum Bannis-Hof zurück, und auch Siegfried wurde zurückbeordert. Freunde und Verwandte der jungen Frau Bannis – Hofbesitzer auch sie – hatten sich inzwischen Gedanken gemacht und den Arbeitsablauf während der Erntezeit organisiert. Ein älterer, umsichtiger Bauer namens Veschaitas übernahm die Leitung. Tag für Tag prüfte er den Reifegrad des Korns auf den Feldern und legte danach die Reihenfolge der Mahd für die fünf Gehöfte fest. Auf diese Weise wurden alle Helfer mal auf dem einen, mal auf dem anderen Hof eingesetzt. Während die anderen abends auf ihre Anwesen zurückkehrten, schliefen Siegfried und ich meist dort, wo wir tagsüber gearbeitet hatten. Frau Lorenz und Frau Hartung wurden noch nicht gebraucht, weil sie nicht binden konnten. Doch beim Einfahren halfen sie mit.

An einem Samstagabend fanden sich alle Helfer auf dem Bannis-Hof zur *talka* – übersetzt »Einsatz« – ein: Gemeinschaftlich erledigte man die Aufgaben, die eine einzelne Hausfrau überfordert hätten. Zunächst droschen die Mädchen auf der Tenne Flachs mit kurzen, breiten Holzplatten, die zusammen mit dem Griff aus einem Stück geschnitzt waren. Die Körner dienten zur Leinölgewinnung und auch als Saatgut für das nächste Jahr. Während die jungen Frauen am Boden kauernd arbeiteten, sangen sie die schönen, traurigen Partisanenlieder. Die Burschen, von der Feldarbeit zurück, standen am Eingang der Scheune herum, lästerten ein biß-chen und zwinkerten den von ihnen verehrten oder heimlich angebeteten Mädchen möglichst häufig zu. Einige wurden rot und warfen nur, wenn sie sich unbeobachtet fühlten, einen flüchtigen Blick auf den Verehrer. Andere zwinkerten ungeniert zurück und brachten die jungen Burschen dadurch in größ-te Verlegenheit. Diejenigen, die sich schon etwas nähergekommen waren oder die gar »miteinander gingen«, beobachteten verstohlen, aber wachsam das Treiben, um angesichts der großen Auswahl auf beiden Seiten eventuelle Ausbruchsversuche recht-zeitig zu erkennen und zu verhindern. Schließlich war der Flachs ausgedroschen. Aber niemand ging nach Hause.

Nun, nach getaner Arbeit, fanden sich alle in geselliger Runde zusammen, es wurde kräftig ge-gessen, kräftig getrunken und natürlich auch kräftig gesungen.

Ich unterhielt mich mit dem jungen Bauern Antanas, der mir klarmachte, warum es falsch sei, mehrere Höfe gemeinsam zu bearbeiten: Dadurch unterstütze man indirekt die Bildung von Kol-chosen, wie von den Sowjets gewünscht. Denn genau das, nämlich die Zusammenarbeit mehrerer

Hofbesitzer, wollten sie mit ihren zeitlich exakt geplanten Deportationsaktionen erreichen.

Sie rechneten damit, daß kein ordentlicher Bauer das Getreide des Nachbarn auf den Halmen würde vertrocknen lassen. Diese Gemeinschaftsarbeit wäre der erste Schritt, der über kurz oder lang in die zwangsweise Gründung von Kolchosen münden würde; denn man bewies ja, daß sie funktionierte. Allerdings wüßte er auch keine Lösung für dieses Problem. Die Eindringlichkeit, mit der der junge Litauer seine Befürchtungen darstellte, gab mir zu denken. Er hatte recht: Die letzte Verschleppungsaktion war im Mai erfolgt: Die Felder hatte man die Bauern noch bestellen lassen, bevor man sie nach Sibirien deportierte. »Wer weiß, wann wir dran sind«, schloß Antanas seine Überlegungen, »ich habe 16 Hektar, also ungefähr soviel wie Bannis. Als *Kulak* darf ich keine Fremden beschäftigen, und allein können wir auf dem Hof die Arbeit nicht schaffen.«

Unterdessen war das Fest fortgeschritten. Eine ausgelassene, beinahe hektische Stimmung machte sich breit. Ich sah mich suchend um, und entdecke Siegfried an einem Nebentisch. Eifrig redete er auf ein junges, hübsches blondes Mädchen ein, das ich noch nie gesehen hatte. Ganz offensichtlich war er sehr bemüht um sie. Den beiden gegenüber saß die dunkelhaarige anmutige Ramute, Tochter des Bauern Veschaitas. Sie schaute gelangweilt drein. Antanas folgte meinem Blick, erhob sich und ging zu Siegfried hinüber. Dort wollte ich eigentlich auch hin, traf aber zunächst auf Vinzas, den bienensuchenden Holzfäller. Er war schon etwas angetrunken und meinte, mich unbedingt einer Bäuerin vorstellen zu müssen. Die Frau hätte Arbeit für mich, eventuell sogar über den Winter. Das war zwar gut gemeint, aber er wußte nichts von der Abmachung zwischen Siegfried und mir, uns nicht zu trennen. Bislang hatte noch keine Notwendigkeit bestanden, ihm davon zu erzählen. Ich wimmelte ihn ab, so nett und schnell ich konnte, weil ich unbedingt zu Siegfried und den Mädchen wollte. Der war inzwischen zu Ramute hinübergewechselt und raspelte bei ihr Süßholz, während die unbekannte Blonde alleine dasaß. Aus der Nähe betrachtet, wirkten beide noch recht jung.

»Das ist Birute«, meinte Siegfried aufgekratzt, »sie ist nett, du kannst dich ruhig mit ihr unterhalten.«

Diese Großzügigkeit kam mir irgendwie merkwürdig vor, doch mir sollte sie recht sein, denn Birute sah wirklich bezaubernd aus. Sie war jedoch sehr ruhig und zurückhaltend und reagierte kaum auf meine Versuche, ein Gespräch anzubahnen. Während ich im stillen etwas ärgerlich wurde und vermutete, sie sei wohl zu stolz, sich mit einem deutschen Hilfsarbeiter zu unterhalten, stand plötzlich Antanas neben mir.

»Laß die Finger von meiner Schwester«, sagte er ganz ruhig, »sonst muß ich dir die Knochen brechen. Sie ist erst 15 Jahre und durfte nur auf dieses Fest, weil ich den Eltern versprochen habe, gut auf sie aufzupassen.«

Von gegenüber lächelte Siegfried schadenfroh. Nun wußte ich, warum er die Seite gewechselt hatte. Denselben Spruch hatte er mit Sicherheit ebenfalls zu hören bekommen.

Ich war ärgerlich. Doch wie zum Trost erhob sich der Bauer Veschaitas kurz danach, rief nach seinem Sohn, holte seine Tochter und verschwand mit den beiden, ungeachtet ihrer Proteste. So war Siegfried auch allein. Das freute mich nun wieder.

Die Feier entartete langsam zum ganz gewöhnlichen Besäufnis. Die Mädchen und Frauen waren alle gegangen. Zurückgeblieben war ein harter Kern trinkfester Männer, der erst aufgeben würde, wenn der *Samagonas* alle war. Die anfangs so fröhliche Frau Bannis lächelte gequält und schaffte die letzten Flaschen heimlich beiseite. Siegfried und ich fühlten uns auch nicht mehr wohl, zumal die Scherze immer gröber wurden und die ersten Rempeleien begannen. Als wir uns bei der Gastgeberin bedankten, meinte sie, es wäre besser, wenn wir diese Nacht nicht in der Scheune, sondern im Haus bei den Frauen schlafen würden. Man wüßte nie, was betrunkene Männer alles anstellten. Sonderbar! Ich erinnerte mich an Ostern, damals hatte die Frau des Schuhmachers Simoneitis das gleiche gesagt. Die Litauer hatten uns nie auch nur ein Haar gekrümmt, und doch mußten sie – nach den Warnungen der Frauen zu urteilen – nach reichlichem Genuß von *Samagonas* recht bösartig werden können. Wir hatten keine Lust, diese Erfahrung auszuprobieren, und schlüpften bei unserer Familie unter, die wegen des Lärms noch munter war und Angst hatte. Es wurde eine unbequeme Nacht. Ich schlief auf dem Tisch und Siegfried auf dem Fußboden. Mehrmals wurde noch an der Türe gerüttelt, doch wir meldeten uns nicht.

Der Morgen begann unangenehm. Wir hatten alle zuviel getrunken und daher Kopfschmerzen. Aber unseren Arbeitgebern schien es auch nicht viel besser zu gehen. Niemand kam vorbei, um uns zu sagen, was zu tun wäre. Auch Frau Bannis wußte nicht recht, wie es weitergehen sollte. Gegen zehn Uhr erschien Petras, der Sohn eines Nachbarn. Er wirkte ebenfalls verkatert und erklärte, daß Veschaitas, den Zustand seiner Leute richtig einschätzend, der Meinung war, es sei das Beste, zunächst einmal die Pferde in die Schwemme zu bringen. Das würde uns alle ausreichend ernüchtern.

Wir holten also zusammen mit Petras und Juosas, dem Sohn von Veschaitas, die Pferde von den Höfen und ritten hinab zur Memel. Dort kannten die Burschen einen sandigen Einstieg. Anschließend war das Ufer über eine Länge von etwa 200 Metern dicht mit Weiden bewachsen. Danach folgte wieder eine flache Zone, beinahe eine Furt, doch blieb das Wasser in der Flußmitte tief und reißend. Juosas konnte nicht schwimmen, Petras war froh, wenn er es nicht unbedingt mußte, also blieben Siegfried und ich übrig, mit den Tieren ins Wasser zu gehen.

Wir nahmen die Pferde am Halfter, und zwar so, daß sie auf der Uferseite schwimmen konnten. Mit der Strömung trieben wir dann gemeinsam zur Sandbank, wo die Rosse durch kräftigen Druck Richtung Ufer wieder Boden unter den Hufen fanden.

Das klappte zweimal sehr gut. Doch beim drittenmal erwischte ich eine Stute mit Fohlen. Juosas hatte nicht aufgepaßt, und ich merkte auch nicht, daß das Fohlen seiner Mutter ins Wasser gefolgt war. Ich hielt das Pferd möglichst dicht am Ufer, um ja den Ausstieg nicht zu verpassen. Doch zwischen Stute und Uferkante war nicht genug Platz für das Fohlen. Infolgedessen wechselte es auf die andere, meine Seite über. Erst als meine Beine pausenlos von seinen Vorderhufen getreten wurden, wurde ich aufmerksam. Die Stute allerdings auch. Sie wandte den Kopf ihrem Kind zu, das sich näher heranarbeitete. Jetzt war ich eingeklemmt und schluckte Wasser wie selten zuvor. Schwimmen konnte ich nicht mehr. Einen Arm brauchte ich für das Pferd, die Beine mußte ich hängen lassen, damit sie mir nicht zerschlagen wurden. Mit letzter Kraft gelangte ich zur Sandbank, gewann Grund unter den Füßen und schob die Stute zum Ufer. Petras nahm sie mir ab. Meine Angst, daß das Fohlen womöglich vorbeitreiben könnte und man mich dann für den Verlust verantwortlich machen würde, erwies sich als unbegründet. Es war der Mutter gefolgt und kletterte sicher an Land.

Während Siegfried mit einem dunkelbraunen

Wallach zum letztenmal die Prozedur durchstand, lag ich völlig ausgepumpt auf der Wiese und schnappte nach Luft. Den Pferden hatte das Bad sichtlich wohlgetan, und ich war stolz, als wir halbnackt aus der Schlucht hinaus auf die Ebene galoppierten wie einstens Lützows wilde verwegene Jagd. Juosas, der eigentlich Schuldige an meiner Misere, hatte von dem ganzen Drama nichts bemerkt. Er lag während der Zeit an der Einstiegsstelle im flachen Wasser und kühlte sich ab.

Diese Episode hatte Siegfried und mich angeregt, öfter zum Baden zu gehen, am Abend oder zwischendurch, wenn wir in der Nähe arbeiteten. Es war ein wunderbares Gefühl, sich auf dem Rücken liegend treiben zu lassen und dabei die Baumkronen vorbeiziehen zu sehen. Natürlich schwammen wir nackt, denn dort kam kaum jemand vorbei, und wir wollten ja hinterher nicht mit nassen Unterhosen herumlaufen. Doch einmal gerieten wir in arge Bedrängnis. Wir kehrten gerade wieder zu unserem Ausgangspunkt zurück, als wir ausgerechnet Birute und Ramute neben unseren Sachen stehen sahen. Sie wollten wohl gleichfalls baden, denn sie waren im Begriff, sich ihrer Kleider zu entledigen. Ratlos blieben wir stehen: Wir konnten uns doch nicht im Adamskostüm sehen lassen! Die Brüder würden uns kurz und klein schlagen, wenn ihnen diese Geschichte zu Ohren käme. Kurz entschlossen zwängten wir uns durch die Weiden zurück ins Wasser und arbeiteten uns dicht am Ufer stromaufwärts vor. Das war mehr als mühsam, denn der

Grund war ausgewaschen und tief. Wären wir nicht schon im Wasser gewesen, wir hätten sicherlich dabei geschwitzt! Schritt für Schritt kamen wir voran und erreichten schließlich die Badestelle, wo wir peinlich darauf achteten, immer bis zum Bauch unter Wasser zu bleiben.

Die Mädchen planschten barbusig in der flachen Uferzone, ohne sich dabei auch nur im geringsten zu genieren. In Anbetracht der landesüblichen Frömmigkeit waren wir darüber sehr verwundert. Sie dagegen waren nicht einmal überrascht, als sie uns bemerkten. Wer, außer den beiden Deutschen, ging schon freiwillig in die Memel, um zu schwimmen! Endlich hatten sie genug, zogen sich hinter einem Gebüsch um und verschwanden kichernd. Wir stürzten aus dem Wasser, um uns schleunigst anzuziehen. Das war auch höchste Zeit, denn wir waren schon ganz schön ausgekühlt.

Die letzten Wochen der Erntearbeit verbrachten Siegfried und ich überwiegend auf den Feldern von Veschaitas, jenseits des Dorfes Punia. Wir hatten uns schon Hoffnungen gemacht, dadurch auch in näheren Kontakt zu Ramute zu kommen, doch sie verhielt sich sehr reserviert, was vielleicht auch auf die Wachsamkeit der rundlichen, jedoch sehr flinken, allgegenwärtigen Mutter zurückzuführen war. Aber dann ergab sich für mich doch noch ein Anknüpfungspunkt, der mir allerdings auch nicht viel weiterhalf, wie sich erweisen sollte. Nach dem Abendbrot griff ich, wie es mir inzwischen zur Gewohnheit geworden war, zur Zeitung. Da stand nichts Besonderes drin. Die Ernteschlacht war geschlagen, jedenfalls aus der Sicht der Funktionäre. Dann fiel mir ein Englischbuch in die Hände, das Ramute liegengelassen hatte. Ich machte mich darüber her und stellte fest, daß ich die meisten Übungssätze vom Englischen ins Litauische übertragen konnte und umgekehrt. Ungewohnte Ausdrücke, die im Alltagsleben nicht vorkamen, fand ich hinten im Glossar, indem ich die Vokabeln der entsprechenden Lektion absuchte. Das machte mir Spaß. Als Juosas erschien, bat ich ihn um Papier und Bleistift und begann damit, die Übungen schriftlich zu fixieren.

»Kannst du Englisch?« fragte er. »Das ist ja sehr gut, dann kannst du meiner Schwester helfen, die ist zwar schön, aber doof, und hat mit Englisch große Schwierigkeiten.«

Als Bruder konnte er sich natürlich eine derartige Einschätzung erlauben. Ich dagegen war direkt entrüstet über die Herabwürdigung seiner von mir so verehrten Schwester. Der Vorschlag jedoch gefiel mir. Nur kam es dann so, daß ich Ramute die Schularbeiten machte, was sie zunächst dankbar, nach ein paar Tagen indes schon als selbstverständlich hinnahm. Und erklären ließ sie sich auch nichts, denn jedesmal, wenn ich es versuchte, sagte sie spitz: »Das weiß ich selbst.« So brachte die räumliche Nähe zwar mehr Kontakt, doch zugleich eine gewisse Desillusionierung. So unrecht hatte der Bruder gar nicht.

Einmal begleiteten Siegfried und ich Veschaitas und Jusoas hinunter zur Memel. Der Ackerwagen war angefüllt mit Kieseln aller Art, von grobkörnig bis faustgroß, die der Bauer aus einer Kiesgrube geholt hatte. Wir hielten unterhalb der Pferdeschwemme an einem Platz, dem wir bei unseren Badeausflügen bislang keinerlei Beachtung geschenkt hatten. Etwa zwei Meter vom Ufersaum entfernt hatten die Bauern im Wasser parallel zum Fluß Pfähle in den Grund gerammt und Weidenzweige dazwischengeflochten und auf diese Weise einen ungefähr acht Meter langen, dichten Zaun aufgestellt. Wir verteilten nun die Steine sorgfältig zwischen Zaun und Ufer. Veschaitas erklärte uns, hier würden die Bauern gemeinsam Lachse fangen, die die Memel herauf zu ihren Laichplätzen zögen und die sich mit Vorliebe an Stellen aufhielten, die schön mit Steinen ausgekleidet seien. Vier Männer würden sich am unteren Ende des Zauns mit einem aufgespannten Netz aufstellen, während drei bis vier andere von der entgegengesetzten Seite aus die Lachse mit Stöcken ins Netz treiben würden. Die Netzhalter benötigten viel Kraft, denn der Fang sei jedesmal erheblich – jedoch nur daher, weil das wichtigste, die schönen neuen Kieselsteine nämlich, jedes Jahr neu aufgefüllt würden.

Von dieser Fangmethode hatte ich noch nie gehört, von anderen allerdings auch nicht.

Unser drittes Zuhause auf dem Marconis-Hof

Anfang September meinte Frau Bannis, sie habe mit ihrem Onkel Veschaitas gesprochen, sowohl die Hilfe von uns Burschen als auch die der Frauen sei nun nicht mehr erforderlich; im Grunde wäre es ihr sehr recht, wenn wir uns für den Winter nach einem anderen Quartier umsehen würden. Bei richtigem Frost könnten wir Jungen nicht mehr in der Scheune schlafen, und für sieben Personen wäre das Knechthaus zu klein. Sie wolle uns nicht drängen, es käme auf ein paar Tage nicht an. Für die Frauen habe sie später bei der Kartoffelernte noch einmal Verwendung, Siegfried und ich kämen für Drescharbeiten im Winter in Betracht. Doch jetzt, sie hob die Schultern und ließ sie wieder sinken, müßten wir gehen. Damit ließ sie uns allein.

Siegfried und ich fühlten uns besonders betroffen. Dieser Sommer war ganz anders verlaufen als der vorige. Wir waren nicht nur mit einer Familie zusammengewesen, sondern hatten einige junge Litauer viel näher kennen- und schätzengelernt, als das seinerzeit bei Stassi in Panemuninkai der Fall gewesen war. Aus vielen Gesprächen kannten wir ihre Sorgen und Wünsche und sie die unsrigen.

Wir wurden als gute Arbeiter anerkannt, hatten selbständig gearbeitet und waren mit den Pferden und Gespannen umgegangen, als ob wir nie etwas anderes gemacht hätten. Und was hatten wir für Spaß am Reiten – natürlich ohne Sattel! –, das sich oft ergab, wenn wir von einem Hof zum anderen zogen oder die Tiere über die Mittagszeit in den Stall holten. Wir hatten uns dazugehörig gefühlt. Und nun das! Vielleicht rührte das Gefühl der Trauer auch daher, weil wir noch so jung waren und hier erstmals nach langer Zeit wieder ein Gefühl der Geborgenheit empfanden. Das alles war nun vorbei. Irene Hartung und Anna Lorenz, die lange nicht so stark in die Gemeinschaft eingebunden gewesen waren wie wir, zeigten sich weit weniger betroffen. Bis auf die wenigen Tage beim Einfahren des Getreides waren sie umhergezogen, wie vorher auf dem Bollinas-Hof. Siegfried und ich hingegen saßen da wie zwei Häufchen Elend und bedauerten uns gegenseitig.

Resolut nahm mich Frau Lorenz in den Arm: »Nun weine man nicht, das Leben geht weiter, du hattest vorher doch auch dein Auskommen, und deine Freunde laufen dir nicht weg, du kannst sie immer noch besuchen.«

Das war zwar ein schwacher Trost, doch immerhin ein Trost. Allmählich kamen Siegfried und ich wieder zur Vernunft und betrachteten unsere Lage etwas nüchterner.

Die Gegend um Punia war schön und für unseren illegalen Aufenthalt ideal gelegen. Die nächste Poli-

zeistation lag im zehn Kilometer entfernten Butrimonys, Punia hingegen gehörte zur Großgemeinde
Alytus. Bis dahin waren es sogar 15 Kilometer. Es
wäre hervorragend, wenn wir irgendwo in der Nähe
bleiben könnten.

Die Frauen hatten auf ihren Streifzügen in der
Umgebung des Dorfes keine leerstehenden Gehöfte
angetroffen. In solche waren noch vor der Ernte neue Bewohner gezogen: teils arme, landlose
Angehörige der Verschleppten, teils jüngere Söhne
bäuerlicher Verwandter, die den Hof des Vaters
nicht erben konnten und auf diese Weise zu einem
eigenen Hof kamen.

Ausgerechnet der kleinen Dora fiel die Lösung
ein: »Und was ist mit dem Hof in Stanevoi?«

Das wäre zumindest eine Übergangslösung, denn
der Nachteil des Gehöfts, die einsame Lage, war
geblieben.

Frau Hartung war dagegen. »Im Winter, bei
einem Meter Schnee und mehr, merkt kein Mensch,
wenn wir dort womöglich erfrieren. Und wir
müssen jedesmal weit laufen, ehe wir überhaupt
anfangen können zu betteln.«

Das war allerdings wahr. Wir überlegten gemeinsam hin und her. Dabei wußten wir noch
nicht einmal, ob dort inzwischen nicht auch schon
jemand lebte. Schließlich einigten sich die beiden
Freundinnen darauf, daß Siegfried und ich prüfen
sollten, ob das Grundstück noch unbewohnt war:
Wir seien schneller als sie mit den Kindern und
könnten noch am Nachmittag Gewißheit bringen.

Es hatte auch Nachteile, wenn man die »Männer« in der Familie war!

Wir schlenderten ohne Gepäck in einer knappen Stunde nach Stanevoi und fanden den Hof auf Anhieb. Es war wirklich das Anwesen, auf dem wir Ende Mai vergangenen Jahres nur zwei Eier bekommen hatten: Nur zwei Eier! Am Anfang desselben Monats hätten wir uns darüber noch sehr gefreut. Das alles war lange her, fast nicht mehr wahr. Das Haus war sehr groß, größer noch als das Haupthaus von Bannis. Neben der obligatorischen Wohnküche gab es noch drei weitere Räume, doch fehlten bis auf den Tisch, mehrere Bänke und Hocker sowie einen windschiefen Schrank in einer Kammer alle Möbel. Gott sei Dank hing in der Küche wenigstens noch ein großes Regal mit Tellern und Tassen, Töpfen und Pfannen. Bestecke entdeckten wir in der Tischschublade.

Siegfried und ich blickten uns an und nickten: Das Haus könnte gar nicht besser sein. Die einsame Lage hielten wir im Gegensatz zu Frau Hartung für besonders günstig. Wir waren daran gewöhnt, weite Entfernungen zurückzulegen, brauchten allerdings auch nicht zu kochen.

Kurz entschlossen wanderten wir nunmehr forscheren Schritts zurück nach Punia und verkündeten dort unser – wenn auch genehmigungspflichtiges – Machtwort. Wir wollten nach Stanevoi. Es war ja erst September. Wenn sich herausstellen sollte, daß das Gehöft tatsächlich zu abgelegen war, hatten wir noch genügend Spielraum, weiterzusuchen. Zudem konnten wir auf unseren Streifzügen die Augen offen halten, ob wir etwas Besseres finden würden. Eines war uns allen klar: Frau Bannis hatte uns großzügig und entgegenkommend behandelt; wenn sie uns nun bat, auszuziehen, dann dürften wir uns nicht an den Notanker klammern, daß es auf einen Tag mehr oder weniger nicht ankomme, und ihre Gastfreundschaft bis zur Zerreißprobe ausnutzen: Wenn weg, dann so schnell wie möglich!

Siegfried und ich wollten uns zwar noch in der Nachbarschaft verabschieden, aber die Frauen meinten, es wäre besser, so zu verschwinden. Es gäbe sonst nur dummes Gerede: »Warum müßt ihr denn da weg?« oder: »Das ist ja nicht nett von der Frau, ihr wart doch so fleißig.« Und was den klatschsüchtigen Nachbarinnen, die der alleinstehenden jungen Frau den Hof ohnehin nicht gönnten, sonst noch alles einfallen könnte. Wir waren platt. Davon hatten wir überhaupt noch nichts gehört. Anscheinend hatten die Frauen zwar im selben Haus und im selben Dorf, doch in einer ganz anderen Welt gelebt.

»Für richtigen Klatsch seid ihr nicht nur zu jung und zu dumm, ihr seid Männer und begreift das nie«, meinte Frau Hartung lachend.

Inzwischen war der Tag vergangen, es war zu spät, jetzt noch umzuziehen. Jeder suchte seine spärliche Habe zusammen. Gemeinschaftseigentum – eigentlich waren ja die Decken, Handtücher, Putzlappen, Teller, Töpfe und sonstiges

Gerät überwiegend das Eigentum der Frauen – wurde der Konstitution gemäß verteilt: also auf Siegfried und mich, aber wir hatten ja auch wirklich nicht viel. Was wir am Leibe trugen, dazu ein Ersatzhemd, eine Garnitur Unterwäsche und einen Satz Fußlappen zum Wechseln. Es war schon richtig so mit der Aufteilung!

Am Morgen ging dann alles recht schnell. Frau Lorenz holte wie üblich die Milch, die uns Frau Bannis täglich schenkte – selbst in der Zeit, in der wir nicht anwesend waren, und ebenso an den Sonntagen. Als ob das selbstverständlich wäre! Während des Frühstücks, bei dem kaum jemand etwas sagte, noch nicht einmal Wolfgang, der kleine Sohn von Frau Lorenz, ging mir durch den Kopf, daß die morgendliche frische Milch in Zukunft auch nicht mehr gesichert war. Wie schnell man sich doch an Luxus gewöhnte, selbst wenn es nur ein ganz kleiner war.

Schon war das letzte Geschirr abgewaschen und eingepackt. Wir gingen hinüber zum Haus, um uns zu verabschieden und für die Gastfreundschaft zu danken. Die Frauen umarmten die junge Bäuerin. Schließlich weinten alle drei, und die Kinder noch dazu. Das fanden wir aber wirklich sehr sonderbar. Obwohl wir eigentlich auch traurig waren, verabschiedeten wir uns mit einem kräftigen Händedruck, wie sich das für Männer gehörte. Wir brachen auf.

Gemächlich wanderten wir durch Punia, vorbei an der weißen Kirche mit den zwei Türmen, und dann hinab in die Schlucht, eine von den vieren – oder waren es gar fünf? –, durch die wir im letzten Vierteljahr so oft gelaufen oder gefahren waren; vorbei an dem Krater des gesprengten Bunkers, vorbei auch an der Abzweigung zu Veschaitas und damit natürlich auch zu Ramute. Während ich einen Schwarm Stare beobachtete, der bereits den Formationsflug exerzierte, dachte ich: Der Sommer ist vorbei. Irgendein tückischer Kobold in meinem Hinterkopf setzte auf einen Schelm anderthalbe und gab mir ein: Jetzt kommt der Herbst in Stanevoi. Als ich den ganzen Spruch noch etwas verbessert wohlgemut der Gruppe vortrug,

Punias Sommer ist vorbei,
nun kommt der Herbst in Stanevoi

wollten sie sich totlachen. Siegfried bewies mir haarklein, daß »ei« sich nie und nimmer auf »oi« reimen könne. Inzwischen hatten wir schon den Feldweg erreicht, der zu unserer neuen Behausung führte.

Während die Frauen das Haus einer Grundreinigung unterzogen, wobei auch die beiden Mädchen tüchtig helfen mußten, durchstöberten Siegfried und ich die übrigen Gebäude und die Umgebung. Das Grundstück war halbkreisförmig von Wald eingerahmt, der an drei Seiten bis auf wenige Meter an das Anwesen reichte. Zwischen Haus und Scheune führte der Weg, den wir gekommen waren, auf die Straße Punia – Alytus. Hier war die Welt zu Ende. Wir fanden unser Urteil vom Vortag bestätigt, und wandten uns nun den anderen Gebäuden zu. Rechts am Stall war ein Schindeldach angeflickt, das außen auf drei Stützen ruhte. Vom hinteren Pfeiler zum Stall waren als Wind- und Regenschutz breite Bretter angenagelt. Dieser Verschlag war offensichtlich für Brennholz vorgesehen. An der Wand zum Stall war eine Mauer von Scheiten aufgestapelt, vor den Abschlußbrettern lagen ebenso ordentlich getürmt handliche Abschnitte von Erlenstämmen, die nur noch gehackt werden mußten. Und selbst dafür war unter dem Dach noch Platz, wie ein Hauklotz und viele Späne verrieten. Äxte, Beile und mehrere Sägen fanden wir zusammen mit Spaten und anderen Gartengeräten in einem abgeteilten kleinen Raum im Stall selbst.

Wir gingen hinüber zur Scheune, die eigenartigerweise nicht abgebrannt war. Vielleicht holten sich die Partisanen hier Stroh für die Schlafstellen in ihren Bunkern und Unterständen. Oder die Leute waren erst im Mai abgeholt worden. Frau Lorenz rief zum Essen. Wir beendeten unsere Untersuchung nur widerstrebend, denn wir hatten auch in der Scheune einige nützliche Dinge gefunden, so zum Beispiel Dreschflegel, die ganz vorzüglich in der Hand lagen. Das Stroh roch muffig. Kein Wunder, es war vom Vorjahr.

Nach dem Essen ging es an die Aufteilung der Räume. Wir wohnten geradezu fürstlich, jede »Familie«, wenn man Siegfried und mich auch als solche bezeichnen wollte, hatte ihr eigenes Schlafzimmer. Leben konnten wir alle zusammen in der großen Wohnküche. Wir Jungen gaben uns mit dem kleinsten Raum zufrieden, denn wir würden erfahrungsgemäß öfter außerhalb übernachten als die anderen. Damit war das Thema Wohnen für uns erledigt. Es galt, das Gelände um das Gehöft genauer zu erkunden. Es konnte nicht mehr weit sein bis zur Memel. Vielleicht gab es da eine Bademöglichkeit. Wir folgten einem überwachsenen, kaum noch zu erkennenden Trampelpfad und erreichten tatsächlich den Fluß. Allerdings war die Böschung ausgewaschen und fiel senkrecht ab. Mit einem Stock ermittelten wir, daß man beim Hineinklettern sofort bis zu den Oberschenkeln im Wasser stehen würde. Die Probe aufs Exempel verschoben wir auf später und stromerten weiter umher. Es gab sicherlich verschiedene Formen der Besitzname. Die Frauen hatten das ganze Haus geschrubbt und geputzt, wir fühlten uns erst heimisch, nachdem wir uns mit der Umgebung vertraut gemacht und alles ausgekundschaftet hatten.

Den Rest des Tages verbrachten wir in aller Ruhe, sprachen über die Hoffnungen, die wir in dieses Haus setzten, obwohl die Warnung von Frau Hartung bezüglich der Einsamkeit im Winter immer noch in unseren Hinterköpfen rumspukte. Es war ein schönes Haus, und wir wollten es wenn irgend möglich auch behalten. Frau Lorenz machte noch mit Elli, Dora und Wolfgang einen Rundgang, um einen ersten Eindruck von den zukünftigen

Nachbarn zu gewinnen, aber auch um diese mit den Kindern vertraut zu machen, damit man sie auch allein in die nähere Umgebung schicken konnte. Und dann wollte sie natürlich Milch für Abendbrot und Frühstück beschaffen. Als sie zurückkehrte, war sie recht optimistisch. Die Leute wären sehr nett und hätten es begrüßt, daß wir bei Marconis, so hieß die Familie, der das Grundstück gehörte, eingezogen waren.

Die erste Nacht brachte Siegfried und mir eine unangenehme Überraschung. Wir hatten schon am Vormittag eine ausreichende Menge Stroh zum Lüften auf dem Hof ausgebreitet und am Abend auf die Schlafzimmer verteilt. Alles schien in bester Ordnung. Doch als wir schliefen, uns mitunter auch drehten und wendeten, rutschte das Stroh auf den glatten Dielen beiseite, und wir lagen auf dem blanken, harten Holz. Wieder und wieder schoben wir die Unterlage zusammen, schliefen ein und erwachten mit steifen Gliedern. Wie kam das nur, wir hatten doch den ganzen Winter über in den Häusern auf dem Fußboden geschlafen.

Siegfried fand des Rätsels Lösung: »Das war ja auch Lehmboden, der war stumpf, die Dielen hier sind glatt. Das ist es.« Wir wollten schon in die Scheune gehen, um dort zu schlafen, waren jedoch zu müde und zu faul, uns noch einmal aufzurappeln.

Ein strahlender Septembermorgen mit Tau auf Gräsern und Wiesen, blaßblauem Himmel und kleinen

Nebelbänken in den Tälern traf auf eine vollkommen zerschlagene Mannschaft im Hause Marconis. Frauen und Kinder hatten wie wir ruhelos mit der Tücke des Objekts gekämpft.

Nach dem Frühstück machten sich Siegfried und ich deshalb auf die Suche nach geeigneten Gegenständen, die uns einen ruhigen Schlaf ermöglichen sollten. Hinter der Scheune entdeckten wir einen Stapel starker, ungehobelter Bretter, im Werkzeugstall einige nagelneue Dielen. Wenn wir auch sonst nicht viel von den Russen gelernt hatten, aber improvisieren, aus unzulänglichen Materialien noch etwas Handfestes herstellen: das konnten sie, und wir hatten während unserer Arbeit in Königsberg einiges davon angenommen. So erkannten wir sofort die Möglichkeiten, die in diesem Fund lagen: Daraus könnte man Betten bauen. Doch ohne Nägel wäre das eine wacklige Angelegenheit und nicht ungefährlich. Wir suchten weiter und fanden schließlich einen grauen Pappkarton, sogar mit deutscher Beschriftung, der stark angerostete Nägel in passender Größe enthielt.

Wir rechneten: Zwei Betten – oder ein besonders breites – für Familie Lorenz, eins für Frau Hartung und ihre Tochter und eins für uns. So viele Schlafstellen gaben die Bretter vermutlich nicht her, auch die Nägel durften wir nur sparsam einsetzen. Als Füße wollten wir jeweils vier Erlenabschnitte verwenden, die wir uns aus dem Stapel heraussuchten. Dann holten wir Frau Lorenz. Sie mußte sich auf den Hof legen, ihre Größe nahmen wir als

Bettenmaß. Dabei stellten wir fest, daß die Bretter so oder so nur zwei Längen ergaben. Infolgedessen halbierten wir die Hölzer und legten sie aneinander. Mit etwas Abstand zwischen den Bohlen reichte es für ein normales und ein breiteres Gestell. Als seitlichen Halt für das Stroh hatten wir die Dielenbretter vorgesehen. Damit waren wir nicht so knapp dran. Über unser eigenes Bett machten wir uns noch keine Gedanken, wir konnten auch in der Scheune schlafen. Zunächst jedenfalls.

Dann legten Siegfried und ich die Stellagen passend zusammen. Doch schon als wir die Bohlen für das kleinere Gestell auf die bereitgestellten Füße heben wollten, stellten wir fest, so klappte das nicht. Die Konstruktion war viel zu schwer, absolut nicht zu transportieren, zumal die wenigen Nägel, die uns zur Verfügung standen, ihr keinen ausreichenden Halt verliehen. Also schleppten wir die Einzelteile unter den bewundernden Blicken der Frauen – so kam es uns zumindest vor! – in die Schlafräume und klopften sie dort mit der Axt als Hammer zu Bettgestellen zusammen. Weit mehr als die sechs, acht Nägel, die wir jedem Gestell nur zubilligen konnten, sorgte das Eigengewicht für Stabilität.

Das war geglückt – und doch waren wir unzufrieden, ja beinahe ärgerlich: Kavaliere hin oder her, wo sollten wir schlafen? Erneut begaben wir uns auf die Suche. Schließlich erkannte Siegfried in einer Stalltür die von den Abmessungen her ideale Unterlage. Das Holz war stark genug und obendrein auf der einen Seite mit schräg verlaufenden Latten verstärkt.

Wir mußten nur noch Füße darunterstellen und den seitlichen Halt für das Stroh anbringen. Nun waren wir endlich eingerichtet, aber das war wirklich höchste Zeit. Unsere Vorräte gingen zur Neige. In Punia waren wir alle gut versorgt gewesen, da hatte keiner daran gedacht, Vorsorge zu treffen. Dann kam die überraschende Kündigung, auch wenn diese mit etwas mehr Weitsicht früher oder später zu erwarten gewesen war. Selbstvorwürfe waren müßig. Heute hatten wir noch etwas zu essen, und morgen ging es auf Tour. Davor kam eine ruhige Nacht in schönen neuen, weichen Betten.

Am Morgen reichte es für ein karges Frühstück, so daß wir nicht ganz nüchtern aus dem Haus gehen mußten. Es wirkte immer etwas unglücklich, wenn man schon kurz nach der Frühstückszeit um Essen bat; fast so, als ob man beim letzten Gastgeber nicht genug bekommen hätte. Während die Frauen nach Pievagaliai wandern wollten, das uns als recht wohlhabendes Dorf bekannt war, hieß unser Ziel Alytus. Unterwegs besuchten wir den alten Schuster Simoneitis in Strielciai. Er war erstaunt, uns zu sehen, er hatte uns schon in Deutschland vermutet. Wir mußten lange Bericht erstatten und schafften es gerade noch bis zu Helga, Ilse und Frieda, den drei deutschen Frauen in dem kleinen Häuschen am Wald. In dieser Gegend hätten wir zwar überall unterkommen können, denn wir hatten hier schon auf mehreren Höfen gearbeitet. Aber wir wollten erkunden, ob sie überhaupt noch da waren und hören, ob es bezüglich Königsberg und der Fahrt ins Reich Neuigkeiten gab. Seit unserem mißglückten Versuch im Mai waren fast vier Monate vergangen. Die drei waren zu Hause, freuten sich sehr, uns zu sehen, hatten aber auch nichts Neues erfahren. Es wurde ein schöner Abend mit vielen Liedern, deutschen und litauischen.

Plötzlich fiel mir auf, daß Siegfried und ich schon lange nicht mehr so richtig gesungen hatten. Entweder waren unsere Frauen schon zu erwachsen oder unmusikalisch. So deutlich hatte ich das noch nie empfunden. Dabei waren sie nicht viel älter als Ilse, Helga und Frieda. Aber sie kochen gut, so schloß ich meine Überlegungen, und unsere Sachen halten sie auch in Ordnung.

Unsere Ausstattung war inzwischen zu einem Problem geworden, das Siegfried und mir unter den Nägeln brannte – nicht zuletzt deshalb auch unser Ausflug hierher, so dicht an die Höhle des Löwen. Wir brauchten dringend neue Hemden, denn die, die wir in Basorus mitbekommen hatten, waren schon ziemlich zerschlissen und konnten eigentlich nur noch bei der Arbeit getragen werden. Wir selbst wagten uns nicht nach Alytus, aber wir wollten die beiden Fabrikarbeiterinnen Danute und Virginia erreichen, die in einer Siedlung dicht am Stadtrand lebten. Wir hatten Vertrauen zu den Mädchen. Sie sollten uns auf dem Markt oder im Magazin etwas Passendes besorgen. Aufgrund ihrer Schichtarbeit hatten sie einzelne Tage in der Woche frei. Wir hatten Glück und erwischten die beiden

Freundinnen auf Anhieb. Sie waren zwar genauso verwundert wie zuvor der Schuhmacher Simoneitis und seine Frau, uns nach so langer Zeit plötzlich wiederzusehen, wollten uns aber gerne helfen. In etwa einer Woche sollten wir wiederkommen, bis dahin würden sie für uns etwas Schönes ausgesucht haben.

Natürlich konnten wir nicht bei Danute und Virginia übernachten. Sie waren jung, lebten allein und mußten auf ihren Ruf achten. Wir hatten daher einen Besuch bei unseren Freunden, der Familie Rudnizkas in Lelionys eingeplant. Auch hier trafen wir auf Verwunderung, beinahe schon Ablehnung. Wir konnten die Familie verstehen, zu Pfingsten hatten wir uns verabschiedet, mit der Aussage, nach Königsberg zu fahren. Danach hatten wir uns nie wieder gemeldet. Und nun standen wir plötzlich vor der Tür. Das war schon verwunderlich, zumal wir sie früher regelmäßig besucht hatten. Aber sie nahmen uns auf und zeigten Verständnis, als wir von den Erlebnissen der letzten Monate erzählten. Die alte Herzlichkeit jedoch stellte sich nicht mehr ein. Wir waren einander fremd geworden.

In einem weiten Bogen, der uns fast bis Butrimonys führte, kehrten wir erfolgreich zurück nach Stanevoi. Da wir auf dem Weg auch viele Bekannte besuchten, von denen wir uns seinerzeit verabschiedet hatten, mußten wir uns noch öfter fragen lassen, warum wir immer noch in Litauen waren.

Frau Hartung und Frau Lorenz hatten sich

während der drei Tage gut orientieren können. Unter anderem waren sie in Kruziunai bei den Schleinotas-Brüdern gewesen, von denen sie beunruhigende Neuigkeiten zu berichten wußten. Auf deren Hof sei das Militär im Mai ebenfalls erschienen, doch hatte es keinen der Brüder angetroffen, was Siegfried und mich überhaupt nicht verwunderte, die schliefen ja nie zu Hause. Die Magd und die Großmutter standen nicht auf der Liste, und so waren die Soldaten wieder abgezogen. Zwei Personen alleine schickte man nicht nach Sibirien, das war unrationell. Die Brüder hatten eine Galgenfrist gewonnen, zumindest bis zur nächsten Vertreibungsaktion, falls sie ausgerechnet dann daheim sein sollten.

Wir erhalten Wohnrecht, sowohl von der Miliz als auch von den Partisanen

Siegfried und ich hatten gerade unser Hamstergut ausgepackt, als Ellie vom Hof hereinstürzte und rief: »Schnell, versteckt die Sachen, da kommen zwei Wagen voll Miliz.«

In Windeseile knufften und schoben wir unsere Rucksäcke so gut es ging unter die flachen Bettgestelle. Wir selbst konnten uns nicht mehr verstecken, denn der Hof war vom Weg her gut einzusehen. Nervös warteten wir auf die Polizisten. Wir hatten schon lange keine getroffen, und nun fuhren sie sogar mit Wagen vor. Vermutlich würden sie uns hinauswerfen.

»Hat sich was mit Einsamkeit«, meinte Siegfried sarkastisch, um seine Unruhe abzureagieren, denn er besaß ja keinen Ausweis mehr.

Dann standen auch schon drei Milizionäre im Raum und schauten sich um. »Ihr seid Deutsche«, meinte der eine, ein Feldwebel und den Rangabzeichen nach sicher der Gruppenführer, auf russisch. Das war keine Frage, es klang eher wie eine Feststellung. Wachsam musterten sie uns, alle drei studierten nacheinander die Papiere. Der Gruppenführer unterzog Siegfried einem Verhör, wann, wo und wieso er seinen Ausweis verloren habe. Doch die Art, wie er die Fragen stellte, klang nicht so bedrohlich. Die beiden anderen sahen sich währenddessen im ganzen Haus gründlich um. Als sie wieder den Raum betraten, hielt der eine die Axt in der Hand, die ich nach dem Bettenbau in einem Zimmer vergessen hatte. »Waffen haben sie auch«, sagte er, aber er lächelte dabei und sprach litauisch.

Aufgeregt erzählte ich ihm, daß ich damit die Betten zusammengenagelt hätte, sonst brauchten wir nie eine Axt.

Schließlich inspizierte auch der Feldwebel das Haus. Danach wollte er wissen, wovon wir lebten. Siegfried erklärte ihm, daß wir zuletzt drei Monate fest gearbeitet und Geld verdient hätten. Jetzt im Herbst würden wir wieder Drescharbeiten übernehmen, zudem könnten wir bei der Winterbestellung helfen.

»Wo?« wollte der Feldwebel wissen.

»In Raiziai, bei Tataren, bei...«

Der Polizist winkte ab. Einzelheiten interessierten ihn nicht, vielleicht diente die Frage nur der Prüfung, ob die ganze Geschichte glaubwürdig wäre.

Frau Lorenz führte an, daß sie demnächst in Punia bei der Kartoffelernte helfen würden.

»Der auch?« lächelte der Mann und zeigte auf Wolfgang.

»Der auch«, erwiderte Frau Hartung mit sicherer Stimme.

Schließlich verkündete der Feldwebel sein Urteil, auf litauisch: »Das sieht hier alles ganz ordentlich aus, wenn ihr mit dem Haus weiter so pfleglich umgeht, dürft ihr hier wohnen.«

Pfleglich, schoß es mir siedendheiß durch den Kopf, hoffentlich merkt er nicht, daß wir die Stalltür ausgehoben haben und es jetzt hineinregnen kann.

Die Polizisten sagten sogar »Auf Wiedersehen«, als sie hinausgingen und lächelten freundlich. Dann fuhren sie vom Hof.

Langsam wich die Anspannung. Da hatten wir aber Glück gehabt! Plötzlich redeten alle wild durcheinander, so daß der kleine Wolfgang seine Frage mit ganz lauter Stimme stellen mußte: »Wie kommt es, daß sie uns hier überhaupt gefunden haben?«

Nun holten Siegfried und ich die Rucksäcke unter den Betten hervor und übergaben unser Gut an Frau Hartung. Ihr als ältestes »Familienmitglied« war die Rolle des Verwalters zugefallen. Sie hatte bei Pievagaliai zwei Höfe besucht, die von Witwen oder alleinstehenden Frauen bewohnt wurden, informierte Siegfried und mich, daß man dort Arbeiter zum Dreschen suchte. Man wollte zusätzlich zur Verpflegung zehn Rubel pro Tag zahlen. Zehn deswegen, weil wir dort nicht übernachten würden. Das war ein gutes Angebot. Wir hatten sonst immer nur fünf Rubel bekommen, allerdings mit Nachtquartier. Bei Veschaitas und Frau Bannis hatte es gar nichts gegeben, aber das war in Ordnung. Wir hatten Verpflegung und Unterkunft und damit Sicherheit über einen langen Zeitraum. Das war nicht mit Geld zu bezahlen.

Auf Siegfrieds Drängen zogen wir gleich noch einmal los, um die Arbeitsplätze anzusehen und handelseinig zu werden. Der eine Hof gehörte einer älteren Witwe, die uns verärgert erzählte, wie sehr ihre Verwandten sie im Stich ließen, obwohl sie denen stets nur Gutes getan habe. Für alle Arbeiten müsse sie Fremde einstellen und diese teuer bezahlen. Ich hatte den Eindruck, daß es wohl auch an ihr lag, sie schien nicht unbedingt die Freundlichste zu sein, doch das störte weder mich noch Siegfried. Wir würden uns in der Scheune aufhalten und sie im Haus. Zwei Tage sollten wir dreschen, so die Witwe, das wäre erst einmal genug. Wir sagten gleich für die nächsten zwei Tage zu.

Anschließend suchten wir die zweite Bäuerin auf. Sie war jung und sehr traurig. Bestürzt hörten wir, daß man ihren Mann eines Tages ohne jede Erklärung abgeholt habe und er seitdem verschwunden sei. Niemand könne oder wolle ihr sagen, wo er gefangengehalten würde oder was mit ihm geschehen sei. Sie brauchte dringend Geld und mußte deshalb Korn verkaufen, das Siegfried und ich nun dreschen sollten. Eine Woche wollte sie uns auf jeden Fall beschäftigen, eventuell länger, das käme darauf an, wieviel wir in der Zeit schaffen würden.

Siegfried blickte mich an, ich nickte, sie tat uns leid. Dann erklärte er, wir würden auch für fünf

Rubel arbeiten, doch solle sie bitte nicht darüber sprechen.

Obwohl die junge Frau den Vorschlag zunächst abwehrte und meinte, sie zahle, was üblich sei, erkannten wir, wie erleichtert sie war. Wir vereinbarten, daß wir in der nächsten Woche kommen würden, weil wir schon eine Arbeit angenommen hätten und in Alytus noch unsere Hemden abholen müßten. Die Bäuerin war damit einverstanden und der Handel perfekt.

Auf dem Heimweg unterhielten wir uns lange über die bedrohliche Lage der litauischen Bauern im allgemeinen und diese traurige Geschichte im besonderen und schätzten uns in diesem Augenblick glücklich, nur Bettler zu sein. Wir waren hoffentlich zu unbedeutend für einen längeren Eisenbahntransport.

Nach dem Abendbrot suchte ich sofort das Bett auf. Dieser Tag hatte uns wahrlich genug beschert, uns in ein wahres Wechselbad von Angst und Hoffnung gestürzt – mit einem am Ende guten Ausgang. Unfaßbar: Wir besaßen erstmals seit fast anderthalb Jahren eine polizeiliche Genehmigung zum Übernachten, ja sogar zum Wohnen!

Am Morgen schulterten Siegfried und ich noch vor dem Frühstück unsere Dreschflegel und marschierten zu der alleinstehenden Witwe. Das war ein Fehler, denn sie erklärte, daß das Frühstück nicht zur Arbeit, sondern noch zum Aufstehen gehöre, und führte uns sofort in die Scheune. Wenn wir uns nicht erst einmal in dieser Gegend einen Namen als gute Landarbeiter hätten machen müssen, wie Siegfried zähneknirschend meinte, dann würde er auf dem Absatz kehrtmachen und mich mitzerren. Woraufhin ich ihn beruhigte und erklärte, er bräuchte überhaupt keine Gewalt anzuwenden, ich würde ihm freiwillig folgen.

Aber wir waren ja nicht unterernährt und hielten durch bis zum Mittagessen. Das war zwar auch nicht so vielseitig, wie sonst bei Arbeitseinsätzen üblich, aber es reichte, uns zu sättigen. Wir arbeiteten weiter und wanderten nach dem üblichen Abendessen – Salzkartoffeln mit Milch – durch die Abenddämmerung nach Hause. Dort parodierten wir die geizige Alte, die nach ihrer Aussage von aller Welt ausgebeutet wurde, und erzielten damit wenigstens bei unserer Familie herzlichen Beifall. Dann verkrochen wir uns in unser Bett, wir waren müde und mußten dazu am Morgen eher aufstehen, damit wir noch frühstücken konnten, weil das ja dem Sammelbegriff Schlafen zugeordnet war, wie wir gehört hatten.

Plötzlich krachte es an der Tür, und lautes Schimpfen ertönte. Wie elektrisiert sprangen Siegfried und ich aus dem Bett. Nicht anders reagierten die Frauen. Wer konnte das sein? Deutsche Pracher bestimmt nicht. Völlig desorientiert stolperte ich zur Tür und öffnete. Vor mir standen zwei Partisanen, das zumindest erkannte ich sofort. Sie stießen mich beiseite und liefen mit großen Schritten in die Wohnküche, wo sie natürlich noch niemanden vorfanden. Infolgedessen war auch die halbkreisförmige Drohung mit den Maschinenpistolen absolut wirkungslos. Erst kam Siegfried herangeschlurft, dann erschienen auch die Frauen, notdürftig verhüllt, gefolgt von den vollkommen verstörten Kindern. Die beiden Freiheitskämpfer in litauischen Armee-Uniformen waren noch sehr jung, kaum älter als ich. Das mochte ihren Eifer bei der Eroberung unseres Hauses erklären.

Sie bildeten jedoch nur die Vorhut. Zwei weitere Männer in mittleren Jahren, gleichfalls in Nationaluniform, folgten wenig später. Den einen meinte ich wiederzuerkennen. Er schien mir der Wortführer zu sein, der vor Weihnachten dem Großbauern Jorgenis an der Memel die Hölle heiß gemacht hatte, ganz sicher war ich meiner Sache allerdings nicht. Kräftige, blonde Männer mit markantem Gesicht in Uniform sehen aus wie kräftige, blonde Männer mit markantem Gesicht in Uniform. Falls er es wirklich war, ließ er es sich jedenfalls nicht anmerken, daß er uns schon einmal gesehen hatte, und fragte unfreundlich, warum wir uns hier niedergelassen hätten, dieses Haus gehöre doch Litauern, die für ihr Vaterland nach Sibirien gegangen wären.

Ich brachte Gründe vor, von Pflege und Erhaltung solcher verwaisten Häuser, die besser bewohnt sein sollten, notfalls sogar von Deutschen. Diese Argumente hatte ich mir ja nicht ausgedacht, sondern von Litauern übernommen. Die Frauen folgten frierend unserer Debatte, so gut sie konnten.

Ellie und Dora weinten, und Wolfgang popelte. Siegfried blickte gelangweilt an die Decke. Die ganze Situation gefiel wohl den Partisanen auch nicht so recht.

Plötzlich wurde der Mann sehr ernst. Es gäbe in Litauen viele Gehöfte, deren Eigentümer nach Rußland verschleppt worden seien. Die meisten davon würden heute von anderen Menschen bewohnt. Nachbarkinder, Verwandte, gerissene Halunken und auch Deutsche wären Nutznießer des Elends der ursprünglichen Besitzer. Darum sollten diese dafür zahlen und einmal im Monat ein Paket mit folgendem Inhalt – er übergab mir einen Zettel – an die deportierte Familie des jeweiligen Hofes nach Sibirien schicken. Diese Aktion habe man nach der ersten Verschleppungswelle 1947 ins Leben gerufen. Ob wir dazu bereit wären?

Meinen Einwand, es wäre für uns nicht leicht, so ein Zwanzigkilopaket voller Lebensmittel zusammenzubetteln, wies er ab. »Dann verlaßt dieses Haus und zieht umher wie früher. Für euer tägliches Brot wird gesorgt sein, aber wir müssen auch an die denken, die keine Rechte mehr haben, nur weil sie Litauer sind. Denen müssen wir helfen, nicht euch.«

Der Partisan hatte recht: Entweder wohnten wir in diesem schönen Haus, dann mußten wir Miete zahlen. Oder wir suchten uns Nacht für Nacht ein Quartier; das kostete nichts, war aber täglich mit Ungewißheiten verbunden, von den sonstigen Vorteilen eines festen Wohnsitzes ganz zu schweigen. Ohne mich noch groß mit den anderen abzusprechen, versprach ich dem Mann in die Hand, daß wir einmal im Monat ein Paket an die Anschrift senden würden, die er uns noch zukommen lassen wollte.

Doch damit war der Besuch nicht beendet. Eine Prüfung des Hauses schloß sich an. Dabei saßen wir im Stockdunkeln, denn die Partisanen hatten unsere einzige Petroleumlampe mitgenommen. Die Inspektion verlief zufriedenstellend, denn der Anführer verkündete sein Urteil: »Das sieht hier alles ganz ordentlich aus. Wenn ihr mit dem Haus weiter so pfleglich umgeht, dürft ihr hier wohnen.«

Die gleichen Worte hatten wir unlängst schon einmal gehört. Über die Stalltür machte ich mir diesmal keine Sorgen, es war ja schon dunkel. Die Männer verschwanden in der Nacht, als hätte es sie nie gegeben. Zurück blieb unser Versprechen für ein monatliches Paket im Gewicht von zwanzig Kilogramm.

Frau Hartung kochte erst einmal Tee. Über meine Zusage, voreilig oder nicht, mußte gesprochen werden. Bekamen wir die Menge überhaupt zusammen? Wären die Partisanen notfalls auch mit weniger zufrieden? Sollten wir uns ein anderes Haus suchen, oder würde uns dort das gleiche passieren? Wir saßen im Nebel, stocherten mit einer Stange herum und suchten nach Sicherheit. Fragen über Fragen, keine Antwort.

Ich dachte an Anele Rudnizkas Äußerung: »Natürlich seid ihr bekannt, ungefähr wissen wir immer, wo ihr seid.« Das galt ohne Zweifel auch für die Partisanen. Wir mußten den Pakt schon einhalten, sonst würden wir unseres Lebens nicht mehr froh. Und etwas Gutes war schließlich auch daran, wenn uns innerhalb von zwei Tagen beide Seiten, die offizielle und die illegale Macht, die Erlaubnis erteilten, hier wohnen zu dürfen. Das war schon einige Mühe wert.

Am nächsten Tag arbeiteten wir zum letztenmal bei der mürrischen alten Witwe und wanderten dann nach Alytus. Danute und Virginia hatten Wort gehalten und helle, längsgestreifte Hemden für uns gekauft. Auf mich wartete eine zusätzliche Überraschung. Ich hatte ihnen einen Dreißigrubelschein überlassen, mein ganzes Geld. Virginia hatte nun gemeint, sie könne es auch ausgeben, und einen Baumwollpullover in kräftigem Kornblumenblau erworben. Hinterher hatte sie wohl Gewissensbisse bekommen und, um mir die Abnahme schmackhaft zu machen, mein Monogramm *E S* schön verschnörkelt in leuchtendem Rot auf die Brusttasche gestickt. Da konnte ich einfach nicht nein sagen! Außerdem machte ich mir über das Geld keine großen Gedanken, schließlich hatte ich eben erst 20 Rubel verdient und weitere in Aussicht.

Am Nachmittag gingen wir auf direktem Weg zurück zur Villa Marconis, wie wir unsere Herberge getauft hatten. Stolz führten wir die Neuerwerbungen vor. Die Hemden fanden allgemeine Zustimmung. Zum Pullover hingegen meinte Frau

Hartung, damit sähe ich fast so bunt aus wie ein Pfau, und genauso würde ich mich darin auch bewegen.

Bei der jungen Frau, zu deren Hof Siegfried und ich nun wechselten, machte die Arbeit wesentlich mehr Spaß. Wenn sie Zeit hatte, kam sie in die Scheune, und wir droschen eine Weile zu dritt. Doch sie war sehr schlank und nicht besonders kräftig. Schon nach kurzer Zeit war sie ermüdet und konnte den Rhythmus tak-tak-tak, tak-tak-tak nicht mehr durchhalten. Dennoch versuchte sie es immer wieder. Mit dem Essen gab sie sich sehr große Mühe. Obwohl sie bestimmt selbst nicht viel Geld hatte, hatte sie extra für uns Schinken, *Samagonas* und Salzheringe vom Markt in Alytus beschafft.

Das Ende der Pracherzeit in
Litauen: Verhaftung aller Deutschen

Inzwischen schrieben wir den 1. Oktober 1948. Angesichts unserer Lebensumstände war jedes Datum bedeutungslos. Ein Tag verging wie der andere. Siegfried und ich trotteten, noch im Halbschlaf, durch den nebligen Morgen hügelauf, hügelab unserem Tagewerk entgegen. Kurz vor der Hauptstraße erschien ein Pferdewagen über der nächsten Kuppe – und noch einer – und noch einer, alle drei besetzt mit Miliz. Wo wollten die denn so früh schon hin? Wir waren zwar für einen Moment erschrocken, doch nicht ernstlich besorgt. Schließlich hatten wir ja eine Wohngenehmigung, die stillschweigend auch unseren ständigen Aufenthalt beinhaltete. Nun konnten sich die Polizisten überzeugen, daß wir tatsächlich arbeiteten. Als wir auf gleicher Höhe waren, wollten wir mit unseren Dreschflegeln grüßend vorbeigehen, doch sie hielten uns an und nahmen uns als erstes unsere schönen Arbeitsgeräte weg. Ich erkannte den Feldwebel von neulich. Aber diesmal war darüber hinaus ein Oberleutnant dabei. Ein Oberleutnant und 15 Mann, das bedeutete einen Großeinsatz!

»Warum mußten wir denen ausgerechnet unter

die Augen kommen, wären wir bloß etwas später losgegangen«, so haderte ich im stillen mit dem Schicksal. Ich wurde allerdings eines Besseren belehrt: Die waren unseretwegen gekommen. Der Offizier kassierte meinen Ausweis, dann fragte er, ob wir unsere ganze Habe bei uns hätten.

Wir verneinten.

Dann also zurück zum Haus, wir würden jetzt abgeholt und kämen nie wieder hierher.

Die Polizisten waren schlechtgelaunt. Unseretwegen hatten sie in der Nacht aufstehen müssen und waren jetzt schon zwei Stunden in der feuchten Kälte unterwegs.

In der Wohnküche angekommen, fragte der Feldwebel sogleich nach den Frauen und Kindern. Die waren in Punia, um bei der Großfamilie Bannis die Kartoffeln aus der Erde zu buddeln. Der Oberleutnant ließ sich beschreiben, wo unsere Mitbewohner zu finden seien. Ich hatte keine Skrupel, mit der Anschrift herauszurücken, denn wenn die unseretwegen mit einer solchen Heerschar anrückten, war das eine Aktion, bei der sie die Frauen so oder so erwischen würden. Von ein paar Remplern und Püffen angespornt, packten Siegfried und ich unser Gut zusammen. Ein Gefreiter mokierte sich über meinen Pullover. Da stände *SS* drauf, ich wäre ein Verbrecher. Meine Einwände, das hieße *E S*, wollte er nicht gelten lassen und rief sogar seine Kameraden als Sachverständige herbei. Diese schlugen in die gleiche Kerbe. Wenn sie schon so früh ausrücken mußten, wollten sie doch wenigstens ein bißchen Spaß haben. Es dauerte ein paar Minuten, bis ich das merkte.

Weiteres Aufsehen erregte mein wertvollstes Gut, ein deutsches einbändiges »Knaurs Konversationslexikon« mit 50 000 Stichwörtern. Das hatten wir im letzten Winter von einem Bauern sozusagen als Zugabe zum Lohn erhalten. Siegfried machte sich nicht soviel daraus, doch ich las gerne darin. Der Feldwebel ließ meinen Einwand, es handele sich um ein Lexikon und damit um ein vollkommen unpolitisches Werk, nicht gelten. Auch der Oberleutnant war der Ansicht, Bettler brauchten keine Bücher. Es wurde beschlagnahmt. Schon mußten wir vom Hof. Durch den Streit um das Lexikon waren wir so durcheinander, daß wir in der Eile unsere Bestände an Brot und die verschiedenen Beutel mit Roggen und Weizen schlichtweg vergaßen.

Vom Wagen aus schaute ich zurück auf das tiefgelegene Gehöft, das langsam dem Blick entschwand. Was hatten wir alle zusammen für Hoffnungen an dieses schöne Heim geknüpft. Wir hatten es unseren Bedürfnissen und Möglichkeiten gemäß wohnlich eingerichtet, überdies eine Erlaubnis bekommen, darin zu wohnen. Nach noch nicht einmal vier Wochen endeten unsere Träume auf einem Pferdewagen in Begleitung von Polizisten.

Plötzlich wurde ich aus meinen melancholischen Betrachtungen gerissen. Auf einem Hügel tauchten schemenhaft mehrere Gestalten auf, die sofort wieder im Nebel verschwunden waren. Blitzschnell war unsere Eskorte vom Wagen herunter, schon lagen die Männer im Straßengraben, entsicherten ihre Waffen, und der Oberleutnant starrte angestrengt durch sein Fernglas. Zwischen den Fronten die Straße mit den Wagen, darauf Siegfried sowie die Bauern, deren Gespanne man am Stadtrand requiriert hatte, und ich. Keiner von uns wagte, sich zu rühren. Ich hatte Angst, Todesangst, wie ich sie zuletzt in Kazlu Ruda empfunden hatte, als die Soldaten mit uns in den Wald gefahren waren.

Für zwei, drei Minuten war die Szene wie eingefroren – Minuten, die mir wie eine Ewigkeit erschienen. Dann beendete der Offizier den Spuk, indem er erklärte, es handele sich nicht um Banditen, er habe soeben den Genossen Korvalis aus Butrimonys erkannt. Der Feldwebel schoß noch im Liegen eine grüne Leuchtpatrone in den Himmel, dann sprangen die Männer aus ihrer kümmerlichen Deckung, während von der Anhöhe die anderen herbeigeeilt kamen. Es begann eine lautstark geführte Debatte, welche Gruppe wohl die andere schneller weggeputzt hätte. Die Leute aus Butrimonys meinten, sie hätten uns eher gesehen und wären daher im Vorteil gewesen. Unsere Wachmannschaft bestand darauf, daß ihre Überzahl den Sieg gebracht hätte. Doch bald kam die Verbrüderung. Die Kollegen aus der Nachbargemeinde brachten am frühen Morgen zwei Flaschen *Samagonas* zum Vorschein. Sogar Siegfried und ich bekamen einen Schluck ab.

Der Oberleutnant wollte wissen, was die Streife aus dem Kirchdorf überhaupt im Gemeindebezirk Alytus zu suchen hätte. Kleinlaut rückten die

Genossen aus Butrimonys damit heraus, daß sie ihre Verpflegung etwas aufbessern wollten und ihre eigenen Bauern in letzter Zeit schon hinreichend ausgebeutet hätten. Aber sie hätten auch eine brandheiße Neuigkeit. In Aleksanarava hätten sie eine Familie Soundso-vaitis erwischt, die gerade dabei war, Maische für einen Schwarzbrand anzusetzen. Gegen ein paar Flaschen Schnaps hätten sie sich bereit erklärt, ein Auge zuzudrücken. Von einem eventuellen Weitererzählen wäre jedoch nicht gesprochen worden. Vielleicht könnte ja unsere Truppe dort auch vorbeifahren und erkunden, was sich herausholen ließe. Mit diesem Tip verabschiedeten sich die kommunistischen Genossen. Der Offizier hatte bei der Nennung des Namens kurz die Stirn gerunzelt und einige Worte mit dem Feldwebel gewechselt.

Unser Zug setzte sich erneut in Bewegung. Zwischendurch bog ein Wagen ab nach Punia, um die Frauen zu holen. Wir dagegen fuhren zu einem verwahrlosten Gehöft. Während die meisten Milizionäre um das Grundstück herum Stellung bezogen, erstürmte der Offizier zusammen mit dem Feldwebel und zwei Gemeinen das Haus, die Maschinenpistolen im Anschlag. Trotz meiner Sorgen, was nun wohl mit uns geschehen würde, dachte ich plötzlich, daß es sich dabei um einen festgelegten Ablauf handeln müsse, fast schon eine Zeremonie. Beim alten Jorgenis waren die Partisanen so in den Raum gesprungen, bei uns in Stanevoi sowohl die

Miliz als auch die Partisanen, und nun wieder die Miliz. Anscheinend konnten sie alle einen Raum nicht anders betreten, als mit einem Sprung und waffenschwenkend. Auf den Wink eines Polizisten folgten wir dem Trupp in das Gebäude. Dort ging es sehr lautstark zu. Der Oberleutnant schimpfte, zwei Frauen und ein kleines Mädchen weinten. Nur ein etwa 13- oder 14jähriger blonder Junge mit verschlossenem Gesicht sagte gar nichts. Er schaute voller Verachtung auf die Milizionäre, das konnte man deutlich erkennen.

»Was ist da in dem Bottich?« wollte der Feldwebel wissen.

»Schweinefutter«, schluchzte die jüngere Frau.

Ein Milizionär stippte demonstrativ einen Finger in den Brei und leckte ihn ab: »Dein Schweinefutter schmeckt aber süß, da ist wohl Hefe drin.«

Es war reine, menschenverachtende Schikane.

Jeder wußte, was da angesetzt war. Doch das Spiegelfechten war schnell vorbei, nun ging es in die Einzelheiten.

»Wo ist die Brauerei?« wollte der Oberleutnant wissen.

Die Frauen zuckten die Achseln und blickten auf den Jungen.

»Wir haben keine«, sagte der, »wir müssen uns eine borgen.«

»Von wem?«

»Das weiß ich noch nicht.«

Ein Polizist gab dem Kleinen eine Ohrfeige, es nützte nichts.

Der Oberleutnant fragte weiter, doch außer vagen Äußerungen wie »Ich glaube, hinter der Scheune liegen ein paar Rohre, ich muß sie aber noch suchen« oder »Ein Mann wollte mir helfen« erhielt er keine gescheite Antwort.

Er hakte nach: »Was für ein Mann, wie heißt er, wo wohnt er?«

Doch er bekam nur zu hören: »Ich weiß nicht, ein großer dunkler, ich habe ihn in Punia auf der Post getroffen.«

Es war kaum zu glauben, was der Offizier sich alles bieten ließ. Vermutlich blieb er so ruhig, weil er selber Kinder hatte. Schließlich gab er dem Jungen einen Stoß vor die Brust, so daß dieser rücklings in die klebrige Maische fiel, die einer seiner Untergebenen auf seinen Wink hin in die Stube gekippt hatte. Ein süßlicher Geruch breitete sich aus.

Aus den Gesprächen der Männer untereinander hörte ich wiederholt die Worte Banditen und Banditenbrut heraus, konnte damit jedoch nichts anfangen. Schließlich erstarben die Gespräche. Wortlos saßen wir da und warteten noch über zwei Stunden, bis der Wagen mit den Frauen und Kindern endlich eintraf. Die Kolonne machte sich auf den Weg nach Alytus, der kleine Junge mußte mit, ohne Gepäck. Trotz unseres eigenen ungewissen Geschicks tat er uns furchtbar leid. Die Polizisten unterhielten sich über seine Familie. Sein Vater und sein Onkel gehörten zu den Partisanen, die im Sommer im Erdbunker bei Punia erschossen worden waren, als

Vinzas das Häuschen für die Bienen reparierte und ich ihm dabei half. Diese Frauen waren noch als Witwen verfemt.

Aufgeregt fragte Frau Lorenz, was mit uns allen geschehen würde. Ich konnte nur mit den Achseln zucken. An das Getreide hatte unsere Familie auch nicht gedacht, aber wenigstens hatten sie das Brot mitgenommen. Ein halbes Brot für sieben Personen war nicht viel. Da fiel mir etwas ein. Am ersten Gehöft von Zagariai sagte ich: »Halt, hier haben wir gearbeitet und noch Lohn zu bekommen.«

Der Feldwebel meinte, ich dürfe absteigen und nachkommen, der Wagen würde inzwischen langsam weiterfahren. Aber ich müsse mich beeilen.

Ich hatte gelogen. Im Hause schilderte ich in fieberhafter Eile, daß wir Deutschen alle abgeholt würden und bat um etwas Proviant für die Reise. Die Leute hatten Verständnis und gaben reichlich. Diesen Trick wandten Siegfried und ich noch einige Male erfolgreich an. Die Rucksäcke füllten sich erstaunlich schnell. Schließlich meinte der Feldwebel, der uns längst durchschaut hatte, nun sei es genug. Wir könnten ja nicht überall gearbeitet haben.

Der Oberleutnant erschien und fragte, ob uns noch andere Quartiere von Deutschen in dieser Gegend bekannt seien. Wir beschrieben ihm das Haus am Wald kurz vor Alytus, in dem Helga, Ilse und Frieda, die sangesfreudigen Frauen, lebten. Daraufhin machten wir den Umweg, trafen jedoch niemand an. Wahrscheinlich halfen sie irgendwo bei der Kartoffelernte. Der Einsatzleiter runzelte die Stirn. Auf Anhieb konnte man sie bestimmt nicht finden, und es gab ja noch andere Streifen. Mochten doch die Kollegen zusehen, daß sie die Frauen erwischten. Hier waren sie jedenfalls nicht. Er gab den Befehl zum Aufbruch.

Gegen Abend erreichten wir Alytus, wo wir in einem mit Stroh ausgelegten Stall hinter der Polizeikaserne untergebracht wurden. Etwa 30 Personen hatte die Miliz schon verhaftet, darunter auch Günter, unseren maulfaulen Bekannten aus Einoriai. Ohne seinen Hausherrn war er wie umgewandelt und offensichtlich sehr erfreut, uns hier zu treffen. Während die Frauen für unsere Gruppe einen geeigneten Platz belegten, erkundeten Siegfried und ich die Lage. Wir beide, Günter sowie ein ungefähr 70jähriger waren die einzigen Männer. Die Frauen waren unterschiedlichen Alters, doch kaum eine über 40 Jahre, einige hatten Kinder. Sie waren uns alle unbekannt. Die meisten hatten auf der Westseite der Memel gelebt, wir hingegen auf der Ostseite. Der alte Mann hatte seit Anfang 1947 in Alytus bei einem armen Litauer gewohnt und seinen Unterhalt vorwiegend auf dem Markt zusammengebettelt, weil er nicht mehr so gut laufen konnte. Vermutlich war er derjenige, von dem Vitas Galacvicius schon im November vor einem Jahr behauptet hatte, er sei verhaftet worden. Siegfried fragte ihn, wie es denn hier um die Verpflegung bestellt sei. Er erwiderte, zum Abendessen habe es eine dünne Suppe gegeben mit Grütze und winzigen Fleischstückchen. Doch das wäre schon zwei Stunden her. Wir waren zu spät gekommen und bekamen nichts mehr.

Auf einen Wink von Frau Hartung verkrümelten wir uns alle gemeinsam in eine Ecke und teilten unsere Bestände auf. Sie hielt das für besser, da man nicht wüßte, ob die Männer nicht irgendwann abgesondert würden. Unsere Familie staunte, was Siegfried und ich in der kurzen Zeit noch zusammengerafft hatten. Einige Schinkenstücke waren darunter, sogar eine halbe harte Mettwurst. Das war eine Rarität. Jede Familie erhielt Brot, dazu ein Stück Schinken. Siegfried und ich behielten zwei, das hielten wir für angemessen, weil wir ja diese Vorräte noch in letzter Minute beschafft hatten. Die Wurst wollten wir als Festschmaus am Morgen gemeinsam verzehren. Frau Lorenz ermahnte uns, sparsam mit den Beständen umzugehen, weil niemand wüßte, wann wir wieder etwas bekommen würden. Doch vor lauter Aufregung verspürten wir sowieso keinen Hunger.

Am Morgen erwachten wir in aller Frühe durch den Lärm, den die erneut ausrückenden Polizisten verursachten. Es mußte sich tatsächlich um eine Anordnung von oben handeln. In Gruppen von 10 bis 15 Mann marschierten sie vom Hof – natürlich nur bis zum nächsten Dorf. Dort würden sie erneut Bauern aus den Federn holen, von denen sie sich dann durch die Gegend kutschieren ließen. Schon am Vormittag kehrten die ersten Gruppen zurück, um nach der Einlieferung einiger Deutscher erneut zu verschwinden. Und so ging das den ganzen Tag. Wir Inhaftierten durften uns auf dem Kasernenhof frei bewegen, und so nutzten Siegfried und ich die Gelegenheit, nach so langer Zeit mit fremden Landsleuten zu sprechen. Wie unterschiedlich war aller Leben in Litauen verlaufen! Manche, die einzeln umhergezogen waren wie Günter, hatten längere Zeit bei ein und demselben Bauern Quartier gefunden. Andere waren nur gewandert und gewandert, ohne je gearbeitet zu haben. Wieder andere hatten sich durch Fertigkeiten wie Nähen oder Sticken über Wasser gehalten. Doch nun empfand fast jeder ein Gefühl des Aufbruchs, gepaart mit Unsicherheit, was die Zukunft, und einer gewissen Wehmut, was die Vergangenheit betraf.

Manchen Deutschen schienen die neuen Lebensumstände keinerlei Probleme zu bereiten, wie ich staunend beobachtete. So standen einige Frauen ungeniert beim Posten vor der Tür und bettelten die vorübergehenden Litauer an. Der Polizist schaute großzügig beiseite. Seine Menschenfreundlichkeit war möglicherweise in dem Wissen begründet, daß wir bis auf einen Teller Grütze am frühen Abend überhaupt nicht verpflegt wurden. Frau Lorenz hatte recht. Wir mußten unser Brot einteilen.

Erstaunlich war, daß wir keinerlei Vernehmungen unterzogen wurden. Bei der Einlieferung hatte man aller Namen in eine Liste eingetragen und jedem seine Papiere zurückgegeben. Seitdem kümmerte man sich offiziell nicht mehr um uns; inoffiziell auch nicht, wie die geringe Versorgung mit Essen verriet. Inzwischen wurde es eng in unserem Stall. Ich schlenderte hinüber zum Wachführer und fragte, wie stark die Gruppe wohl schon sei.

Er warf einen Blick auf seine Papiere und erklärte: »104 Personen, aber wir erwarten noch mehr.« Dann deutete er an, daß ich mir keine Sorgen machen solle. Man meine es gut mit uns.

Bis zum späten Abend wurden ständig weitere Deutsche eingeliefert, von den Anwesenden wegen der zunehmenden Unbequemlichkeit schon eher mürrisch begrüßt. Die letzten mußten die Nacht im Sitzen verbringen.

Diesmal ging es in der Frühe gemächlicher zu. Erst um acht Uhr wurden wir geweckt, obwohl die meisten ohnehin schon munter waren und sich an der Wasserleitung auf dem Hof den Schlaf aus den Augen wuschen. Um neun Uhr fuhren drei Lastwagen vor. Ein Polizeioffizier verlas die Namen von der Liste, und wir mußten einzeln aufsteigen. Da die Liste nicht alphabetisch, sondern nach der Reihenfolge der Einlieferung ausgefertigt war, blieb unsere Familie zusammen. Auf den Lkws wurden wir noch einmal gezählt. Warum? Keiner wußte es. Schon ein paar Stunden später sollten wir feststellen, daß das Abzählen von Personen zu den Lieblingstätigkeiten von Polizisten gehörte. Wir konnten gar nicht oft genug gezählt werden. Doch immerhin erfuhren wir dadurch, daß man allein im Kreis Alytus 131 Deutsche aufgesammelt hatte. Eine stattliche Zahl, wie mir schien. Außerdem bemerkte ich, daß nicht nur Helga, Ilse und Frieda aus dem Haus am Walde, sondern auch Elsie und Gerda aus Panemuninkai nicht dabei waren. Sie taten mir leid, denn bei einem solchen Umbruch war es bestimmt sicherer, in der Menge einen gewissen Schutz zu finden, als allein zu bleiben. Aber ich entdeckte die lebenslustige junge Frau aus Uschupe mit ihrem kleinen Sohn, die wir getroffen hatten, als wir Günter besuchen wollten.

Zusammen mit 708 Deutschen
zurück nach Königsberg

Auf jeden Wagen stiegen drei Polizisten, dann ging es los. Zuvor hatte uns der Kommandant noch erklärt, daß wir am Ziel unsere Rationen empfangen würden, wie sich das gehöre, und bis dahin wäre es nicht weit. Wo das Ziel lag, ließ er offen. Wir fuhren durch Balbieriskis, das Siegfried und mir hinreichend bekannt war, passierten die Kreisstadt Prienai und erreichten nach etwa anderthalbstündiger Fahrt Kaunas. Kurz danach bogen die Lastwagen von der Hauptstraße ab, überquerten die Memel und hielten vor einem ehemaligen Kriegsgefangenenlager, bestehend aus sechs oder sieben Baracken guter alter Wehrmachtsqualität mit einem Zaun drumherum, der sich allerdings hauptsächlich in den Pfählen manifestierte. Der dazugehörige Stacheldraht war nur noch stellenweise vorhanden, sicherlich hatte man ihn anderswo gut gebrauchen können. Immerhin gab es eine Polizeistation, die in einem gemauerten zweistöckigen Haus direkt am Eingang untergebracht war. Wir mußten absteigen und wurden gegen Quittung an die neue Herrschaft abgegeben. Die Lastautos fuhren davon. Wie würde es weitergehen?

Zunächst einmal wurden wir gezählt. Nachdem sich eine Übereinstimmung zwischen den in Alytus abgefahrenen und den in Kaunas angekommenen Personen ergeben hatte, hielt der Lagerleiter, ein älterer Hauptmann, eine kurze Rede mit positiven und negativen Aspekten. Er begann damit, daß er soeben erst von unserer Ankunft unterrichtet worden sei. Infolgedessen könnten wir aus organisatorischen Gründen frühestens in drei Tagen mit Verpflegung rechnen. Das sei zum einen nicht seine Schuld, zum anderen aber auch nicht so schlimm, weil wir laut Quittung ja heute schon in Alytus versorgt worden seien. Die lautstarken Proteste wies er ab mit dem einfachen, aber überzeugenden Hinweis, das habe er schriftlich. Anschließend erklärte er, daß das Lager nicht mehr über eine eigene Wasserleitung verfüge, da es seit langem leergestanden habe. In etwa 200 Metern Entfernung stände an einer Straßenkreuzung ein Hydrant, an dem wir uns bedienen dürften. Eimer wären ausreichend in einem Nebenraum des Stabsgebäudes vorhanden. Im übrigen hätten wir Glück, wir seien die erste Gruppe und könnten uns daher eine Baracke aussuchen. Jede wäre ans Stromnetz angeschlossen und daher gleichwertig. Ihm wäre es völlig egal, wo wir uns niederließen, doch sollten wir der besseren Übersicht wegen möglichst zusammenbleiben. Am Ende seiner Ansprache erwähnte der Offizier beiläufig, er habe nur ein paar Leute als Wache zur Verfügung, ginge aber davon aus, daß wir in Anbetracht der Tatsache, daß wir über

Kaliningrad nach Deutschland gebracht würden, kein Interesse daran haben könnten, das Lager heimlich zu verlassen. Seine letzten Worte gingen im Jubel und Beifall der Menge unter. Nun dachte niemand mehr an die mangelnde Versorgung. Und das war wohl auch so beabsichtigt. Der Mann verschwand in seiner Wachstube, und alle liefen auseinander, um sich ein bequemes Plätzchen zu sichern.

Die Aussage über die Gleichwertigkeit der Baracken erwies sich als nicht ganz zutreffend. In einer regnete es durch, in anderen fehlten Fenster und Türen, oder es waren keine Betten mehr vorhanden. Doch das störte uns wenig. Unser Transport war der erste gewesen, und wir hatten noch die Möglichkeit, alles zusammenzuschleppen, was wir gebrauchen konnten und zur Einrichtung benötigten. Schließlich machte es sich unsere Familie mit Günter, der uns nicht mehr von der Pelle wich, im Schlepptau, in einem Zimmer mit sechs Doppelbetten und viel Platz gemütlich.

Am Nachmittag kam der nächste Transport. Wieder waren es drei Lkw voller Deutscher, darunter zwei Burschen in unserem Alter aus Ponarth und vier jüngere. Es waren alles Einzelgänger. Keiner von ihnen hatte vor der Razzia einen anderen gekannt. Wieder hielt der Hauptmann seine Rede, die Leute stürmten die Baracken und waren etwas enttäuscht, als sie die besten Plätze schon belegt fanden. Doch noch gab es genügend Ausweichmöglichkeiten.

Anderntags brachte man vier Transporte. Bei der Zählung vor der Abreise sollte sich herausstellen, daß sich 710 Deutsche im Lager befanden, die man in allen Teilen Litauens aufgegriffen hatte: 710 Deutsche, die in Königsberg und im nördlichen Ostpreußen dem Tod von der Schippe gesprungen waren und ihr Leben der Gastfreundschaft und Langmut des litauischen Volkes verdankten. Dabei war dieses von den Sowjets ausgebeutete Volk selbst nicht mit übermäßigem Wohlstand gesegnet.

Die Stimmung im Lager war eigenartig. Es gab Aggressionen, bedingt durch die räumliche Enge und verstärkt durch den bei manchen allmählich einsetzender Hunger. Dazu plagte viele die Sorge, der Leiter des Lagers könne gelogen haben, um Unruhe zu vermeiden; und es ginge nicht ins Reich, sondern nach Sibirien! Andererseits herrschte auch Euphorie und Ausgelassenheit. Die einen tanzten, die anderen weinten.

Zwei junge Frauen kamen mit Tränen in den Augen zu Siegfried, Günter und mir, die wir die einzigen Männer in der Alytus-Gruppe waren, und klagten darüber, daß man sie mit ihren Kindern aus einem kleinen Raum vertrieben habe. Sie erwarteten von uns ganz selbstverständlich, daß wir ihnen helfen würden. Obwohl wir sie kaum kannten, gingen wir hinüber und warfen das Gepäck der drei Frauen, die sich dort breitgemacht hatten, hinaus auf den Hof, verbunden mit der Drohung, wir würden auch die Betten ausräumen und die

Fenster herausnehmen, wenn sie sich keinen anderen Schlafplatz suchten. Die wiederum holten zwei ältere Männer herbei, die ihnen helfen sollten, diesen Raum zu verteidigen. Schon begannen die ersten Rempeleien, doch bevor die Situation in eine Schlägerei ausartete, griffen andere Frauen ein und stifteten Frieden. Die rechtmäßigen Besitzerinnen behielten ihr Zimmer.

Siegfried sagte hinterher ganz verwundert: »Was war das denn, so mutig sind wir doch sonst nicht!« Ich mußte ihm beipflichten.

Auf dem Rückweg fielen wir einer Gruppe von Frauen in die Hände, die uns in die Arme nahmen und abküßten. Dabei redeten sie pausenlos davon, wie schön es wäre, nach Deutschland zu kommen. Das war uns richtig peinlich: Die waren doch zum Verlieben viel zu alt! Irgendwie waren alle etwas überdreht. Bis in die späte Nacht hinein herrschte ein lautes Durcheinander. Schließlich wurde es dem Wachhabenden zuviel, er schaltete den Strom ab. Das Lager versank in Dunkelheit. Doch kehrte dadurch noch lange keine Ruhe ein. Überall wurde geredet, gestritten oder gesungen. Die Menschen versuchten ihre Ängste und Unsicherheit zu überspielen und reagierten laut und hektisch. Aber allmählich erstarben die Geräusche. Der Tag, der schon längst in die Nacht hinübergeglitten war, ging endlich zur Neige.

Am Vormittag mußten wir uns mit Gepäck aufstellen. Wieder begann die schier endlose Prozedur des Aufrufens und Zählens, die damit endete, daß weiterhin eine Übereinstimmung zwischen den Listen und der tatsächlich vorhandenen Personenzahl bestand. Daraufhin verabschiedete uns der Hauptmann mit freundlichen Worten und der leichtfertigen Behauptung, in Kaunas auf dem Bahnhof würden wir vom Roten Kreuz übernommen und ordnungsgemäß verpflegt. Fünf Lkws brachten uns in mehreren Fuhren zu einer doppelt eingezäunten Verladestation, die zusätzlich durch Wachtürme gesichert wurde. Wer mochte hier wohl schon alles durchgeschleust worden sein? Für uns hatten sie die bestimmt nicht gebaut!

Ein Zug, bestehend aus zusammengekoppelten Viehwaggons, wartete schon. 30 Personen pro Waggon wurden abgezählt und aufgefordert, hineinzuklettern. Innen befanden sich vorn und hinten zwei übereinander angebrachte durchgehende Pritschen, auf denen je sechs Personen Platz fanden. Die restlichen sechs hatten ihre Lagerstatt auf dem Fußboden vor den Türen in der Mitte, konnten diesen Platz jedoch nur nachts einnehmen, da er am Tage zur Bewegung, zum Herumstehen sowie zur Verrichtung der Notdurft während der Fahrt – Richtung Außenwelt natürlich – benötigt wurde. Doch von diesen Feinheiten wußten wir noch nichts. Siegfried und ich entschieden uns für einen Platz an der Tür. Wir wollten sehen, wohin die Reise ging und was es sonst noch zu beobachten gab.

Zunächst einmal gar nichts. Vor allem kein Rotes Kreuz mit Suppe oder Butterbroten. Nach der

Einweisung konnten wir uns auf dem abgesperrten Gelände frei bewegen. Doch was nützte uns das? Vier Gleise, drei Bahnsteige, am ersten stand unser Zug. Wir setzten uns in die milde Oktobersonne und dösten. Was man nicht ändern kann, mußte man hinnehmen. Noch hatten wir zu essen, auch wenn unser Vorrat allmählich zusammenschrumpfte. Viele jedoch waren nicht so gut dran wie wir und verlangten nach Brot. Zunächst waren es nur wenige, doch immer mehr schlossen sich an, und schließlich zogen alle erregt und laut protestierend zur einzigen sichtbaren Amtsperson, einem mürrischen Posten, der am Tor stand und Sonnenblumenkerne kaute, deren Schlauben er gekonnt in die Gegend spuckte. Widerwillig hörte er sich die Reklamationen der Frauen an, die auf ihre hungernden Kinder wiesen, nickte dazu und erklärte, er wolle das dem Leutnant melden, doch der käme erst am Nachmittag oder noch später. Die geballte Empörung der aufgeregten und hungrigen Menge traf – wie so oft im Leben – auch hier den Falschen.

Der Tag verging, es wurde dunkel. Einige Lampen, an hohen Masten pendelnd, verbreiteten ein spärliches Licht. Unter einem klaren Sternenhimmel wurde es ungemütlich kalt. Alle krochen in die Güterwagen und orientierten sich dabei im Dunkeln, so gut es eben möglich war. Die Schiebetüren wurden bis auf einen kleinen Spalt geschlossen, damit sie am Morgen auch von innen geöffnet werden konnten. Im Gegensatz zum Vorabend war es sehr ruhig, beinahe schon beängstigend ruhig. Über 700 Menschen lagen in diesem Zug, warteten auf die Abreise nach Deutschland, und wurden bis zuletzt den quälenden Gedanken nicht los, der Zug könne womöglich in eine andere Richtung fahren. Wohin würde die Reise tatsächlich gehen, nach Westen oder nach Osten? Gelegentlich weinte ein Kind, das von der Mutter flüsternd getröstet wurde. Die Kälte trieb im Laufe der Nacht manche zur Toilette, also hinaus aus dem Waggon. Dabei mußten sie auf dem Weg zur Tür sehr vorsichtig sein, um denen, die in der Mitte lagen, nicht in die Rippen oder auf die Finger zu treten. Es wurde geschimpft und geknurrt. So verlief die Nacht doch unruhiger als sie begonnen hatte.

Am Morgen schieden sich die Geister. Nur wenige gingen in der eisigen Luft hinüber zu der Waschkaue unter freiem Himmel. Siegfried und ich hätten uns auch gern gedrückt, doch zwang uns Frau Hartungs sanfter und zugleich strenger Blick zur Reinlichkeit. Günter kam hinterhergetrottet. Inzwischen machte er sowieso alles mit, was wir machten, zeigte jedoch keinerlei eigene Initiative. Eigentlich war er uns eher lästig, aber was sollten wir machen, er tat uns leid.

Am Vormittag wurde es im Lager plötzlich unruhig. Eine Lokomotive wurde angekoppelt und ließ mehrmals ihr Pfeifsignal ertönen, das die baldige Abfahrt ankündigte. Und schon trieben die inzwischen aus dem Nirgendwo aufgetauchten zahlreichen Posten die Menschen in die Waggons: Alles einsteigen, schnell, schnell! Gemächlich setzte sich der Zug in Bewegung.

»Wir fahren nach Westen«, sagte ich aufatmend.

»Das besagt gar nichts«, antwortete der alte Mann aus Alytus, der schon im Lager Kaunas in unserer Nähe geblieben und nun im selben Waggon untergekommen war, »die rangieren uns jetzt auf die Hauptstrecke. Dann erst wissen wir, was los ist.«

Langsam fuhren wir am Bahnhofsgebäude von Kaunas vorbei, ich erkannte es wieder: Was hatten Siegfried und ich hier für Schwierigkeiten gehabt, uns den wachsamen Blicken der Bahnpolizisten zu entziehen und auf einen Zug nach Königsberg aufzuspringen. Gleich danach rollte der Zug über die Memelbrücke. Wir waren nicht die einzigen, die die Richtung deuten konnten, überall im Zug jubelten die Menschen: Es geht nach Westen! Die an den Schiebetüren schrien es – ganz egal, ob mit oder gegen den Fahrtwind – den Leuten im Nachbarwaggon zu, auch wenn diese es selbst schon längst bemerkt hatten.

Unser Zug war ein echter Sonderzug. Das war daran schon zu erkennen, daß er ziemlich an jeder Station auf ein Ausweichgleis rollte, weil er die fahrplanmäßigen Züge abwarten mußte. In Mauruciai allerdings fuhr er durch: Dort hatten Siegfried und ich unsere dritte und letzte Wanderung in Litauen begonnen, die nun, nach fast anderthalb

Jahren, zu Ende ging! In Jure, unserer persönlichen Lieblingsstation, mußte er nur einen entgegenkommenden Personenzug durchlassen. Hier hatte unser *Überleben in Litauen* begonnen. In Kazlu Ruda dagegen, wo die Strecke nach Marijampole abzweigt, standen wir Stunden um Stunden. Die Güterzüge Richtung Osten, beladen mit »Reparationsgütern«, wie man die Ausplünderung des Ostdeutschlands vornehm umschrieb, hatten Vorrang. Unser Waggon stand direkt neben dem Bahnhofsgebäude, in dem Siegfried und ich verhört worden waren. Ich durchlebte noch einmal die Situation und hörte die Worte des Majors »bring sie weg«. Wir hatten Todesangst ausgestanden, waren aber noch einmal mit dem Leben davongekommen. Dann dachte ich an die vielen Litauer, die man damals hier zusammengetrieben hatte. Sie hatten dieselbe Angst gefühlt. Wie viele mochten überlebt haben?

Endlich setzte sich der Zug in Bewegung. Die nächste Station war Pilviskiai. Siegfried erinnerte mich an unsere Enttäuschung auf der ersten Reise, als wir noch *praschau* mit *pascholl* verwechselt hatten und weggegangen waren statt einzutreten. Wie dumm waren wir doch damals gewesen. Damals: wie lange, oder auch: wie weit, lag das zurück – eine ganze Lebenserfahrung!

Die große Schiebetür war zumeist geöffnet, nicht nur, um etwas sehen zu können, sondern auch, um die Luft erträglich zu halten. Für gewöhnlich saßen wir Burschen am Eingang und ließen die Beine hinausbaumeln. Diese Position erschien uns als einigermaßen sicher, wenngleich wir uns beim Aufstehen zunächst auf den Bauch drehten und ins Wageninnere krabbelten, bevor wir uns endgültig erhoben.

Kurz hinter Pilviskiai fuhren wir über ein Flüßchen. Plötzlich mußte ich an ein Partisanenlied denken, da hieß es eingangs:

Sudiev tu milimoi schaleli,
Lebwohl, du mein geliebtes Ländchen,
sudiev jus upes ir kalnai,
lebt wohl ihr Flüsse und Hügel,
sudiev scheschutes ir brolukai,
lebt wohl ihr Schwestern und Brüder,
paliku asch jos amschinai.
ich verlasse euch für immer.

Die letzte Strophe dieses Liedes endete mit den Zeilen:

Sunele tevine tave schauke,
mein Söhnchen, das Vaterland ruft dich,
ir wel bus laisve Lietuva.
und wieder wird Freiheit sein in Litauen.

Sudiev jus upes ir kalnai: Lebt wohl, ihr Flüsse und Hügel! Das paßte zu meinen Gedanken.

Etwa eine halbe Stunde später überquerten wir bei Eydtkuhnen die ehemalige Reichsgrenze. Vertraute Namen: Gumbinnen, Insterburg, dann endlich – spät in der Nacht – Königsberg. Die

Waggons wurden von außen verschlossen, und wir verbrachten darin unsere zweite Nacht.

Am Morgen wurden wir offiziell der dortigen Bahnhofspolizei übergeben. Jeder Waggon wurde einzeln geprüft. Das war nicht so einfach, weil man uns nicht nach den Listen verladen hatte, sondern so, wie wir mehr oder weniger zufällig auf die Lkws geraten waren. Es vergingen Stunden, bis Klarheit herrschte. Merkwürdigerweise blieben unsere Posten aus Kaunas dennoch bei uns. Sie duldeten es nicht, daß wir uns vom Zug entfernten, wenn wir auch die Waggons verlassen durften. Einer erzählte mir, sie hätten in Kaunas schon öfter deutsche Pracher eingesammelt und zurück nach Königsberg gebracht. Doch wenn sie sich dann anschließend dort einen freien Tag gegönnt hätten, mit etwas Wodka und so, hätten sie nach der Rückkehr ihre Kandidaten alle wieder an den Stammplätzen vor den Brotläden vorgefunden. Nun hätten sie den unbedingten Befehl, uns abzutransportieren und zwar so, daß wir nicht mehr wiederkämen.

Das machte uns allen zwar Hoffnung, daß wir nicht allzu lange in Königsberg bleiben würden, doch hatten Siegfried und ich aufgrund der intensiven Bewachung auch keine Gelegenheit, rumzustromern und über unseren gegenwärtigen Aufenthaltsort Klarheit zu gewinnen. Vermutlich waren wir auf dem ehemaligen Güterbahnhof am Philosophendamm. Das Gelände war weiträumig eingezäunt und glich einem Heerlager. Überall kampierten Gruppen und Grüppchen im Freien.

Geschäftig eilten Milizionäre, darunter viele Frauen, mit Listen hin und her. Bei so einem Durcheinander brauchten wir auf Verpflegung nicht zu hoffen. Aber allem Anschein nach waren wir tatsächlich für einen Transport ins Reich vorgesehen. Die Gerüchteküche brodelte: Man dürfe keine Rubel ausführen, hieß es. Und: Männer, egal welchen Alters, würden zurückgehalten. Oder: Manche Leute auf dem Gelände warteten zum Teil schon seit vier Wochen auf ihre Abreise! Wie bei solchen Parolen üblich, überwogen die negativen Tendenzen. Wir wußten nicht, was wir davon halten sollten, doch die Geschichte mit den Rubeln klang glaubwürdig. Ich fragte einen unserer Bewacher.

Er bekräftigte diese Aussage: »Das ist Devisenvergehen, kostet mindestens fünf Jahre.« Welcher Art oder wo, das verschwieg er diskret.

Ich erklärte ihm, daß ich noch über etwa 50 Rubel verfügen würde, die ich mit meiner Hände Arbeit verdient hätte. Was ich damit anfangen solle, fragte ich ihn.

Er meinte, ich könne Brot kaufen, unterwegs gäbe es bestimmt nichts zu essen.

Der Mann hatte recht und bestätigte nur unsere bisherigen Erfahrungen. Doch wo gäbe es Brot?

»Das ist kein Problem.« Er winkte einem Mann, der sofort heranwieselte, und erläuterte diesem: »Der hier will Brot kaufen.«

Der Händler nannte seinen Preis. 30 Rubel für ein Brot. Ich konnte ihn auf 25 Rubel hinunterhandeln und bekam zwei der kastenförmigen pappigen

Brote, wie ich sie aus früheren Tagen in Königsberg kannte. Siegfried kaufte auch, Günter hatte kein Geld. Dafür war er von seinem Bauern gut mit Lebensmitteln ausgestattet worden, mit denen er sehr heimlich tat. Noch nie hatte er uns etwas abgegeben oder auch nur als Kostprobe angeboten, wie wir das mitunter machten.

Endlich: Nach Deutschland!

Das Geld waren wir los, aber wir hatten wenigstens jeder zwei Brote. Unser Handel hatte sofort Nachahmer gefunden. Innerhalb weniger Minuten hatte der Mann seinen Vorrat verkauft. Er rief ein paar Kollegen herbei, aber diese konnten auch nicht alle Anforderungen erfüllen. Bedauernd erklärte einer, mit einer solchen Nachfrage hätten sie noch nie zu tun gehabt, da die Leute von den Kolchosen meistens nur mit einem oder zwei Lkw gebracht würden, was um die 100 Menschen bedeutete. Deren Bedarf könnten sie jederzeit befriedigen, aber nicht den von über 700 Personen. Dann verschwanden sie auf dem unübersichtlichen Gelände.

Sofort stürzten sich einige Frauen auf uns und wollten nunmehr von uns Brot kaufen. »Jungens, gebt uns doch etwas ab«, so hörten wir von allen Seiten. Sie boten uns mehr, als wir gezahlt hatten, verwiesen auf ihre hungrigen Kinder, und manche weinten sogar. Es war schlimm. Wir kamen uns vor wie hartherzige Kapitalisten aus der Prawda. Aber wir verkauften nichts. Was sollten wir in der vermutlich kurzen Zeit noch mit dem Geld anfangen. Als sich der Trubel gelegt hatte, schnitt ich ein halbes Brot auf und verschenkte es an nach meiner Einschätzung wirklich Bedürftige. Siegfried machte es ebenso. Wir hatten damit zwar keine große Hilfe geleistet, aber wenigstens unser Gewissen beruhigt.

Am Nachmittag kam plötzlich Unruhe und Bewegung in die Menge. Unsere Wachmannschaft geleitete unseren Transport – vorbei an anderen Deutschen, die uns mit einer Mischung von Neugier und Neid musterten – in eine große Halle. Siegfried und ich kannten mehrere der Posten schon namentlich. Manche waren nicht viel älter als wir. Sie verabschiedeten sich von uns mit Handschlag und wünschten uns *visko gero* – »alles Gute«. Daß sie es auf litauisch taten, betonte unser gutes Verhältnis in Kaunas und während der Fahrt sowie den privaten Charakter ihrer Wünsche für unsere Zukunft.

Quer durch die Halle zog sich eine Reihe von Tischen mit schmalen Gängen dazwischen. Daran saßen Offiziere der Grenzpolizei, sowohl Männer als auch Frauen. Daß es sich um Grenzpolizisten handelte, erkannte ich an den grünen Schulterstücken, »normale« Polizei, also die Miliz, hatte blaue. Nacheinander wurden Leute aufgerufen und mußten an die Tische treten. Der Reihenfolge nach zu urteilen hatte man die ursprünglichen Erfassungslisten auf die verschiedenen Tische verteilt. Nach einiger Zeit kamen Frau Lorenz und Frau Hartung mit den Kindern, anschließend Siegfried und ich an die Reihe. Günter war schon einige Minuten vorher aufgerufen worden. Jeder mußte seine Papiere abgeben und sämtliche Habseligkeiten auf dem Tisch ausbreiten. Die Frage nach Rubeln konnte ich getrost verneinen. Die Brote und ein kleiner Rest eines ehemals ansehnlichen Stückes Schinken wurden nicht beanstandet.

Ich hatte zwei Briefe meines Vaters bei mir, die er aus französischer Gefangenschaft geschrieben hatte. Es war die einzige Post, die uns nach dem Krieg in Königsberg je erreichte. Ausführlich studierte die Frau Oberleutnant die Handschreiben. Darin stand unter anderem, daß er hoffe, bald nach Königsberg entlassen zu werden. Meine Mutter hatte damals wahnsinnige Angst gehabt, daß er tatsächlich eines Tages in der sterbenden Stadt auftauchen würde. Schließlich erhielt ich die Briefe zurück und konnte passieren. Siegfried mußte noch einige Kontrollfragen über sich ergehen lassen, weil er keinen Ausweis mehr besaß, ehe er uns folgen durfte. Hinter den Tischen war die restliche Halle in Rechtecke für je vierzig Personen aufgeteilt. Nur einige wenige Posten überwachten diesen abgesperrten Teil. Ein Fluchtversuch von der einzigen Brücke, die nach Deutschland führte, war ganz gewiß nicht zu befürchten.

Alle, die wir nun in diesem Rechteck saßen, atmeten auf. Allem Anschein nach ging es tatsächlich ins Reich. Denn daß man uns nach dem Aufwand noch nach Rußland bringen würde, glaubte niemand mehr. Plötzlich stürmte eine Gruppe Soldaten mit schußbereiten Maschinenpistolen in unsere Hälfte des Saals und stürzte sich auf drei junge Männer.

Diese wurden mit den Kolben traktiert und hinaus-
getrieben. Das Ganze dauerte kaum länger als eine
Minute. Ich wurde jäh aus meinen Träumen gerissen
und starrte Siegfried an. Der war kreidebleich. Was
war das? Würde man uns auch noch holen? Nichts
weiter geschah, doch die Ungewißheit zerrte an den
Nerven, und wir machten uns Sorgen.

Nichtsdestoweniger versuchten wir nach einigen
Minuten die durch den Vorfall entstandene Unruhe
zu unserem Vorteil zu nutzen. Im angrenzenden
Rechteck hatten wir zwei junge Mädchen mit ihrer
Mutter entdeckt, die wir schon von Kaunas her
kannten. Sie hatten einen kleinen Bruder, dem
die überwiegende Aufmerksamkeit der Mutter galt,
weil er sehr lebhaft war und überall umherstromer-
te. Es wäre natürlich schön, wenn diese Familie in
unserem Waggon mitfahren würde. Denn das hatte
ich schon herausbekommen: Ein Rechteck bedeutete einen Güterwagen. Möglicherweise bestimmte
man die Zahl der Waggons – oder umgekehrt: die
Zahl der Ausreisenden – nach den vorhandenen
abgesperrten Arealen.

Ich schlenderte zum nächsten Posten, der mir
recht wachsam entgegenblickte. Vermutlich hatte
auch er den überraschenden Einsatz der Soldaten
noch nicht richtig verdaut. Dabei überlegte ich, was
ich ihm erzählen sollte. Hatte ich soeben meine
Tante wiedergefunden, mit der ich natürlich gerne
im selben Wagen fahren wollte, schon um zu hören,
wie es ihr ergangen war? Oder sollte ich an sein
männliches Verständnis appellieren und andeuten,

daß Siegfried und ich, zwei junge Burschen, die wir waren, gern mit den Mädchen in einem Waggon wären? Ich entschied mich für die zweite Variante, er war noch jung und würde für Mädchen wohl mehr Verständnis aufbringen als für Tanten.

So war es denn auch! Er wolle versuchen, uns zusammen zu verladen, machte er mir Hoffnung; durch die Verhaftung der drei jungen Männer würde sowieso die Aufteilung neu vorgenommen werden müssen. Ich schenkte ihm den letzten Kanten Speck, spekulierte allerdings darauf, daß mir Siegfried von seinem größeren Rest die Hälfte abgeben würde, weil ich auch in seinem Interesse gehandelt hatte. In Kaunas hatten wir angefangen zu entdecken, daß wir in unserer Eigenschaft als Männer – wenn auch nur angehende – Mangelware waren. Eigentlich hatten wir gar nichts entdeckt, man hatte uns mit der Nase darauf gestoßen. Im ganzen Transport gab es nur einen alten Mann, insgesamt vier Burschen zwischen 16 und 18 Jahren, dazu noch einige Halbwüchsige im Alter von 14 und 15 Jahren. Frauen und Mädchen stellten etwa zwei Drittel des Kontingents. Dazu kamen über 200 Kinder.

Schon in Kaunas hatten wir Burschen versucht, mit den Mädchen anzubändeln. Es war auch zu ein paar ungeschickten, hastigen und zugleich verlegenen Küssen gekommen. Angesichts der Vielzahl von Mädchen passenden Alters waren wir ständig auf der Suche nach einer noch Schöneren, Besseren, Netteren. Allerdings hätten weder Siegfried noch ich erklären können, was wir uns vorstellten. Wir hatten irgendwie die Befürchtung, es entginge uns etwas, wenn wir uns einem bestimmten Mädchen zuwenden würden. Mehrmals am Tag begannen wir einen neuen Flirt, um ihn schon nach ein paar Stunden wieder abzubrechen. Zusätzlich erschwert wurden alle Annäherungsversuche, von wem immer sie auch ausgehen mochten, durch die Wachsamkeit der allgegenwärtigen älteren Frauen, insbesondere der Mütter. Deutsche Tugend sollte gewahrt werden, wenn irgend möglich.

Es stellte sich heraus, daß ein längerer Zug für die Fahrt nach Deutschland vorgesehen war, denn die Menschen drängten sich inzwischen in 38 Abschnitten. Stunden vergingen. Aber das störte niemand. Seit der Abgabe der Ausweise und dem beinahe schon symbolischen Durchschreiten der Absperrung empfanden sich die meisten als nicht mehr in der Sowjetunion befindlich.

Mitten in der Nacht begann die Verladung. Der Posten hatte Wort gehalten, die Familie mit den beiden Mädchen kam in unseren Waggon. Es gab noch eine kurze Diskussion mit dem leitenden Offizier, weil der kleine Bruder nun über die festgesetzte Zahl von 40 Personen hinaus zusätzlich in den Wagen kommen sollte. Aber wer wollte sich so spät am Abend noch über ein deutsches Kind aufregen. Die Türe wurde zugeschoben, verplombt, und wir waren drin.

Irgendwann erwachte ich von dem typischen

Geräusch eines fahrenden Zuges. Schon war es wieder vorbei, weit konnten wir nicht gefahren sein, vielleicht nur aus dem Bahnhofsgelände heraus. Als der Zug erneut anrollte, drang schon erstes Tageslicht durch die Luftschlitze. Am Morgen des 8. Oktober 1948 überquerten wir in Bartenstein, meinem Geburtsort, die Alle. Sie bildete mitten in Ostpreußen den Grenzfluß zwischen Rußland und Polen. Obwohl meine Heimat nun nicht mehr meine Heimat war, fühlte ich mich wie neu geboren.

Hier in Bartenstein wurde Waggon für Waggon erneut geöffnet und die menschliche Fracht erneut gezählt. Da diese Zahl zwangsläufig mit der Angabe auf dem Begleitzettel im vergitterten Kasten an der Tür übereinstimmte, war die Überprüfung für die polnischen Grenzbeamten damit abgeschlossen. Im Gegensatz zu unseren Transportbegleitern, die in ihren zerknautschten typischen Russenhemden mit dem darübergeschnallten Koppel verschlafen und fröstelnd herumstanden, sahen die Zöllner in ihren gutgeschnittenen Uniformen geradezu elegant aus. Als Kopfbedeckung trugen sie die viereckigen Schirmmützen, an die ich mich noch aus der Wochenschau von 1939 erinnern konnte. Offensichtlich mochten sich die beiden Brudervölker nicht, denn einer der Grenzbeamten spuckte zwei Russen, die gerade zum Waschen gingen, genau vor die Füße. Ich wunderte mich sehr, daß die sich das gefallen ließen und betreten zur Seite schauten.

Der Zug bummelte in der gleichen Art, wie

es der von Kaunas nach Königsberg getan hatte. Am ersten Tag kamen wir nur bis Korschen, am zweiten bis Deutsch Eylau. Möglicherweise waren die langen Aufenthalte von der Transportleitung angeordnet. Denn, wie wir schon befürchtet hatten, gab es während der ganzen Reise keinerlei Verpflegung. Die Russen wußten sicher aus Erfahrung, daß niemand aufmucken würde, jetzt da es nach Deutschland ging. Infolgedessen schwärmten die Aktiveren bei jedem Halt wie die Heuschrecken aus und plünderten Gärten und Felder. Kartoffeln, Mohrrüben, Wruken, Rote Beete, Rosenkohl: alles wurde ausgerissen und in den Zug gebracht. Oft reichte die Zeit sogar noch, die Kartoffeln neben den Gleisen zu kochen. Bevor es erneut weiterging, stieß die Lokomotive dreimal ein Pfeifsignal aus. Dann hatte man noch etwa zehn Minuten Zeit. Drei Minuten vor der Abfahrt signalisierte der Lokomotivführer durch ein neuerliches Pfeifen, daß nun wirklich jeder einsteigen sollte. Und mit einem letzten langgezogenen Ton zog die Lokomotive schließlich wieder an.

Die Fahrt durch das nunmehr polnische Gebiet verlief ohne besondere Ereignisse – zumindest tagsüber. Dann stahlen wir wie die Raben, nur um etwas im Magen zu haben, weil unsere Transportbegleitung, wie wir vermuteten, die für uns vorgesehenen Rationen auf dem schwarzen Markt in Berlin oder sonst irgendwo verkaufen wollte. Die Nächte dagegen waren anders. Siegfried und ich hatten auch hier wieder den Platz an der Tür gewählt, und schon bald gesellten sich die beiden Schwestern Rita und Maria zu uns. In der ersten Nacht lagen sie noch etwas abgesondert am Rand, in der zweiten Nacht war das schon der Platz für Günter. Siegfried wärmte Maria, die ältere, ich Rita, die jüngere. Nachts gewannen wir erste handgreifliche Erkenntnisse bezüglich weiblicher Formen. Als Günter, wie ich eher zufällig bemerkte, an diesen Erkenntnissen Anteil nehmen wollte, hätte ich ihm beinahe die Finger gebrochen, im richtigen Griff hatte ich sie schon. Daraufhin übte er sich bis zum Ende der Reise in weiser Selbstbeschränkung.

Am Vormittag des 10. Oktober 1948 erreichten wir Küstrin. Hier wurden wir noch einmal gezählt. Es war niemand verschwunden, niemand dazugekommen. Daraufhin wurden die Waggons erneut von außen verriegelt. Der Zug fuhr über die Oder, wir waren in Deutschland! In Eberswalde wurden wir von einem Offiziellen mit einer Ansprache begrüßt, von der wir allerdings nicht viel mitbekamen, weil wir etwas Außergewöhnliches entdeckten: Mitarbeiterinnen des Roten Kreuzes verteilten belegte Brote und heißen Malzkaffee. Die erste Verpflegung seit zehn Tagen! Davon eine Portion zu ergattern war wahrhaftig wichtiger. Doch dann staunten wir. Ein Fanfarenzug der Jungen Pioniere schmetterte für uns eine halbe Stunde lang Märsche, die wir seit dem Frühjahr 1944 umständehalber hatten entbehren müssen. Die Jungen waren genauso zackig wie wir damals, nur daß sie weiße Hemden trugen statt brauner und die Halstücher nicht schwarz waren, sondern rot; doch deren Lederknoten waren die gleichen, die Hosen auch.

Siegfried und ich trauten unseren Augen nicht: Die Entwicklung hatte hier wohl einen gänzlich anderen Verlauf genommen, als wir uns das nach dem verlorenen Krieg in den Ruinen von Königsberg vorgestellt hatten. An Uniformen und Fanfarenzüge hatten wir ganz bestimmt nicht gedacht, wenn wir dort oben von Deutschland sprachen. Marschierten sie noch oder schon wieder, hatten sie vielleicht sogar dieselben Anführer? Stolz und zackig verließen die Jungen den Bahnhof. Die Frauen vom Roten Kreuz räumten die Kaffeekannen und die leeren Teller von den Klapptischen und gingen ihrer Wege. Weitere Vorkehrungen für unsere Aufnahme waren nicht getroffen, denn der Zug fuhr auf ein Abstellgleis, wo er die Nacht über stehenblieb.

Im Laufe des nächsten Tages kamen wir bis Pasewalk: ein Ort, der mir und sicher auch anderen bislang vorwiegend dadurch bekannt war, daß dort einmal ein Gefreiter namens Adolf Hitler im Lazarett gelegen hatte. Das war der, dem wir zu verdanken hatten, daß wir unsere Heimat verlassen und hier, ausgerechnet hier, in einem Aufnahmelager als freie Deutsche ein neues Leben beginnen sollten. Mit ein paar Polizisten an der Spitze zog die Kolonne ins Lager ein. Dort wußte man nichts von unserer Ankunft, und Platz hatte man auch nicht. Während die meisten Menschen frierend herumstanden und sich die Polizisten mit dem Lagerleiter zankten, hörten wir plötzlich ein vertrautes Signal: Unsere Lokomotive rief. Sofort entstand ein Gedränge und Geschiebe. Die Holzschuhe klapperten wie alte Maschinengewehre, als 1500 Vertriebene, wie man uns später nennen sollte, durch die dunklen Straßen zum Bahnhof zurückhasteten. Alle kletterten in die vertrauten Waggons, die Fahrt ging weiter; allerdings nur ein paar Kilometer. Der Zug hielt auf einer kleinen Station. Auch hier wußte niemand etwas von unserer Ankunft, daher gab es keine Verpflegung. Inzwischen war es viel zu dunkel, in den Gärten noch etwas zu suchen. Hungrig verbrachten wir die siebte kalte Nacht in unserer rollenden Behausung.

Nach dem Schwenk in den Norden fuhren wir nun nach Südwesten. Ich mußte an den Fliegenden Holländer denken, der war auch nirgendwo zu Hause. Kurz vor Stendal ereigneten sich gleich zwei traurige Unfälle. Ein alter, schwerhöriger Mann wurde von einer Rangierlokomotive überfahren. Er war sofort tot. Eine jüngere Frau, die mit ihrer Tochter über eine Wiese lief, um in den dahinter liegenden Gärten nach Eßbarem zu suchen, trat auf eine Mine. Sie wurde zerrissen. Das Kind verblutete, schon nach wenigen Minuten verstummten die Schreie. Jetzt erst fielen uns die Schilder auf, die in Abständen am Zaun hingen, der die Wiese vom Bahndamm trennte: Achtung – Minen – Lebensgefahr! Niemand hatte sie zuvor bewußt zur Kenntnis genommen. Trauer und Betroffenheit spiegelte sich in den Gesichtern. Das hätte jedem von uns passieren können! Ein gnadenloses Schicksal hatte drei Menschen den Tod gebracht, den sie nicht mehr erwarteten, nachdem sie die schwere Zeit in der alten Heimat glücklich überlebt hatten und sich endlich gerettet wähnten.

Der Lokomotivführer betätigte die Dampfpfeife. Der Zug fuhr weiter. In der nächsten Nacht stand er in Magdeburg auf dem Güterbahnhof, um am Morgen Richtung Westen weiterzurollen. Schon kursierten Gerüchte, man würde den Transport wegen Überfüllung der Lager in die britische Besatzungszone umleiten. In Marienborn erneut stundenlanges Warten. Am Nachmittag wurden die hinteren Waggons abgekoppelt. Leider befanden wir Litauer uns in den vorderen. Neid kam auf. In der Nacht erreichte der Zug Eisenach. Dort erfuhren wir am Morgen, daß auch unsere Odyssee ein Ende gefunden haben sollte. Am Vormittag des 14. Oktober 1948, also genau zwei Wochen nach unserer Festnahme, waren wir tatsächlich in Deutschland angekommen. Das hatten wir vor kurzem noch nicht zu hoffen gewagt. Was sollte jetzt noch der Ärger, daß uns die Transportbegleitung um unser Brot betrogen hatte. Die mußten ja wieder zurück nach Königsberg und wir nicht! Und genauso hatten sie kalkuliert.

Quarantäne in Eisenach, Anwerbung zum Aufbau eines neuen Deutschlands und Fluchtpläne

Die Kolonne wanderte langsam bergauf zum Lager Siebenborn. Es bestand aus einem Versorgungsgebäude und mehreren Baracken, umgeben von einem schon etwas brüchigen Jägerzaun, und lag am Waldrand. An dem großen hölzernen Torbogen hing ein Schild mit der Aufschrift »Herzlich Willkommen«. Es mußte schon eine Unmenge Leute willkommen geheißen haben, denn es war arg verwittert. Innerhalb der Anlage funktionierte die Organisation einwandfrei. Zuallererst mußten wir durch die Entlausung. Ein Mann mit einer großen Flitspritze verpaßte jedem eine Pulverladung in die Achselhöhlen, auf den Kopf und in den Hosenbund. Im nächsten Raum registrierte man unsere Namen und wies uns unsere Schlafstatt zu. Siegfried und ich gehörten zu den ersten, die in das Lager eingezogen waren. Wir hatten die Stationen Entlausung, Registratur und Einweisung schon durchlaufen, ehe die letzten unseres Transportes das Tor passierten. Sich am Schlafplatz häuslich einzurichten ging schnell. In den Schränken zu verstauen hatten wir ohnehin nichts. Kaum hatten wir unsere Rucksäcke auf die ordentlich bezogenen Betten geworfen, stürmten

Siegfried, Günter und ich hinaus, um unsere neue Umgebung zu erkunden.

Auf dem von Baracken bester deutscher Bauweise und Lebensdauer eingerahmten Platz kamen wir dem Mann mit der Flitspritze unter die Augen. Da sich unter den Angekommenen nur wenige Männer befanden, war er mit seiner Arbeit schnell fertig geworden und machte eine Zigarettenpause. »Hallo Jungs«, rief er uns entgegen, »wollt ihr für mich arbeiten?«

»Arbeiten schon«, erwiderte ich, »aber nicht in der Entlausung.«

Er lachte: »Nein, das ist vorbei, ich brauche Hilfsarbeiter für die Küche.«

Küche? Besseres konnte uns gar nicht passieren. »Abgemacht?« fragte ich.

»Abgemacht«, antwortete der Lagerleiter, wie sich herausstellen sollte, und führte uns in die Kantine. Dort erklärte er uns die anfallenden Arbeiten: Morgens müßte einer Brot schneiden, dafür gäbe es eine Maschine; der andere Malzkaffee kochen, in ausreichender Menge natürlich, wobei er auf mehrere große Aluminiumkannen wies. Der dritte wiederum hätte dafür zu sorgen, daß an den zwei Ausgabeschaltern die Lebensmittel nicht ausgingen. Zum Mittag müßten wir entweder Kartoffeln schälen oder sie gründlich waschen, falls Pellkartoffeln vorgesehen waren. In jedem Fall müßten wir die gekochten Kartoffeln aus den großen eingemauerten Kesseln in Gefäße umfüllen und diese zu den Ausgabeschaltern bringen.

Sowohl die Aluminiumkannen als auch die großen Kessel kannte ich schon aus den Wehrertüchtigungslagern. Sie waren Relikte einer für kurze Zeit großen Welt, ebenso die Baracken, die Doppelbetten und die Wolldecken mit den braunen Streifen. Sogar das Stammpersonal hatte den Krieg und die Folgezeit hier überlebt. Aus einem Erholungsheim für Wehrmachtsangehörige war eben ein Quarantänelager geworden.

Während uns der Lagerleiter in seinem weichen Thüringer Dialekt den Arbeitsablauf erläuterte und damit schloß, daß es beim Abendessen wie beim Frühstück vor sich gehe, wurde ich urplötzlich von einem irrationalen Zorn erfaßt und konnte meinen Neid kaum unterdrücken. Meine Mutter war verhungert. Aus meiner Heimat hatte man mich vertrieben, und darüber konnte ich sogar noch froh sein. Mein Eigentum war nur das, was ich am Leibe trug. Die Menschen hier lebten in ihrer gewohnten Umgebung, manche in eigenen Häusern mit Garten, hatten Freunde und Verwandte in der Nähe. Die Angestellten dieses Lagers arbeiteten einfach so weiter wie vor dem 9. Mai 1945. Hatten die denn den Krieg nicht verloren?

Als sich der Mann, ärgerlich vor sich hinmurmelnd, mit einer durchgebrannten Sicherung beschäftigte, flüsterte ich Siegfried aufgeregt meinen Ärger ins Ohr.

Er schaute mich kopfschüttelnd an und meinte: »Du bist ja blöd, der Mann kann genauso wenig dafür, daß er noch etwas hat, wie wir daran schuld sind, daß wir nichts mehr haben. Außerdem ist er freundlich und hat uns diese schöne Stelle verschafft. Was willst Du noch mehr?«

Siegfried hatte recht. Ich mußte für diese Arbeit dankbar sein. Kantine war gleichbedeutend mit zusätzlichem und besserem Essen.

Inzwischen hatten drei jüngere Frauen die Küche betreten. Der Lagerleiter stellte uns als neue Hilfskräfte vor. Da man das Lager über die genaue Ankunftszeit unseres Transportes nicht informiert hatte, gab es kein Mittagessen, sondern Kaltverpflegung: für jeden zwei Scheiben Brot, ein Stück Margarine, je eine Scheibe Wurst und Käse, dazu wahlweise Malzkaffee oder Kamillentee. Frau Lorenz, Frau Hartung, Ellie, Wolfgang und Dora staunten nicht schlecht, als sie uns in weißen Kitteln an den Ausgabeschaltern erblickten. Auch das Einsammeln der Essensmarken, die wir bei der Registrierung erhalten hatten, gehörte zu unseren Aufgaben. Den Koch, einen kräftigen, fröhlichen jungen Mann von 30 Jahren, lernten wir am nächsten Morgen kennen. Seine Statur unterstrich seinen Beruf und die Qualität seiner Kunst.

Siegfried, Günter und ich gewöhnten uns schnell an den Tagesablauf. Morgens, mittags und abends waren wir – Vorbereitungen und Aufräumen eingeschlossen – jeweils zwei Stunden beschäftigt. Dazwischen und am Abend hatten wir noch genügend Zeit, am Lagerleben teilzunehmen. Vom Küchenpersonal erfuhren wir mehr vom Alltag in der Sowjetzone als aus dem überall herumliegenden »Neuen Deutschland«. Die Produktionsrekorde, die die Zeitung stolz verkündete, waren den Erzählungen der Frauen zufolge zumindest genauso erlogen wie die in der *Tiesa*, die wir in Litauen gelesen hatten. Den weitaus größten Raum der Titelseite nahmen die Berichte über die in Gründung befindliche kasernierte Volkspolizei ein. Über die Verhältnisse in den Westzonen konnten uns die Einheimischen nicht viel berichten. Die Zustände dort schienen sie auch nicht sonderlich zu interessieren.

Wie aber sollte es weitergehen? Was erwartete uns nach Beendigung der Quarantäne. Ein »bunter Abend« sorgte für Aufklärung. Erst spielte ein Akkordeonorchester Volkslieder und Märsche, sehr gekonnt. Anschließend sprach ein Funktionär bestechend eindringlich darüber, wie wir als Neubürger helfen konnten, im Verein mit der großen Sowjetunion ein neues Deutschland aufzubauen. Er bot uns einen Arbeitsplatz bei der Wismuth AG an, einer deutsch-russischen Gemeinschaftsfirma in Johann-Georgenstadt/Aue. Die Bedingungen klangen verlockend: Es gab die große Produktenkarte, die hatten in Königsberg noch nicht einmal alle Russen bekommen, dazu Prämien und Akkordzuschläge. Die Arbeit verlangte zwar vollen Einsatz, bot aber andererseits auch beste Lebensbedingungen, so hieß es. Und die Mitarbeiter würden zur Speerspitze des Fortschritts gehören.

Siegfried und ich hielten Kriegsrat. Günter hörte

zu, ohne eine eigene Meinung zu äußern, wie üblich. Arbeiten konnten wir, und kräftig waren wir auch. Solch ein Angebot konnten wir einfach nicht ausschlagen.

Wir traten vor und unterschrieben als erste. Einige wenige folgten uns, die meisten jedoch waren skeptisch und hielten sich zurück.

Das machte mich stutzig. Am Schluß der Veranstaltung ging ich noch einmal zurück an den Tisch auf dem Podium und fragte: »Ich weiß, daß mein Vater den Krieg überstanden hat. Er war in französischer Gefangenschaft.« Dabei zeigte ich die beiden Briefe. »Kann ich aus dem Vertrag entlassen werden, wenn ich meinen Vater wiederfinde und zu ihm ziehen möchte?«

»Aber gewiß doch«, erwiderte der Funktionär leichthin, »aber das wird nicht nötig sein. Ich kann als sicher voraussetzen, daß dein Vater bei diesen Arbeitsbedingungen, die einmalig sind in ganz Deutschland, auch zu uns kommen wird. Dann seid ihr ja wieder zusammen.«

Die Antwort klang irgendwie falsch und unaufrichtig, nur wußte ich nicht gleich, warum. Später fiel es mir ein: Sie ging am Kern meiner Frage vorbei.

In der Küche erzählten Siegfried und ich ganz begeistert, wie gut das Leben in der Sowjetzone wäre: Kaum seien wir angekommen, schon hätten wir eine zwar schwere, dafür aber sehr gut bezahlte Arbeit erhalten und dazu die große Produktenkarte. Günter ergänzte: »Und eine ganz billige Unterkunft haben wir außerdem, wenn es auch im Lager ist, das macht uns nichts aus.«

Charlotte, eine junge lebhafte Kollegin, fragte argwöhnisch: »Wo habt ihr Arbeit bekommen, hier im Lager?«

»Bei der Wismuth AG«, erwiderte ich.

»Seid ihr denn verrückt«, fuhr sie mich an, »dort werden Strafgefangene hingebracht, weil sich niemand freiwillig meldet. Die Stollen sind so flach, daß ihr euch nur gebückt bewegen könnt, und bis zu den Knien steht ihr im Wasser, weil die Pumpen meistens defekt sind. Und wenn ihr erst einmal im Arbeitslager angekommen seid, kommt ihr da so leicht nicht mehr weg. Flucht gilt als Sabotage, und euch erwischt man ganz bestimmt, denn ihr kennt euch hier ja gar nicht aus.«

Betroffen blickten Siegfried und ich uns an: Da waren wir ja in eine schöne Falle geraten.

Der Koch, der das Gespräch mitangehört hatte, wußte Rat: »Ihr habt nur eine Möglichkeit, ihr müßt abhauen in die amerikanische Zone, aber jetzt noch nicht, wartet erst einmal das Kopfgeld ab, und bis dahin haltet ihr den Mund gegenüber jedermann.« Er schüttelte den Kopf. »Wie kann man nur so dumm sein.« Doch woher hätten wir das wissen sollen! Bedrückt gingen wir unserer Arbeit nach und wuschen die für das Mittagessen vorgesehenen Pellkartoffeln in einem großen Trog.

Die Aufregungen sollten damit längst noch nicht zu Ende sein.

Günter hatte sich verliebt. Da ihm das Mädchen nicht die gleiche Zuneigung entgegenbrachte, wollte er sie sozusagen durch Bestechung für sich einnehmen. Als sie zum Schalter kam, nahm er ihr die Essenmarke ab, sagte zu ihr leise *tylek*, was auf litauisch soviel heißt wie »sei ruhig«, und laut zu Charlotte, die die Verpflegung austeilte »zwei Portionen«, worauf diese arglos die gemeldeten zwei Portionen herausreichte.

Doch sogleich gab es großen Ärger. Die Frau, die hinter dem Mädchen gestanden hatte, sagte lautstark und empört: »Warum bekommt die denn zwei Rationen, die ist doch alleinstehend. Ich habe genau gesehen, daß sie nur eine Marke abgegeben hat.«

Sofort schaltete sich als höchste Autoritätsperson der Koch ein: »Was ist hier los?«

Das Mädchen erklärte, nur eine Marke abgegeben zu haben, sie wisse nicht, warum man ihr zwei Portionen gegeben habe. Immerhin verschwieg sie das *tylek*.

Günter, kreidebleich, behauptete, zwei Marken erhalten zu haben.

Eine sofortige Zählung war nicht möglich, da man an beiden Schaltern die Marken einsammelte und noch nicht jeder seine Verpflegung erhalten hatte. Schon erhob sich ob der Verzögerung bei den Schlange Stehenden ein Murmeln und Raunen des Unmuts.

Der Koch war ärgerlich: »Weitermachen«, sagte er kurz angebunden.

Kaum waren die Klappen an der Ausgabe geschlossen, unterzog er uns einem strengen Verhör. Die Zusammenarbeit in der Küche mit einem so heiklen Gut wie Lebensmitteln basiere auf Vertrauen; wenn er das zu uns nicht mehr haben könne, flögen wir aus der Küche heraus, und zwar sofort.

Siegfried und ich standen da, völlig überrascht von dem Anpfiff, und wußten nicht, was wir sagen sollten. Schließlich raffte Günter sich auf und beichtete die ganze Geschichte.

Der Küchenchef beruhigte sich wieder, tippte sich aber ein paarmal mit dem Zeigefinger unmißverständlich an die Schläfe. Doch wir durften weiterhin in der Küche arbeiten.

Charlotte indes stellte uns hinterher aufgeregt zur Rede: »Warum hat er das bloß so gemacht, ihr bekommt am Abend doch wirklich genug Brot mit, dafür habt ihr ja gearbeitet.« Und zu Günter gewandt: »Davon hättest du deiner Freundin etwas abgeben können.«

Günter zuckte ratlos die Achseln, er konnte sich nicht erklären, was über ihn gekommen war.

Aber das beruhigte uns nicht. Siegfried und ich waren ganz schön wütend auf ihn und machten ihm entsprechende Vorhaltungen. Fast hätte man uns dieses Blödsinns wegen aus der Küche herausgeschmissen. Und die Leute dort waren die einzigen, die von unseren Fluchtplänen wußten. Ausgerechnet sie mußte Günter verärgern.

Günter indes sah das ganz anders.

»Ihr habt doch auch Freundinnen, und ich will nun auch eine haben.«

Was sollte man darauf erwidern? Uns jedenfalls fiel dazu nichts mehr ein.

Die Leute von der Wismuth AG kamen nunmehr täglich, einmal mit einer Schalmeienkapelle, einmal mit einer Volkstanzgruppe, zwischendurch auch ohne jedes Programmbeiwerk. Zunächst mit sanfter Überredungskunst, dann mit etwas Druck und schließlich mit der Drohung, die Essensmarken zu entziehen, brachten sie alle diejenigen, die sie von ihrer körperlichen Konstitution her für geeignet hielten, dazu, den Vertrag zu unterschreiben. An uns dreien – Siegfried, Günter und mir – liefen diese Manöver fast unbeachtet vorbei, wir hatten ja schon unterschrieben und hätten das ohne die Informationen durch unsere einheimischen Kolleginnen sogar noch für gut befunden.

Am Morgen des 25. Oktober 1948 beorderte man Siegfried, Günter und mich gleich nach dem Frühstück ins Büro. Als Angehörige der werktätigen Bevölkerung im Lager erhielten wir vor den anderen Lagerinsassen den endgültigen Begrüßungshandschlag des Lagerleiters, einen vorläufigen Personalausweis und 50 Mark als erste Anzahlung auf ein glückliches Leben im Lande des Fortschritts; dazu den Hinweis, daß die Quarantäne am nächsten Tag aufgehoben sei und wir nach der Registrierung beim Arbeitsamt Eisenach mit dem Zug nach Aue fahren würden.

Wir eilten zurück in die Küche. Nun wurde es ernst. Der Koch meinte, es wäre sinnvoll, wenn einer von uns schon einmal die Route zur Grenze erkunden würde, falls wir wirklich in den Westen wollten. Dabei schaute er mich an. Er beschrieb mir Weg und Richtung und gab mir zehn Mark. Damit sollte ich mir keinen schönen Tag machen, das war lediglich ein Alibigeld. Falls man mich irgendwo aufgreifen würde, sollte ich sagen, ich müßte für das Lager einen Sack Zwiebeln kaufen. Von den Vorbereitungen für das Mittagessen war ich befreit.

Unbehelligt wanderte ich den Berg hinab und bog dann auf das Dorf Warta zu. Das waren etwa zehn Kilometer, ich lief nur bis Hörschel, dann wurde es mir unheimlich. In Litauen war ich wenigstens immer mit Siegfried zusammengewesen, wenn wir unterwegs waren. Das gab eine gegenseitige Sicherheit. Ich wußte zudem nicht, wen ich fragen sollte oder ob man mir meine Absicht, das Land zu verlassen, eventuell schon an der Nasenspitze ansah. Für einen richtigen Kundschafter war ich einfach zu feige. Doch ganz ohne Ergebnis mochte ich auch nicht heimkommen.

Nach bester litauischer Manier ging ich auf ein blitzsauberes Gehöft an der Straße und fragte nach Essen. Dabei erklärte ich, daß ich ursprünglich aus Königsberg, nun aber aus einem Lager in Eisenach käme, wo es mit der Verpflegung sehr spartanisch zuginge. Die Hausfrau war freundlich und machte mir sofort ein paar dick geschnittene

Scheiben Brot zurecht. Ich kam mir direkt etwas schäbig vor, weil ich in der Küche arbeitete und über die Verpflegung wirklich nicht klagen konnte. Königsberg, das interessierte die Frau, ich sollte nur erzählen. Und dann kam das Gespräch auf die nahe Grenze, wobei ich mir nicht sicher war, ob sie mich nicht vielleicht durchschaute. Ich erfuhr jedenfalls, daß es unterhalb der Burgruine Brandenburg in einer Werraschleife eine Furt gäbe, die auf der anderen Seite direkt auf den Bahnhof von Herleshausen träfe. Dieser Ort läge im Westen, da die Werra die Grenze bildete. Die Volkspolizei würde jedoch dem Flußverlauf nicht folgen, sondern nur die Straße von Lauchröden nach Göringen bewachen.

So hatte ich plötzlich genauere Informationen als erträumt. Mehr konnte ich gewiß nicht erfahren. Ich bedankte mich überschwenglich für das Brot und den Malzkaffee und brach auf. Die Burgruine suchte ich nicht mehr. So viele konnte es davon nicht geben. Ich würde sie schon finden, und die Werraschleife auch.

Ich wanderte etwa zwei Stunden durch das Hörseltal zurück nach Siebenborn, wo ich Siegfried und Günter sofort von meinen Erkundungen, von der Entfernung und der Furt berichtete. Die Informationen machten auf beide einen sehr guten Eindruck, eigentlich sogar einen besseren, als ich verdient hatte. Dann überlegten wir, was wir mit dem Kopfgeld anfangen sollten. Das war im Westen sicherlich wertlos, die hatten ja eine Währungsreform gehabt, was auch immer das sein mochte. Wir konnten auch niemand um Rat fragen, denn das Küchenpersonal würde erst zum Abendbrot wieder erscheinen. Aber dann hatten die Geschäfte geschlossen. Lange rätselten wir herum, wie wir wohl die 50 Mark ohne Wertverlust in den Westen bringen könnten.

Ich hatte schließlich den Einfall, Schmuck zu kaufen, einen Ring zum Beispiel, aus Gold oder Silber, was man eben für das Geld bekommen würde. Siegfried, Günter und ich gingen hinunter in die Stadt und kauften bei einem Uhrmacher und Juwelier, wie ein altes Emailleschild verriet, jeder einen dicken, verschnörkelten, silbernen Ring mit polierter Platte, auf der sogar noch ein Monogramm Platz gehabt hätte. Die 45 Mark pro Ring schienen uns gut angelegt. Drei Tage später sollten wir in Gießen eines Besseren belehrt werden, als uns nämlich ein Goldschmied bei dem Versuch, die Ringe wieder zu verkaufen, aus seinem Laden hinauswarf. Doch das ahnten wir zu diesem Zeitpunkt noch nicht. Die restlichen fünf Mark pro Nase warfen wir zusammen und kauften noch eine Flasche Doppelkorn, die wir vor dem Abendbrot mit in die Küche nahmen.

Im Lager herrschte eine gelöste Stimmung, ein unbestimmtes Gemisch aus Neugier und Aufregung. Nun sollte ein neues Leben beginnen, als Deutsche unter Deutschen. Was würde es bringen, und wie würde man uns aufnehmen, fragten sich alle Lagerinsassen. Die Freude, die Hunger-

und Elendsjahre der Nachkriegszeit überlebt zu haben, ließ alle Schwierigkeiten, die die Zukunft bereithalten mochte, gering erscheinen. So laut und fröhlich war es in der Kantine noch nie zugegangen. Nach der Essenausgabe saßen wir noch mit dem Koch und seinen Mitarbeiterinnen zusammen. Den Damen zuliebe hatte er ein Paket Kunsthonig herausgerückt. Damit veredelte er fachmännisch unseren Doppelkorn zu Bärenfang. Wir tranken und redeten durcheinander. Charlotte gab mir ihre Anschrift, damit wir nach unserer Ankunft im Westen mit Frau Lorenz und Frau Hartung Kontakt aufnehmen könnten.

Eine Flasche für sieben Personen reichte nicht lange. Unsere Siebenborner Helfer wollten Feierabend machen. Sie hatten einen neuen Arbeitstag vor sich, und uns würden sie vermutlich nie wiedersehen.

Siegfried und ich trollten uns zu unseren Freundinnen. In Ritas und Marias Unterkunft ging es hoch her. Hier waren überwiegend die jüngeren, unverheirateten Frauen und Mädchen untergebracht. Unter den Aussiedlern von den Kolchosen um Königsberg, die bei unserem Transport geblieben waren, hatten sich auch einige junge Burschen befunden.

Alle waren hier versammelt und begrüßten uns lautstark. Anscheinend hatten auch noch andere einen Teil ihres Geldes in Wein oder Schnaps umgesetzt. Selber schon etwas angetrunken, ließen wir uns schnell von der Begeisterung anstecken.

»Morgen bekommen wir Arbeit«, sagte Peter und bot mir seine Wodkaflasche an.

Ich nahm einen Schluck, hatte aber ein schlechtes Gewissen.

Wo würde ich morgen wohl sein?

Vielleicht im Westen; womöglich auf einer Polizeistation; sicherlich aber nicht bei der Wismuth AG in Aue.

Beim Tanz zu selbst gesungener Musik geriet mir ein Mädchen in den Arm, das ich bislang im Lager ob seiner Schönheit und Zurückhaltung nur von weitem bewundert hatte. Sie fuhr auch nach Aue und erklärte, sie sei froh, und ich sei es gewesen, der den Anstoß zu ihrer Unterschrift gegeben habe. Sie hoffe, daß wir beide dort zusammenarbeiten würden. Zu spät!

Ich kam ins Grübeln: Hatten Siegfried und ich wirklich die richtige Entscheidung getroffen? Ich erzählte ihr nichts von unserem Fluchtplan, obwohl mir die Worte »Komm mit, wir gehen in den Westen« schon auf der Zunge lagen.

Der Koch hatte uns gewarnt. Außer »unserer Familie«, Frau Lorenz und Frau Hartung, wußte niemand von unseren Absichten. Wenn ich Peter nichts gesagt hatte, mußte ich jetzt ebenfalls den Mund halten!

Infolge des für die meisten völlig ungewohnten Alkoholgenusses verflachte der Abschlußabend ziemlich plötzlich zu einem Rinnsal apathischer Fröhlichkeit. Siegfried und ich blickten uns an. Es war höchste Zeit, das Fest zu verlassen, ehe das schon absehbare heulende Elend die Oberhand gewann. Außerdem wollten wir wenigstens noch ein paar Stunden schlafen. Wir mußten das Lager vor Tagesanbruch verlassen haben.

Nachts durch die Werra: Flucht in den Westen, in die Freiheit!

Ich schreckte auf aus einem kurzen, unruhigen Schlaf. Es war noch dunkel, vermutlich auch viel zu früh, doch das Risiko, erneut einzuschlafen und dann zu spät aufzuwachen, war einfach zu groß. Ich stieß die Kameraden an. Günter mußte ich den Mund zuhalten, weil er anfing zu schimpfen. Dann nahmen wir hastig unsere Oberbekleidung, die Schuhe und die Rucksäcke an uns und schlichen leise aus dem dunklen Zimmer. Fröstelnd zogen wir uns hinter der Baracke an und schwangen die Beine über den verwitterten Zaun. Es war neblig, die Feuchtigkeit kroch durch unsere Garderobe. Obwohl der Koch uns nichts Derartiges geraten hatte, beschlossen wir, die Straße zu meiden und statt dessen im Wald zu wandern. Das Unterfangen stellte sich als recht kompliziert heraus. Viele kleinere und größere Schluchten durchzogen den zur Werra hin allmählich abfallenden Hang. Abwechselnd stiegen wir bergauf oder bergab. Dennoch wollten wir keine Aufmerksamkeit auf uns lenken und blieben auf der beschwerlichen Strecke, obwohl die ständig unter unseren Füßen knackenden Äste unsere Anwesenheit schon von weitem verrieten.

Inzwischen war es hell geworden. Der Nebel wich einem leichten Nieselregen. Schließlich erreichten wir eine Anhöhe. Von hier aus entdeckten wir die Burgruine Brandenburg.

Nun hieß es warten. Hier mußten wir den ganzen Tag ausharren, denn wir konnten erst bei Dunkelheit die Werra durchqueren. Das hatte man uns gesagt. Eine Eiche versprach etwas Schutz vor dem Regen, da sie noch ihr Blätterkleid trug. Wir betrachteten die Landschaft. Unten im Tal durchzog die Werra, von Birken und Weiden gesäumt, in mehreren Schleifen die Landschaft: ein schönes Bild, trotz des tristen Regenwetters. Die volksdemokratische Straße auf unserer Seite, auf der von Zeit zu Zeit ein Jeep der Volkspolizei Patrouille fuhr, stieß zweimal auf den Fluß. Jenseits der Werra bildete eine Eisenbahnlinie die Parallele zu der Straße. Dort drüben winkte die Freiheit. Hier war die Westgrenze des Ostblocks, auch wenn sie aus geographischen Gründen im Norden verlief. Damals war er ja auch noch gar kein richtiger Block. Uns genau gegenüber lag der Bahnhof Herleshausen, etwas weiter entfernt zog sich der Ort hin. Hinter dem kleinen Städtchen stieg die Landschaft erneut zu stattlichen Höhen an. Dort war die Autobahntrasse zu erkennen, die man vor noch nicht allzu langer Zeit gebaut hatte. Auf der Fernstraße war keinerlei Verkehr zu beobachten. Sie endete an den Pfeilern einer gesprengten Brücke, deren Stümpfe sich anklagend gen Himmel erhoben, im Nichts. Von links ragte eine Pappelallee in den Horizont. Sie verschwand hinter einem Park, aus dem das runde, von grüner Patina bedeckte Dach eines Schloßtürmchens hervorlugte. Der Park wurde begrenzt durch eine weitere Landstraße, die in den Ort führte. Es gab auf dieser Straße keinerlei Verkehr, dennoch senkte und hob sich die Schranke jedesmal, wenn ein Triebwagen den Sackbahnhof verließ.

Inzwischen waren wir alle drei ziemlich durchweicht und froren wie die Schneider. Es entspann sich ein Disput. Sollten wir hier überhaupt sitzenbleiben und den Abend für den Übergang in die Freiheit abwarten? Was mochte das für eine Freiheit sein? So richtig konnten wir uns darunter gar nichts vorstellen. Sicherlich bedeutete sie mehr und besseres Essen. Doch die Funktionäre von der Wismuth AG hatten uns auch gutes Essen versprochen. Die Leute in der Küche hatten genug davon, die konnten leicht andere vor den Arbeitsbedingungen in Aue warnen. Schließlich hatten sich ja die meisten jüngeren Aussiedler dorthin verpflichtet. In der Menge war man sicher und gut aufgehoben. Wenn wir auf der Straße nach Eisenach zurückliefen, wären wir in zwei Stunden dort; falls uns die Polizei aufgriff, sogar schon eher.

Dort konnten wir auf dem Arbeitsamt erzählen, wir hätten uns vom Kopfgeld etwas betrunken und daher den Zug verpaßt. Sicher würde man uns Einzelfahrkarten geben.

Schon waren wir entschlossen, diesen Vorsatz in

die Tat umzusetzen, doch die alles durchdringende Nässe hemmte unsere Aktivität. Wir blieben einfach sitzen und kauten an dem halben Brot, das der Koch jedem als Abschiedsgeschenk in die Hand gedrückt hatte. Dabei starrten wir hinüber zu dem anderen Land, das eigentlich genau so aussah wie dieses.

Die Dämmerung brach herein. Es war zu spät, nach Eisenach zurückzukehren. Unsere Trägheit hatte uns die Entscheidung abgenommen.

Nun mußten wir das andere Ufer erreichen. Wir warteten noch einmal die Scheinwerfer der nächsten Streife auf der Straße ab und wanderten langsam den Hang hinunter. Dann überquerten wir die Straße. Falls man uns nun noch erwischte, war unsere Fluchtabsicht klar erkenntlich. Zur Rechten gurgelte schwarz die Werra. Wo genau die Furt war, hatte man mir nicht erzählt.

Siegfried und Günter betrachteten mich wegen meines Ausflugs am Vortag als Anführer und erwarteten eine schöne Furt mit wenig, dafür jedoch warmem Wasser.

Notgedrungen zog ich Schuhe und Strümpfe aus, schließlich die Hose. Dann brach ich einen längeren vertrockneten Ast von einem Weidenstamm und kletterte an einer etwas ausgetretenen Stelle die Böschung hinab zum Ufer. Es war ein nutzloses Unterfangen. Ich stand sofort bis über die Knie im eisigen Wasser, und die Strömung drückte meinen Stock so kräftig beiseite, daß ich einen eventuellen Grund nicht einmal ertasten konnte. Falls es eine Furt gab, so befand sie sich nicht an dieser Stelle.

Wir wanderten den Flußwindungen nach und erkannten schon deutlich den beleuchteten Bahnhof jenseits der Werra.

Plötzlich wurde der Uferstreifen sandig und fiel seicht zum Wasser ab. Hier mußten wir hindurch, dann hatten wir es geschafft, konnten die Sowjetunion, Sibirien und den Hungertod hinter uns zurücklassen. Hier mußten wir nur noch hindurch!

In diesem Moment kamen mehrere Gestalten auf uns zu. Mir blieb fast das Herz stehen. Hatte ein böses Schicksal noch in der letzten Minute eine Falle für uns aufgestellt? Dann war es eben nichts mit der Freiheit, dann sollte es nicht sein. Ich war bereit, mich in mein Los zu schicken. Irgendwie würde das Leben schon weitergehen, wie es seit dem 9. April 1945 immer irgendwie weitergegangen war. Aus dem Dunkel lösten sich zwei Männer, zwei Frauen und drei Kinder. Die Männer schleppten etwas Unförmiges. Das konnte keine Streife sein!

War es auch nicht. Professionelle Fluchthelfer wollten die Frauen und Kinder in einem Schlauchboot durch den Fluß ziehen. Zum Rudern war die Strömung viel zu stark. Sie erkannten sofort ihren Vorteil und machten uns das Angebot, ich solle die Leute hinüberbringen, da ich ja ohnehin schon halb ausgezogen wäre. Dafür würden sie ihr Boot für eine zweite Fahrt zur Verfügung stellen, bei der Siegfried und Günter trocken das andere Ufer erreichten. Die beiden Burschen nickten zufrieden, was sollte ich machen, ich nickte auch. Der Wortführer meinte abschließend, natürlich müsse ich das Schlauchboot zurückbringen, ich wäre ja ohnehin schon naß. Und ganz ausziehen müßte ich mich auch, denn in der Mitte ginge mir das Wasser wohl bis fast an die Brust.

Meine Erleichterung darüber, daß es keine Polizeipatrouille war, die uns aufgespürt hatte, war so groß, daß ich auch dazu noch nickte.

Ich zog das Boot einmal durch die Werra und ein zweites Mal. Ich brachte es auch noch zurück. Dabei spürte ich vor Angst die Kälte nicht mehr, denn mir war siedendheiß eingefallen: Wenn jetzt eine Streife statt der Männer am jenseitigen Ufer wartete, dann wären alle, sogar die wildfremden Frauen mit ihren Kindern, sicher im Westen – nur ich nicht!

Meine Sorgen erwiesen sich als unbegründet. Rauchend standen die Fluchthelfer an der Böschung und warteten auf ihr Boot. Schon waren sie wieder in der Nacht verschwunden, ich hingegen durchquerte ein letztes Mal das eisige Wasser. Danach zog ich mich zähneklappernd an, tat mich schwer mit der Wäsche auf der nassen Haut, während der trockengebliebene Günter drängelte, ich solle mich doch gefälligst beeilen, schließlich könne man uns auch von diesem Ufer noch zurückholen. Die Frauen erhofften von uns wohl auch weiterhin Hilfe und Betreuung, denn sie hatten gleichfalls gewartet, bis ich fertig war. Auf einem schmalen Weg gingen wir neben dem Bahndamm bis zu dem

Übergang, dessen Schranken wir von der anderen Seite aus so schön gesehen hatten. Als wir ihn im Rudel mit klappernden Holzschuhen überquerten, schaltete der Schrankenwärter das Licht an und kam aus seinem Häuschen.

»Wo wollt ihr denn hin?« fragte er.

Mit allem Respekt, der einem Deutschen gegenüber einem uniformierten Deutschen zu eigen ist, erwiderte ich: »Wir gehen nach Hause.«

»Merkwürdig«, sagte der Mann, »morgens geht hier nie einer weg, und jeden Abend kommen welche nach Hause.«

Dann schaltete er das Licht wieder aus.

Man schrieb den 26. Oktober 1948.

NACHTRAG

43 Jahre später: Rückkehr nach Litauen

Noch bin ich nicht ganz am Ende meiner Ausführungen. Es fehlt ein Wort über das Land und die Menschen, denen Siegfried und ich unser Überleben verdanken.

Und unerwähnt geblieben ist die größte Freude: das Wiedersehen nach 43 Jahren.

Das Stück Litauen, in dem wir beiden Freunde umherwanderten, arbeiteten und überlebten, der Kreis Alytus, war und ist sehr schön: eine hügelige, typische Endmoränenlandschaft mit zahlreichen kleinen und größeren Waldstücken und verstreut liegenden Gehöften, durchflossen von dem großen Fluß, der Memel.

Ich habe oft das Bild dieser malerischen Landschaft vor Augen und könnte mich dort zu Fuß zurechtfinden, aber deutlicher beschreiben kann ich sie nicht. Die Menschen, die hier lebten, waren Litauer, Tataren und Polen. Aber alle empfanden sich als Litauer, auch wenn die Polen untereinander häufig polnisch sprachen.

Als ausgeglichene, freundliche Menschen haben Siegfried und ich die Litauer kennen- und schätzengelernt.

Zu der Zeit, als Siegfried und ich dort lebten, wohnte jeder Bauer inmitten seiner Äcker. Die Größe der Höfe schwankte zwischen 7 und 15 Hektar, das waren 28 bis 60 Morgen. Die unterschiedliche Größe resultierte aus dem Erbrecht. Viele Söhne bedeuteten oftmaliges Teilen des Grundbesitzes. 7 Hektar waren das Existenzminimum. Von dem Ertrag konnte eine Familie mehr schlecht als recht leben und gerade noch ein Pferd, zwei Kühe, drei Schweine halten. Dennoch haben diese Menschen über tausend Deutsche durchgeschleppt, und das in einer Zeit, als sie selbst schwersten Verfolgungen ausgesetzt waren: Ihr kleines Land hatte seine staatliche Unabhängigkeit an die große Sowjetunion verloren, die sogleich daranging, die Selbständigkeit der Bauern zu zerstören, sie in Kolchosen zu pressen.

Ich mochte die Menschen damals, als ich von ihnen abhängig war, nicht fragen: »Warum gebt ihr uns eigentlich etwas zu essen?« Ich dachte und denke noch heute, daß dafür mehrere Gründe von Bedeutung waren. Arme Leute helfen armen Leuten leichter, als reiche das tun. Ein weiterer Faktor war der feste christliche Glauben dieser Menschen. Das Mitleid war ein zusätzlicher Umstand. Daß es den als reich geltenden Deutschen plötzlich so schlecht ging, daß sie zu ihnen, den relativ armen Litauern kamen und um Brot bettelten: das rührte sie an. Man kann es nicht erklären und vielleicht noch nicht einmal ausloten, aber ich und viele andere verdanken diesen Menschen das Leben.

Man schrieb den 1. März 1990: Litauen erklärte seine Unabhängigkeit von der Sowjetunion. Es dauerte zwar noch über ein Jahr, bis der Staatsrat der UdSSR die Souveränität Litauens anerkannte, doch die Grenzen waren schon offen. So besuchte ich mit meiner Frau 1991 zum ersten-, 1993 zum zweitenmal Litauen und traf Menschen wieder, von denen ich 1948 Abschied nahm.

Nach einigen Schwierigkeiten, denn die Topographie hat sich sowohl durch die Kollektivierung als auch durch das unerschöpfliche Wachstum von Mutter Natur doch sehr verändert, fand ich in Punia Frau Bannis wieder, deren Mann im Mai 1948 von den sowjetischen Behörden nach Sibirien deportiert worden war und die Frau Lorenz und Frau Hartung mit ihren Kindern sowie Siegfried und mir Wohnrecht auf ihrem Hof eingeräumt hatte. Wir freuten uns sehr, uns wiederzusehen. Ihr Mann überlebte zehn Jahre Sibirien, sein rechter steifer Arm zeugt von dieser Zeit. Zäh und tüchtig ist er, und tüchtig ist auch seine Frau. Sie haben entschlossen wieder ihr eigenes Land von etwa 20 Hektar unter den Pflug genommen. Es geht ihnen wirtschaftlich gut, und sie luden uns ein, für längere Zeit als Gäste bei ihnen zu verweilen.

Schlimmer ist es der Familie Krasnauzkas ergangen. Wir trafen einen alten Mann und einen sehr alten Mann. Der sehr alte Mann war der Vater der Familie. Siegfried und ich hatten ihn nicht kennengelernt, da er dienstverpflichtet gewesen war. Der alte Mann war Petras, der zweitjüngste Sohn. So wie er aussah, hätte er fast mein Vater sein können. Von seiner ursprünglichen Spontaneität und Fröhlichkeit war nichts mehr vorhanden. Er hat 18 Jahre Sibirien überstanden, ebenso wie seine ältere Schwester Margita. Die beiden anderen Geschwister haben die Deportation nicht überlebt. Ihr Verbrechen: Der Besitz von 16 Hektar eigenem Land, was sie als *Kulaken,* als Großbauern auswies. Es reichte aus für das langsam wirkende Todesurteil, das die Verbannung für die Mehrzahl der Menschen darstellte. Mutter Krasnauzkas ist vor einigen Jahren gestorben.

Zunächst war Petras sehr schweigsam und konnte sich nicht an mich erinnern. Kein Wunder angesichts dessen, was er erlebt hat. Plötzlich erzählte er so hastig, als ob man eine Schleuse geöffnet hätte. Unser litauischer Freund, der uns auf der Suche nach Spuren der Vergangenheit hilfreich beistand, übersetzte. Nach wenigen Minuten flüchtete meine Frau ins Auto und weinte. Sie konnte die Erzählung nicht mehr ertragen.

Ich fand auch das Gehöft des Bauern Vitas Galacvicius wieder. Das Wohnhaus sah von außen noch so aus wie damals. Innen war elektrischer Strom und ein Fernseher hinzugekommen. Der Stall ist inzwischen gänzlich eingestürzt. Die Scheune, für fast vier Monate mein »Schlafzimmer«, steht noch. Der Obstgarten, in dem ich zusammen mit dem *Gaspodorus,* dem Hausherrn, die Äpfel bewachte, ist verwildert, die Bäume sind natürlich gewachsen. Das Dorf Basorus gibt es nicht mehr. Es ist zu einer Schrebergartenkolonie der mächtig gewachsenen Stadt Alytus geworden, die heute mehr als 70 000 Einwohner besitzt.

Vitas Galacvicius ist inzwischen verstorben, wie uns seine Schwester, die schöne Luisa, erzählte, die das Anwesen heute bewirtschaftet. Und auch Dana, die zweite Schwester, die den Schmied doch noch geheiratet hat, ist tot.

Luisa zeigte uns den Weg zu Thekla, Vitas' Frau, die auf das elterliche Anwesen zurückgekehrt ist. Thekla, die Fleißige, hält den Hof ihrer Eltern in bester Ordnung. Nachdem ich mich vorgestellt hatte, erkannte sie mich wieder, und wir freuten uns, daß wir uns in Freiheit wiedersehen konnten. Sie schenkte mir sogar zwei Fotos vom *Gaspodorus*. Schwamm drüber, daß er uns damals so schlitzohrig abservierte. Siegfried und ich haben es überlebt!

Und ich traf 1993 in Panemuninkai Stassi wieder, die Tochter des alten Schnapsbrenners und illegalen Kneipiers auf dem Grundstück an der Memel. Im Kreis von Stassi und ihren Freunden erlebten Siegfried und ich unsere schönsten Pracher-Stunden. Noch ehe unser Freund Algirdas erklären konnte, was unser Besuch bedeutete, sagte Stassi: »Du bist Erich Schwarz!« Die Freude war riesengroß.

Ihr Vater ist tot. Ihr Mann Algis war Traktorist auf der Kolchose Rumbonis. Kolchosen gab es 1993 noch, aber es gab sie wiederum auch nicht mehr.

So hatte Algis zuletzt bei der Frühjahrsbestellung im Mai dort gearbeitet und dafür auch seinen letzten Lohn erhalten. Ob man ihn im Herbst wieder brauchen würde, wußte er noch nicht. Im Kommunismus war es egal gewesen, ob man arbeitete oder nicht, Geld gab es immer. Dennoch wünschte sich das Ehepaar, wie alle Litauer, mit denen ich gesprochen habe, die Zeit als Litauische SSR (Sozialistische Sowjetrepublik) nicht zurück. Stassi und Algis leben von den Erträgen ihres Grundstücks und halten fünf Milchkühe. Die Milch müssen sie allerdings täglich fast zwei Kilometer zur Chaussee tragen. Aber sie sind frei!

Der Kontakt zu Frau Bannis, Stassi und allen anderen, die ich wiederfand, besteht weiter. Und meine Frau und ich werden unsere litauischen Freunde demnächst wieder besuchen.

ANHANG

Zur Geschichte Litauens

11. Jahrhundert	Die baltischen Litauer werden erstmals in den Quedlinburger Annalen (1008) als Lituae erwähnt. Ihr Land ist dem Kiewer Großfürstentum tributpflichtig.
13. Jahrhundert	Fürst Mindaugas eint das in zahlreiche Kleinfürstentümer zersplitterte Litauen und wird nach dem Übertritt zum Christentum von Papst Innozenz IV. zum König gekrönt.
14. Jahrhundert	Der litauische Großfürst Gedymin (1316–41) und seine Nachfolger erobern russische Gebiete und bauen das Großfürstentum Litauen zu einer bedeutenden Macht aus.

Als Schutz gegen die
Expansionsgelüste des
Deutschen Ordens schließt
Großfürst Jagello (um
1351–1434) eine Union
mit Polen.
Er läßt sich taufen und
heiratet die polnische
Thronerbin Jadwiga, wodurch
er als Wladislaw II. König
von Polen wird. Er regiert das
Doppelreich Polen-Litauen
in Personalunion. Die
Großfürstenwürde in Litauen
überträgt er seinem Vetter
Witold.

15. Jahrhundert	Litauen erlebt seine Blütezeit, es reicht von Riga bis Kiew.
1410	In der Schlacht von Tannenberg bringt das vereinigte polnisch-litauische Heer dem Deutschen Orden eine vernichtende Niederlage bei.
1446	Im Unionsvertrag von Brest wird Litauen vom polnischen König die Souveränität und Selbständigkeit zugesichert.

1486–1522	In vier Abwehrkriegen verliert Litauen Gebiete im Osten an das expandierende Großfürstentum Moskau.
16. Jahrhundert	Völlige Vereinigung der beiden Länder Polen und Litauen.
18. Jahrhundert	Durch die drei Teilungen Polens von 1772, 1793 und 1795 fällt der Hauptteil des litauischen Gebietes an Rußland.
19. Jahrhundert	Die neue Macht strebt die Russifizierung des litauischen Volkes an. Viele Litauer wandern daraufhin in die USA und nach Kanada aus. Im Lande selber gewinnt eine litauische Nationalbewegung an Kraft. Zentren des litauischen Widerstandes und der Pflege des Litauertums sind anfangs die Priesterseminare; später wird die Bewegung vor allem von der litauischen Intelligenz getragen.

20. Jahrhundert	Die Russifizierungspolitik ist gescheitert. Aufgrund der revolutionären Situation muß die russische Regierung Zugeständnisse machen.
1905	Die Litauer erhalten einen eigenen Landtag, Schulen, Genossenschaften usw.
1915	Deutsche Truppen besetzen Litauen. Das Land wird deutscher Verwaltung unterstellt.
1918	Litauen erklärt sich mit deutscher Zustimmung für unabhängig.
1919	Die Sowjetunion erkennt die Unabhängigkeit Litauens an.
1920–1923	Heftige Kämpfe zwischen Polen und Litauen um die Südgrenze. Das Gebiet um Vilnius fällt an Polen und heißt wie in russischen Zeiten wieder Wilna. Kaunas (Kowno) wird provisorische Hauptstadt.

1923	Litauen besetzt das Memelgebiet.
1939	Im deutsch-sowjetischen Nichtangriffspakt wird Litauen der Sowjetunion zugeschlagen. Noch im selben Jahr gründen sowjetische Truppen Stützpunkte im Land. Die Sowjets erzwingen eine Neubildung der litauischen Regierung und beginnen mit Säuberungsaktionen: Politiker, Industrielle und gehobene Beamte werden nach Sibirien verschleppt, was einer Liquidierung der litauischen Elite gleichkommt.
1940	Ein aus Scheinwahlen hervorgegangenes litauisches Parlament bittet um die Aufnahme in die Union der Sozialistischen Sowjetrepubliken (UdSSR), dem die Sowjetrepublik entspricht.
1941	Die russischen Deportationen werden fortgesetzt, ebenso der Freiheitskampf der Litauer.

1944	Rückeroberung Litauens durch sowjetische Truppen.
1945	Erneute Deportationen. Insgesamt werden etwa 25 000 Litauer nach Sibirien und Workuta verschleppt. Beginn der Kollektivierung der Landwirtschaft. Kampf nationallitauischer Partisanen gegen die Sowjetmacht.
1962	Abschluß der Kollektivierung und Ende des litauischen Widerstands.
1990	Am 11. März erklärt Litauen als erste der drei baltischen Sowjetrepubliken seine Unabhängigkeit und setzt sie gegen den erbitterten Widerstand der Sowjetunion durch.
1991	84% der Litauer beteiligen sich an einem Referendum über Litauens politische Zukunft. Davon sprechen sich 90% für ein freies, unabhängiges Litauen aus. Im September

erkennt die Sowjetunion die
volle Souveränität Litauens an,
und das bedeutet: Litauisch
ist wieder Amtssprache, die
Republik hat ein Parlament
und mehr als zehn Parteien,
eine Verfassung, eine Armee
und eine eigene Währung,
den Litas.

Weitere Titel aus der Reihe

EDITION RICHARZ

Biographische Romane

Deine Keile kriegste doch
Ilse Gräfin von Bredow
300 Seiten, ISBN 3-8271-1924-3

Gebranntes Kind sucht das Feuer
Cordelia Edvardson
140 Seiten, ISBN 3-8271-1882-4

Eine Heimat für die Seele
Anna Kopp
170 Seiten, ISBN 3-8271-1946-4

Ich, Prinzessin aus dem Hause Al Saud
Aufgeschrieben von Jean Sasson
310 Seiten, ISBN 3-8271-1936-7

Beschütz mein Herz vor Liebe
Asta Scheib
320 Seiten, ISBN 3-8271-1926-X

Der Garten der Einsamkeit
Gerda Schendzielorz
170 Seiten, ISBN 3-8271-1953-7

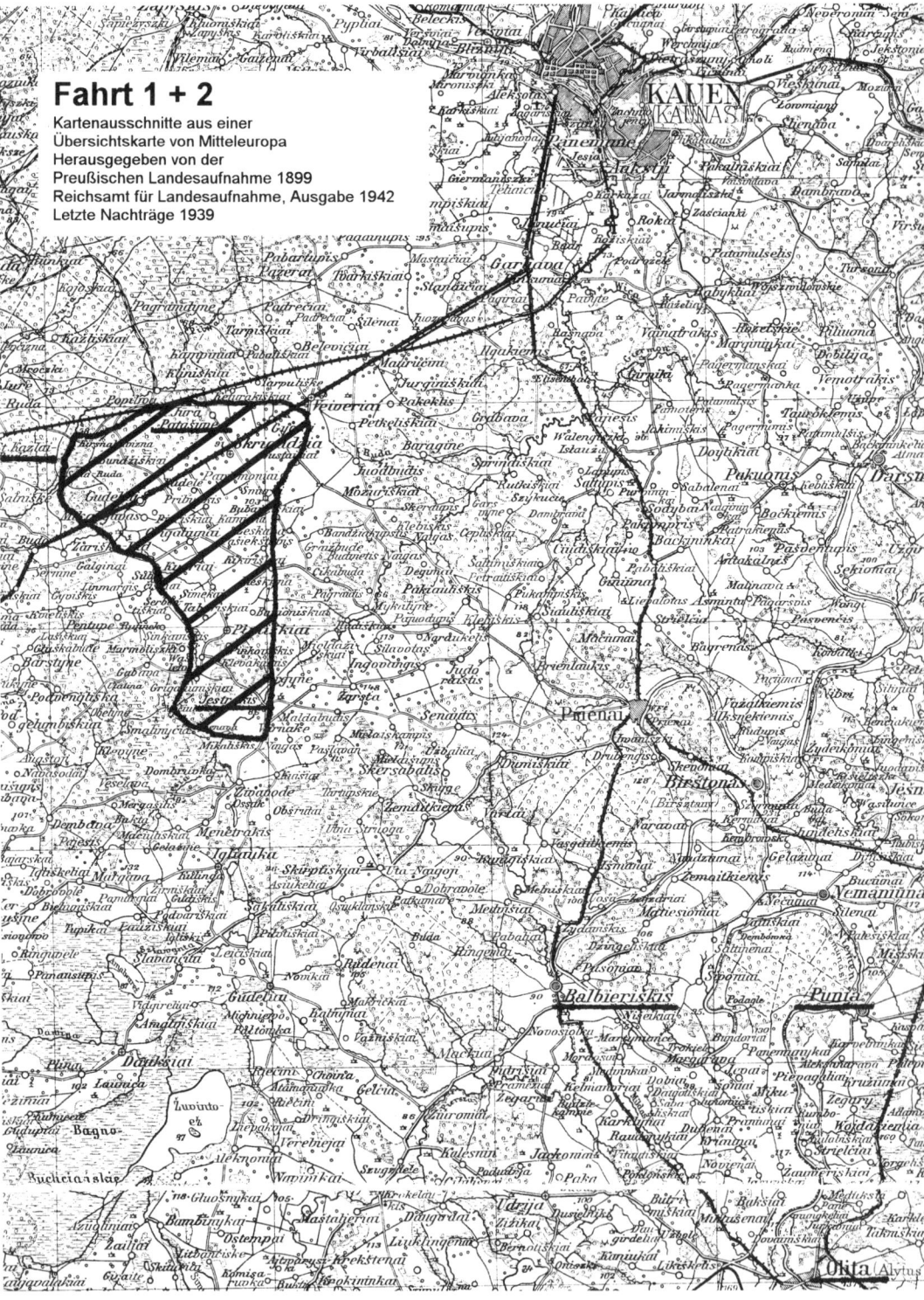

Fahrt 1 + 2

Kartenausschnitte aus einer
Übersichtskarte von Mitteleuropa
Herausgegeben von der
Preußischen Landesaufnahme 1899
Reichsamt für Landesaufnahme, Ausgabe 1942
Letzte Nachträge 1939